ར་ས་པོ་ཏ་ལ།
拉薩布達拉宮

ལྷ་ས་ཡི་ཇོ་ཁང་གི་གསེར་གྱི་རྒྱ་ཕིབས།

拉薩大昭寺金頂

མངའ་རིས་གུ་གེའི་རྒྱལ་རབས་དུས་ཀྱི་དགོན་སྡེ།

阿里古格王朝寺廟群

甘肅藏敦煌藏文文獻

㉛

散藏卷

GM.t.2478 — GZY.t.015

主　編

盛岩海　　王　琦

編　纂

甘肅省文物局

敦煌研究院

甘肅省博物館

西北師範大學

西北民族大學

酒泉市肅州區博物館

敦煌市檔案館

武威市博物館

甘州區博物館

高臺縣博物館

甘肅中醫藥大學

上海古籍出版社

上海 2022

顧　問

馬　德

主　編

盛岩海　王　琦

副主編

萬瑪項傑　勘措吉　王保東　李毛吉

編　輯

萬瑪項傑　勘措吉　完麼才讓　白雪濤

張克德　魏學禮　張多金　寇克紅　宋志靖

攝　影

盛岩海　陳文斌

責任編輯

府憲展　曾曉紅

༄༅།།གནའ་སྲུའ་ས་ཁྱུལ་དུ་ཞུར་བཞི་ཅུན་ཏོང་བོད་ཡིག་ཡིག་རྙིང་།

㉛

ཁ་ཐོར་དུ་ཞུར་བའི་སྐྱིགས་བམ།

GM.t.2478 — GZY.t.015

གཙོ་སྒྲིག་པ།
ཅིན་ཡན་ཉེ།   བང་ཆིས།

སྐྲིག་སྒྲོར་ཐེ་ཁག
གནའ་སྲུའི་ཞིང་ཆེན་རིག་དངོས་ཅུཨུ།
ཅུན་ཏོང་ཞིབ་འཇུག་སྐྱིང་།
གནའ་སྲུའི་ཞིང་ཆེན་ཆེན་རྫས་བཀམས་མཛོད་ཁང་།
ཞུབ་བྱུང་དགེ་འོས་སློབ་གྲྭ་ཆེན་མོ།
ཞུབ་བྱུང་མི་རིགས་སློབ་གྲྭ་ཆེན་མོ།
ཅིའུ་ཆྭན་གྱོང་ཁྲིར་སྲུའི་གོའུ་ས་ཁྱུལ་ཁྱེན་རྫས་བཀམས་མཛོད་ཁང་།
ཅུན་ཏོང་གྱོང་ཁྱིར་ཡིག་ཆགས་ཁང་།
སྲུའི་ཁེ་གྱོང་ཁྱིར་ཁྱེན་རྫས་བཀམས་མཛོད་ཁང་།
གམ་ཅུ་ས་ཁྱུལ་ཁྱེན་རྫས་བཀམས་མཛོད་ཁང་།
གའི་ཁེ་ཐྲོང་ཁྱེན་རྫས་བཀམས་མཛོད་ཁང་།
གནའ་སྲུའི་ཞིང་ཆེན་གྲུང་ལྱུགས་གསོ་རིག་སློབ་གྲྭ་ཆེན་མོ།

ཧྲང་ཧེ་དཔེ་རྙིང་དཔེ་སྐྲུན་ཁང་།
ཧྲང་ཧེ། 2022

བློ་འདོན་པ།
སུ་ཊེ།

གཙོ་སྒྲིག་པ།
ཉིན་ཡིན་ཏེ། བང་ཆིས།

གཙོ་སྒྲིག་གཞོན་པ།
གཡུ་ཪྩོག་པཪ་དཱ་དབང་རྒྱལ། ཁམས་འཚོ་སྐྱིད། བང་སློ་ཏུང་། གྲུ་མོ་སྐྱིད།

ཚོམ་སྒྲིག་ཡོངས་མི།
གཡུ་ཪྩོག་པཪ་དཱ་དབང་རྒྱལ། ཁམས་འཚོ་སྐྱིད། པཱ་ཚོ་རིང་། པེ་ཞེ་ཕོ།
ཀྲུང་བི་ཀྲུ། ཞིའུ་ཞེ་ལིས། ཀྲུང་ཏོ་ཅིན། ཁྲག་ཁྲུ་ཏོང་། ཤུང་གུ་ཅིན།

པཪ་ལེན་པ།
ཉིན་ཡིན་ཏེ། ཁྲུན་ཐུན་ཕིན། ཀྲོའུ་ཞན།

ཚོམ་སྒྲིག་འགགན་ཁུར་པ།
རྐྱུའུ་ཞན་ཀྲཀ བཙུན་ཞོ་རོང་།

TIBETAN DOCUMENTS FROM DUNHUANG IN GANSU

③①

Scattered Collections
GM.t.2478 — GZY.t.015

CHIEF EDITORS

Sheng Yanhai   Wang Qi

PARTICIPATING INSTITUTION

Cultural Relics Bureau of Gansu Province

Dunhuang Academy

Gansu Provincial Museum

Northwest Normal University

Northwest Minzu University

Jiuquan Museum

Archives Bureau of Dunhuang

Wuwei Museum

Ganzhou District Museum

Gaotai Museum

Gansu University of Chinese Medicine

SHANGHAI CHINESE CLASSICS PUBLISHING HOUSE

Shanghai 2022

本卷簡介

盛岩海　王　琦
（敦煌研究院　甘肅省博物館）

　　《甘肅藏敦煌藏文文獻》圖錄第 31 卷，搜集了散藏於甘肅省博物館及省内各地的博物館、圖書館、檔案館、研究所等處收藏的敦煌藏經洞所出藏文寫本共計 81 件。以下分別介紹。

　　甘肅省博物館藏敦煌藏文經卷（GM.t.）：館藏由各界人士捐贈或徵集的敦煌文獻，包括漢文寫經和藏文寫經。館藏敦煌藏文文獻的數量，以前公佈爲 44 卷，其原因可能是將一部分非莫高窟藏經洞出土藏文文獻也計算在内。真正出自莫高窟藏經洞的敦煌吐蕃文獻應該是 36 件。其中 GM.t.10556《發願文》、GM.t.10558《佛教儀軌》等寫本具有一定的史料價值。

　　西北師範大學博物館館藏藏文經卷（NNUM.t.）：館藏敦煌寫經卷中有藏經洞出土古藏文經卷 5 件，均爲《大乘無量壽宗要經》。西北民族大學圖書館古籍文獻特藏部現存有敦煌藏經洞出土古藏文經卷（NUNL.t.）3 件，均爲《大乘無量壽宗要經》，它們的格式與酒泉肅州區博物館藏同。

　　酒泉市肅州區博物館敦煌藏文經卷（Jb.t.）：存 19 卷。原統一編爲館藏文物 2714 號。這 19 件卷式藏文寫經，全爲《大乘無量壽經》。全爲白麻紙，紙質較薄、稍粗，有橫線烏絲欄；文字從左至右橫寫，卷首在左，卷尾在右；上下有天頭、地腳，左右有邊距；每紙左右兩欄抄寫，中間有寬 1.5 釐米界欄，近似古籍刻本版式；兩紙粘貼處空白與界欄寬大致相等。楷書書寫，字跡工整；大多尾題抄經人、校經師。19 件藏文經卷所抄“大乘無量壽宗要經”的份數不同，多爲 1 份，一般長 135 釐米許；也有 2 份以上者；最多的 4 份，長 541 釐米。

　　甘肅省敦煌市檔案館藏藏經洞出土古藏文文獻（Dd.t.）：存 12 件。其中貝葉式 9 份，計 9 葉；卷式 3 份，均爲《大乘無量壽宗要經》，格式與酒泉肅州區博物館藏同。武威博物館藏敦煌藏文文獻（Wb.t.）：計 2 件，爲當地民主人士段永新捐贈。其中一件《祈願文》爲毛麻紙，1 葉；長 30 釐米，高 51.5 釐米；頁書 31 行；首尾全，無題記。一件爲《十萬頌般若波羅蜜多經》，黃麻紙，3 葉，梵夾裝；長 73 釐米，高 20 釐米；雙孔；雙面抄寫，頁書經文 12 行；首全尾缺；首全尾缺，無題記。甘州區博物館敦煌藏文文獻（Zhb.t.）：存 2 卷，係藏經洞出土的卷軸裝《大乘無量壽宗要經》，格式與酒泉肅州區博物館藏同。高臺縣博物館藏敦煌藏文寫經（Gb.t.）：存 2 件，從民間收集而來。均爲《大乘無量壽經》，格式與酒泉肅州區博物館藏同。甘肅中醫藥大學敦煌藏文文獻（GZY.t.）：存 2 件，係卷軸裝《大乘無量壽宗要經》，格式與酒泉肅州區博物館藏同。

　　這些敦煌藏文寫本的尾題多有抄經人、校對人、再校人，及其一些後代雜寫、收藏題記等，尤其是甘肅省博物館所藏藏文文獻中發現有發願文、佛教儀軌的内容，具有一定的史料價值。

目　録

GM.t.2478 — GZY.t.015

彩色圖版目録

དེབ་འདིའི་རོ་སྟོད་མདོར་བསྡུས།

ཅིན་ཡན་ཤེ། བང་ཆིས།

(ཇུན་ཏོང་ཞིབ་འཇུག་སྒྲིང་། གན་སུའུ་ཞིང་ཆེན་རྟེན་རྫས་བཀལམས་མཛོད་ཁང་།)

《གན་སུའུ་ས་ཁུལ་དུ་ཉར་བའི་ཇུན་ཏོང་བོད་ཡིག་ཡིག་རྙིང་》བམ་པོ་སོ་གཅིག་པ་འདི་ཞིང་ཀྱི་ནན་དུ་གན་སུའུ་ཞིང་ཆེན་རྟེན་རྫས་བཀལམས་མཛོད་ཁང་དང་། ཞིང་ཆེན་ནན་ཁུལ་གྱི་ས་གནས་ཁག་ན་ཡོད་པའི་རྟེན་རྫས་བཀལམས་མཛོད་ཁང་། དཔའི་མཛོད་ཁང་། ཡིག་ཚགས་ཁང་། ཞིང་འཇུག་ཁང་སོགས་སུ་ཉར་བའི་ཇུན་ཏོང་བོད་ཡིག་ཡིག་རྙིང་ཁྱོན་བསྡོམས་པ་བརྒྱ་བརྒྱད་བསྐྱགས་བྱས་ཡོད་ལ། ཡིག་རྙིང་འདི་དག་གི་ཞར་ཡུལ་དང་དེའི་གྲངས་འབོར་ནི་གཤམ་གསལ་ལྟར།

གན་སུའུ་ཞིང་ཆེན་རྟེན་རྫས་བཀལམས་མཛོད་ཁང་དུ་ཇུན་ཏོང་རྒྱ་ཡིག་དང་བོད་ཡིག་གཉིས་ཀྱི་ཡིག་ཆ་ཉར་ཚགས་གནང་ཡོད། དེ་ལས་བོད་ཡིག་ཡིག་ཆ་༤༠བཞུགས་ཁོན་ཡན་རྩགས(GM.t)བཀོད་ཡོད་ལ། འདི་དག་མང་ཆེ་བ་དབངས་ཁྱོད་ནས་ཉར་ཚགས་དང་བསྡུ་རུབ་བྱས་པ་ཡིན་འདུག དེའི་ཁྱོད་དུ་སྨོལ་ལས་དང་ཚ་གའི་སྨོར་གྱི་ཡིག་ཆ་ཡང་འདུག་ཡོད་པས་ལོ་རྒྱུས་རིག་གཞུང་ཞིག་འདུག་གི་རིན་ཐང་ཙེས་ཅན་ཞིག་ལྟན་ཡོད།

རུབ་བྱང་དགེ་ཤོས་སྨོལ་གྲུ་ཆེན་མོར་ཡིག་ཆ་༠༨ར་ཡོད་པར་ཡན་རྩགས(NNUM.T)བཀོད་ཡོད་པ་དང་། རུབ་བྱང་མི་རིགས་སྨོལ་གྲུ་ཆེན་མོར་ཡིག་ཆ་༠༨བཞུགས་པའི་ཡན་རྩགས(NUNL.t)ཡིས་མཚོན་པར་བྱས་ཡོད། གོང་གི་ལས་ཁུངས་འདི་གཉིས་སུ་ཉར་བའི་ཡིག་ཆའི་ནན་དོན་ནི་《འཕགས་པ་ཚེ་དཔག་ཏུ་མེད་པ་ཐེག་པ་ཆེན་པོའི་མདོ》ཡིན་འདུག་པར་མ་ཟད། འདི་དག་ཚུག་ཆོན་སྤྱུག་ཏུ་སྒྲོང་ཁྱེར་རྟེན་རྫས་བཀལམས་མཛོད་ཁང་གི་ཡིག་ཆའི་རྣམ་པ་གཅིག་ཏུ་མཚོང་།

ཚུག་ཆོན་སྤྱུག་ཏུ་སྒྲོང་ཁྱེར་རྟེན་རྫས་བཀལམས་མཛོད་ཁང་དུ་ཡིག་ཆ་༼ཡོད་པའི་ཡན་རྩགས་ནི་(Jb.t)ཡིན་པ་དང་། གཞུང་དོན་ཚན་མ་《འཕགས་པ་ཚེ་དཔག་ཏུ་མེད་པ་ཐེག་པ་ཆེན་པོའི་མདོ》རེད། ཡན་རྩགས་རེའི་ནན་དུ་《ཚེ་མདོ》ཚར་གྲངས་དུ་མ་བཞུགས་ཡོད་ཅིང་། མཇུག་ཏུ་འབྲི་བཀྲུས་མཁན་དང་ཞུས་དག་པའི་མཚན་བྱང་གསལ་པོར་བྲིས་འདུག

ཇུན་ཏོང་སྒྲོང་ཁྱེར་ཡིག་ཆགས་ཁང་དུ་ཡིག་ཆ་༼ཡར་ཡོད་པའི་ཡན་རྩགས་ནི་(Dd.t)ཡིན། ཡིག་ཆ་དེ་དག་ལས་སྐྲ་རིང་ཅན་ཁང་ཕོག་ཏྲིལ་གྱི་རྣམ་པ་ཅན་༼ཡོད་པ་ཚར་མ་《འཕགས་པ་ཚེ་དཔག་ཏུ་མེད་པ་ཐེག་པ་ཆེན་པོའི་མདོ》རེད་འདུག ཡིག་ཆའི་འབྲི་སྟངས་ནི་སྤྱུག་ཆུའི་རྟེན་མཛོད་ཁང་གི་ཡིག་ཆ་དང་འད་བར་མཚོང་། གཞན་ཞིག་ཏུ་སྒྲོང་ཁྱེར་རྟེན་རྫས་བཀལམས་མཛོད་ཁང་དུ་ཡིག་ཆ་༣ཡོད་པའི་ཡན་རྩགས་ནི་(Wb.t)ཡིན་པ་དང་། དེ་ལས་ཡིག་ཆ་གཉིས་ནི་《སློན་ལམ་》གྱི་སྒོར་ཡིན་ལ། དབུ་མཇུག་ཚ་ཚང་པོར་མཛོད་བྱེད་སོགས་གནང་ཡང་མི་བཞུགས། གཞན་དེ་ནི་《ཤེར་ཕྱིན་》སྒོར་ཡིན་ལ་ཕྲེ་གྲངས་གསལམ་ལས་ཞར་ཚགས་གནང་མི་འདུག ཡིག་ཆ་འདི་དག་ནི་ས་གནས་ཀྱི་ཨན་ཚགས་ཏོན་ཡུང་ཞིན(段永新)ཟེར་བས་ཞེང་ཅུ་སྒྲོང་ཁྱེར་རྟེན་རྫས་བཀལམས་མཛོད་ཁང་དུ་

ཕྱལ་པར་བཀོད། གཀམ་ཅུ་གྲོང་ཁྲིར་རྟེན་རྫས་བཞགས་མཛོད་ཁང་དུ་ཡིག་ཆ་འཁྱར་ཡོད་པར་ཨང་རྟགས(Zhb.t)གིས་མཚོན་ཡོད་པར་མ་ཟད། ནང་དོན《འཕགས་པ་ཚེ་དཔག་ཏུ་མེད་པ་ཞེག་པ་ཆེན་པོའི་མདོ》རེད་འདུག གའོ་ཟེ་རྫོང་རྟེན་རྫས་བཞགས་མཛོད་ཁང་དུ་ཡིག་ཆ་འཡོད་པ་ཨང་རྟགས(Gb.t)གིས་མཚོན་པར་མ་ཟད། དེའི་ནང་དོན་ཡང《འཕགས་པ་ཚེ་དཔག་ཏུ་མེད་པ་ཞེག་པ་ཆེན་པོའི་མདོ》ཡིན་ལ། རྒྱས་ལོན་ལྟར་ན་དམངས་ཁྲོད་ནས་བསྡུ་རུབ་གནང་པ་ཡིན་འདུག གན་སུའི་ཞིན་ཆེན་ཀྱང་ལྱུགས་གསོ་རིག་སློབ་གྲིང་དུ་ཡིག་ཆ་འཡོད་པ་ཨང་རྟགས(GZY.t)གིས་མཚོན་པར་བྱས་འཡོད་ལ། དེ་ནི་ཤོག་དྲིལ་གྱི་རྣམ་པའི《འཕགས་པ་ཚེ་དཔག་ཏུ་མེད་པ་ཞེག་པ་ཆེན་པོའི་མདོ》རེད་འདུག

བོང་དུ་བཀོད་པའི་ཐུན་ཏོང་བོད་ཡིག་ཡིག་རྙིང་འདི་དག་གི་མཚུག་བྱང་དུ་ཚོས་གཞུང་བརྒྱ་མཁན་དང་། ཞུ་དག་པ། བསྒྱུར་ཞུ་གནང་མཁན་བཅས་ཀྱི་མཚན་བོ་ཞིབ་མོར་བཀོད་ཡོད་པ་མ་ཟད། མཚུག་དུ་རྗེས་རབས་པ་རྣམས་ཀྱིས་བྱིས་པ་ཅི་རིགས་དང་ཐར་ཚགས་གནས་ཚུལ་སོགས་ཀྱང་བྱིས་ཡོད། ལྷག་པར་དུ་གན་སུའི་ཞིན་ཆེན་རྟེན་རྫས་བཞགས་མཛོད་ཁང་དུ་ཉར་བའི་ཡིག་ཆའི་ཁྲོད་དུ་སློན་ལམ་དང་ཚོ་གའི་སྐོར་གྱི་ནང་དོན་ཡང་འདུས་ཡོད་པས་བོ་རྒྱུས་རིག་གཞུང་ཞིབ་འཇུག་གི་རིན་ཐང་དེས་ཅན་ཞིག་ལྡན་ཡོད་དོ།།

དཀར་ཆག

GM.t.2478 — GZY.t.015

མཚོན་རིས་ཀྱི་དཀར་ཆག

1. ཆུན་ཏོང་མའི་གའི་བྲག་ཕུག་གི་ཕྱིའི་བཀོད་པ།

2. མའི་ཀོའར་བྲག་ཕུག་གི་བྲམས་ཁང་དགུ་བརྩེགས།

3. མའི་ཀོའར་བྲག་ཕུག་འདབས་ཀྱི་མཚོད་རྟེན།

4. སན་བེ་རི་པོ།

5. ཆུན་ཏོང་ཞིབ་འཇུག་སྒྲིང་།

6. ཆུན་ཏོང་ཞིབ་འཇུག་སྒྲིང་།

7. གན་སུའུ་ཞིང་ཆེན་རྟེན་རྫས་བཤམས་མཛོད་ཁང་།

8. ཉུབ་བྱང་དགེ་འོས་སློབ་གྲྭ་ཆེན་མོའི་རྟེན་རྫས་བཤམས་མཛོད་ཁང་།

9. ཉུབ་བྱང་མི་རིགས་སློབ་གྲྭ་ཆེན་མོའི་དཔེ་མཛོད་ཁང་།

10. ཅིའུ་ཀྲུན་གྲོང་ཁྱེར་རྟེན་རྫས་བཤམས་མཛོད་ཁང་།

11. ཅིའུ་ཀྲུན་གྲོང་ཁྱེར་རྟེན་རྫས་བཤམས་མཛོད་ཁང་གི་རིག་དངོས་མཛོད་ཁང་།

12. ཆུན་ཏོང་གྲོང་ཁྱེར་ཡིག་ཚགས་ཁང་།

13. ཕྱུའུ་ལེ་གྲོང་ཁྱེར་རྟེན་རྫས་བཤམས་མཛོད་ཁང་།

14. གྲང་ཨེ་དྲུ་ཙྰ་དགོན་གྱི་ལྷ་ཁང་ཆེན་མོ།

15. གྲང་ཨེ་དྲུ་ཙྰ་དགོན་གྱི་གསུང་རབ་ཁང་དང་མཚོད་རྟེན།

16. མཁའ་ལམ་ནས་བསྐྱོན་པའི་གྲང་ཨེ་དྲུ་ཙྰ་དགོན་གྱི་རྣམ་པ།

17. གའི་ཞེ་རྫོང་རྟེན་རྫས་བཤམས་མཛོད་ཁང་།

18. གན་སུའུ་ཞིང་ཆེན་ཀྲུང་ལུགས་གསོ་རིག་སློབ་གྲྭ་ཆེན་མོའི་དཔེ་མཛོད་ཁང་།

19. གན་སུའུ་ཞིང་ཆེན་ཀྲུང་ལུགས་གསོ་རིག་སློབ་གྲྭ་ཆེན་མོའི་དཔེ་མཛོད་ཁང་།

1. རྒྱན་ཐོང་མའི་གཏོ་བྲག་ཕུག་གི་ཕྱིའི་བཀོད་པ།

莫高窟遠眺

2. མའོ་ཀོར་བྲག་ཕུག་གི་ཕྱམས་ཁང་དགུ་བརྩེགས།

九層樓側面

3. མའོ་གོན་བྲག་ཕུག་འདབས་ཀྱི་མཆོད་རྟེན།

莫高窟塔林

4. ཟན་བེ་རི་བོ།
遥望三危山

5. ཇུན་ཏོང་ཞིབ་འཇུག་སྡིང་།

敦煌研究院

6. ཐུན་ཧོང་ཞིབ་འཇུག་སྒྲིང་།

敦煌研究院

7. གན་སུའུ་ཞིང་ཆེན་རྟེན་རྫས་
བཀམས་མཛོད་ཁང་།
甘肃省博物馆

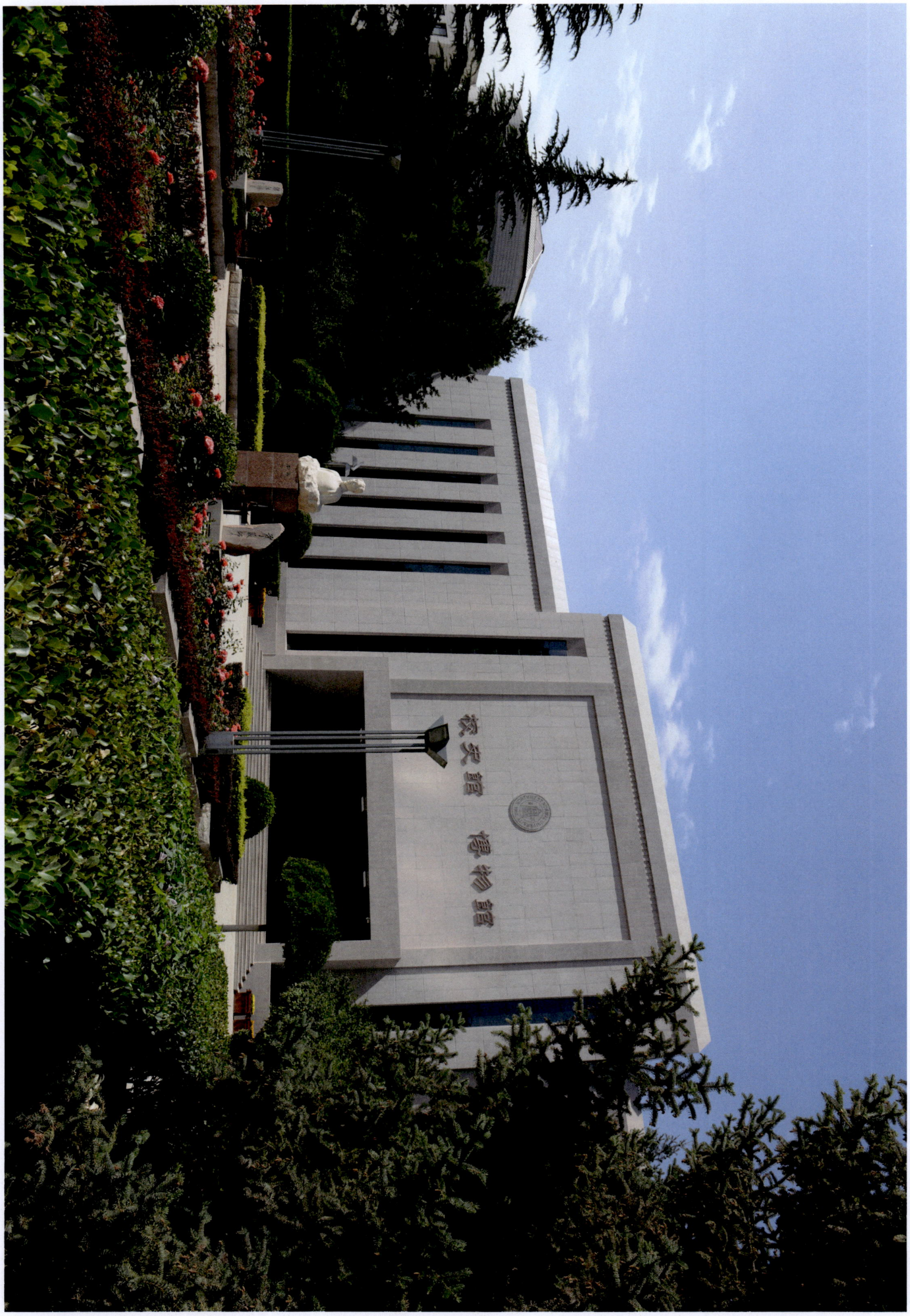

8. ནུབ་བྱང་དགེ་འོས་སློབ་གྲྭ་ཆེན་མོའི་རྙིང་རྫས་བཤམས་མཛོད་ཁང་།
西北師範大學博物館

9. རྒྱབ་བྱང་མི་རིགས་སློབ་གྲྭ་ཆེན་མོའི་དཔེ་མཛོད་ཁང་།

西北民族大學圖書館

10. ཅིའུ་ཆྭན་གྲོང་ཁྱེར་ཤིན་ཇེན་རྫོང་བཀས་བཀམས་མཛོད་ཁང་།

酒泉市肅州區博物館

11. ཅུ་ཆུན་གྲོང་ཁྱེར་ཆེན་རྫས་བཀབས་མཛོད་ཁང་གི་རིག་དངོས་མཛོད་ཁང་།
酒泉市肅州區博物館文物庫房內景

12. ཇུན་ཧོང་གྲོང་ཁྱེར་ཡིག་ཚགས་ཁང་།

敦煌市檔案館

13. ཝུའུ་ཝེ་གྲོང་ཁྱེར་རྟེན་རྫས་བཤམས་མཛོད་ཁང་།
武威市博物館

14. གྲང་ཡེ་དུ་བྱོ་དགོན་གྱི་ལྷ་ཁང་ཆེན་མོ།

張掖大佛寺大佛殿

15. གྱང་ཨེ་ཧྲུ་རྩེ་དགོན་གྱི་གསུང་རབ་ཁང་དང་མཆོད་རྟེན།

张掖大佛寺藏经殿和土塔

16. མ་བན་ལམ་ནས་བསྐྲུན་པའི་གྱང་ཡེ་ཏུ་ཙོ་དགོན་གྱི་རྣམ་པ།
張掖大佛寺航拍

17. གནའ་ཤི་རྫོང་རྗེན་རྫས་བཤམས་མཛོད་ཁང་།

高臺縣博物館

18. གན་སུའུ་ཞིང་ཆེན་གྱུང་ལུགས་གསོ་རིག་སློབ་གྲྭ་ཆེན་མོའི་དཔེ་མཛོད་ཁང་།
甘肅中醫藥大學圖書館

19. གན་སུའུ་ཞིང་ཆེན་གྱུང་ལུགས་གསོ་རིག་སློབ་གྲྭ་ཆེན་མོའི་དཔེ་མཛོད་ཁང་།

甘肅中醫藥大學圖書館

GM.t.2478　ཚེ་དཔག་དུ་མྱིད་པ་ཞེས་བྱ་བ་ཐེག་པ་ཆེན་པོའི་མདོ།

大乘無量壽宗要經　　　(3—1)

GM.t.2478　ཚེ་དཔག་དུ་མྱིད་པ་ཞེས་བྱ་བ་ཐེག་པ་ཆེན་པོའི་མདོ།

大乘無量壽宗要經　　　(3—2)

GM.t.2478　ཚེ་དཔག་ཏུ་མྱེད་པ་ཞེས་བྱ་བ་ཐེག་པ་ཆེན་པོའི་མདོ།
大乘無量壽宗要經　　(3—3)

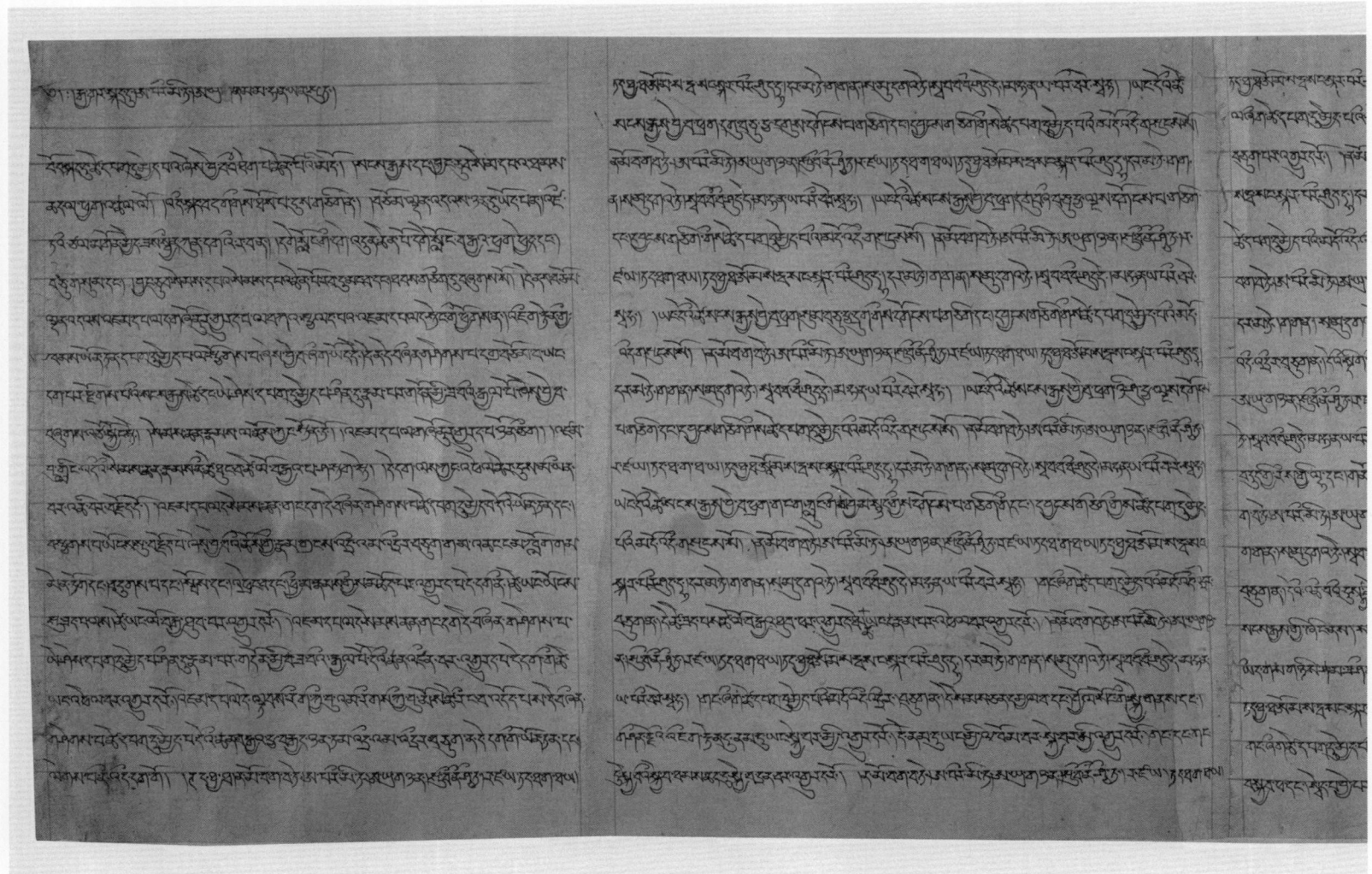

GM.t.10436　ཚེ་དཔག་ཏུ་མྱེད་པ་ཞེས་བྱ་བ་ཐེག་པ་ཆེན་པོའི་མདོ།
大乘無量壽宗要經　　(3—1)

GM.t.10436 ཚེ་དཔག་དུ་མྱེད་པ་ཞེས་བྱ་བ་ཐེག་པ་ཆེན་པོའི་མདོ།
大乘無量壽宗要經　　(3—2)

GM.t.10436 ཚེ་དཔག་དུ་མྱེད་པ་ཞེས་བྱ་བ་ཐེག་པ་ཆེན་པོའི་མདོ།
大乘無量壽宗要經　　(3—3)

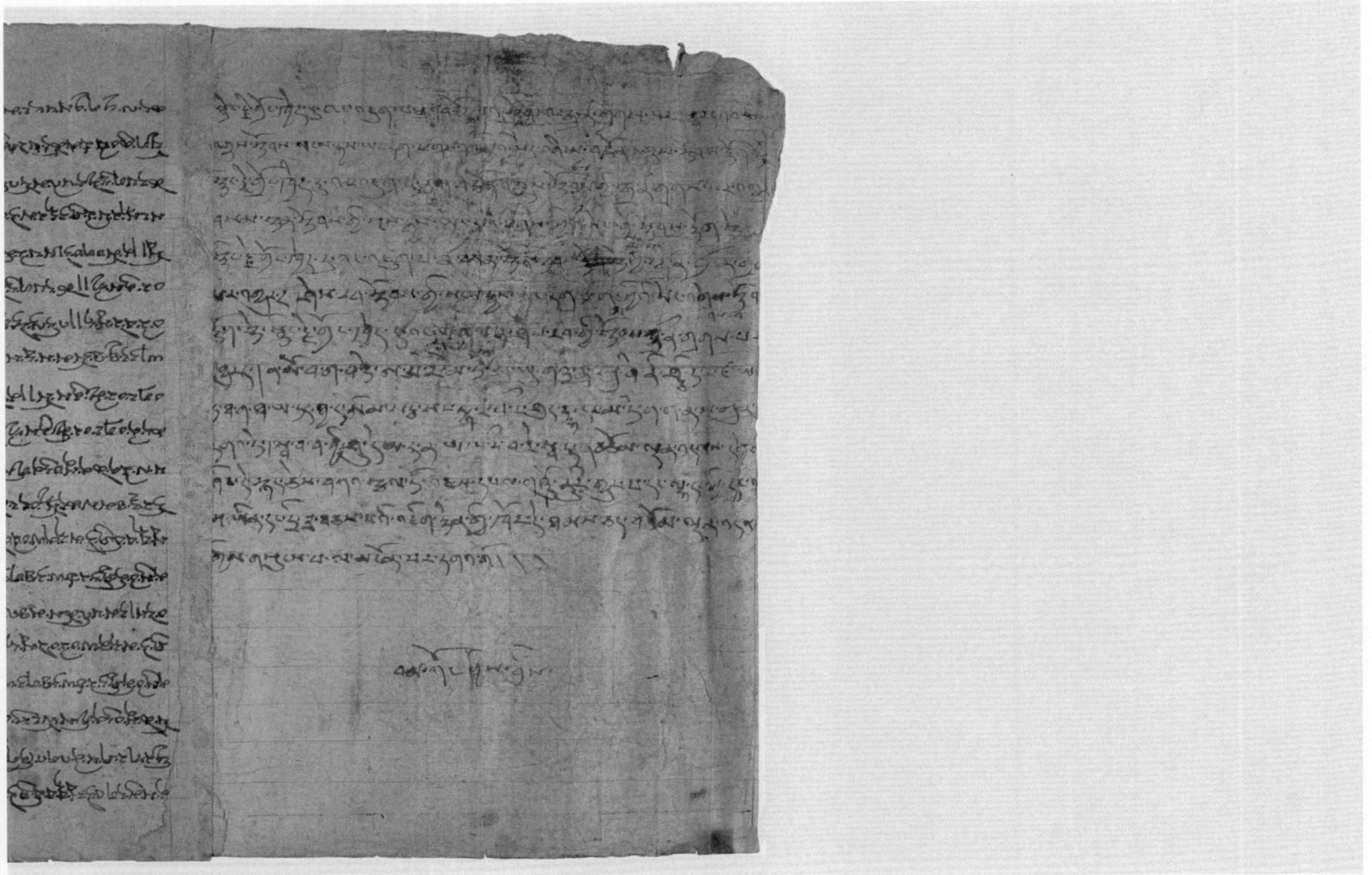

GM.t.10401　ཚེ་དཔག་ཏུ་མྱེད་པ་ཞེས་བྱ་བ་ཐེག་པ་ཆེན་པོའི་མདོ།

大乘無量壽宗要經

GM.t.10461　ཚེ་དཔག་ཏུ་མྱེད་པ་ཞེས་བྱ་བ་ཐེག་པ་ཆེན་པོའི་མདོ།

大乘無量壽宗要經　　(9—1)

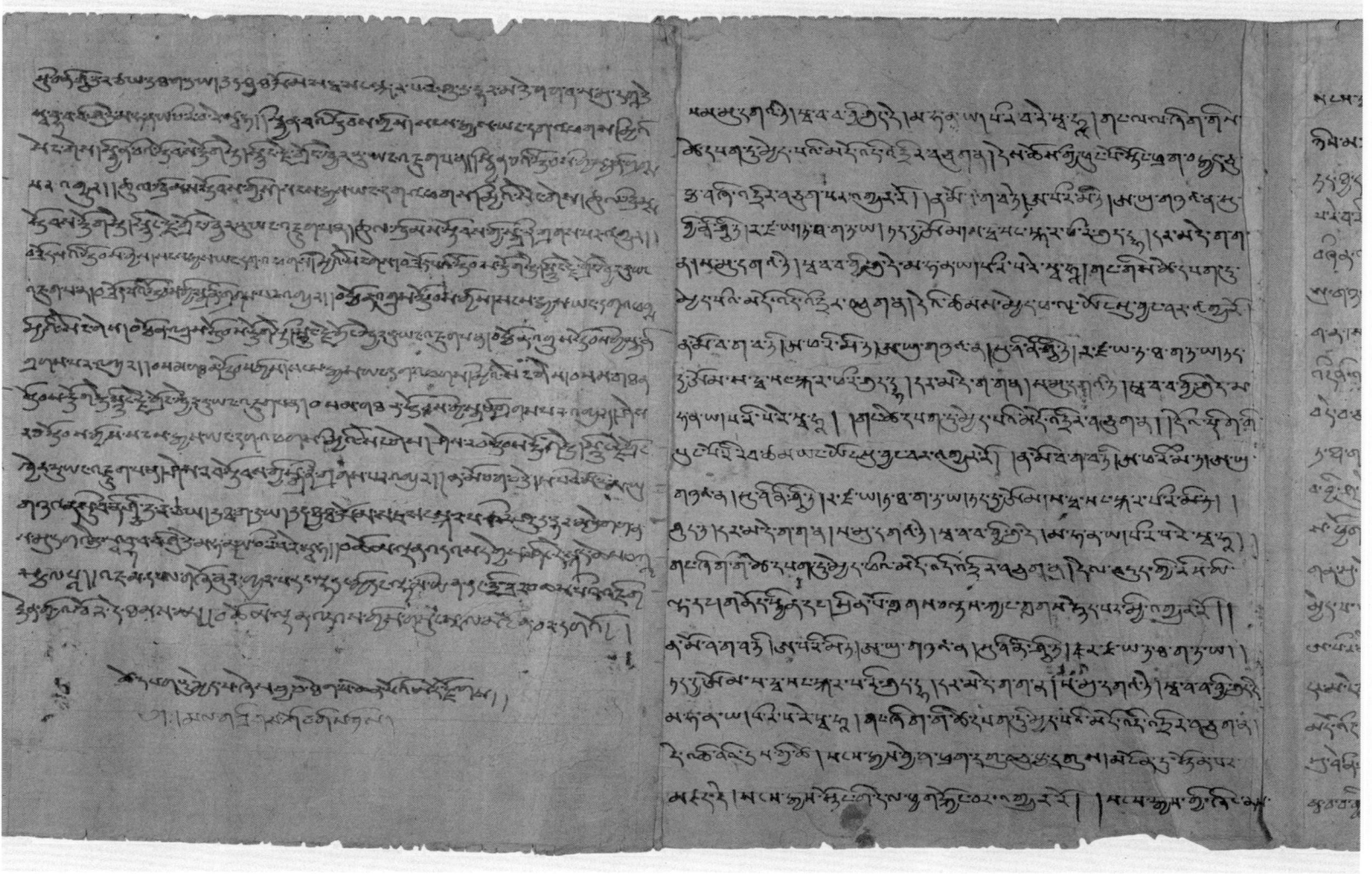

GM.t.10461 ཚེ་དཔག་དུ་མྱེད་པ་ཞེས་བྱ་བ་ཐེག་པ་ཆེན་པོའི་མདོ།

大乘無量壽宗要經　　　(9—2)

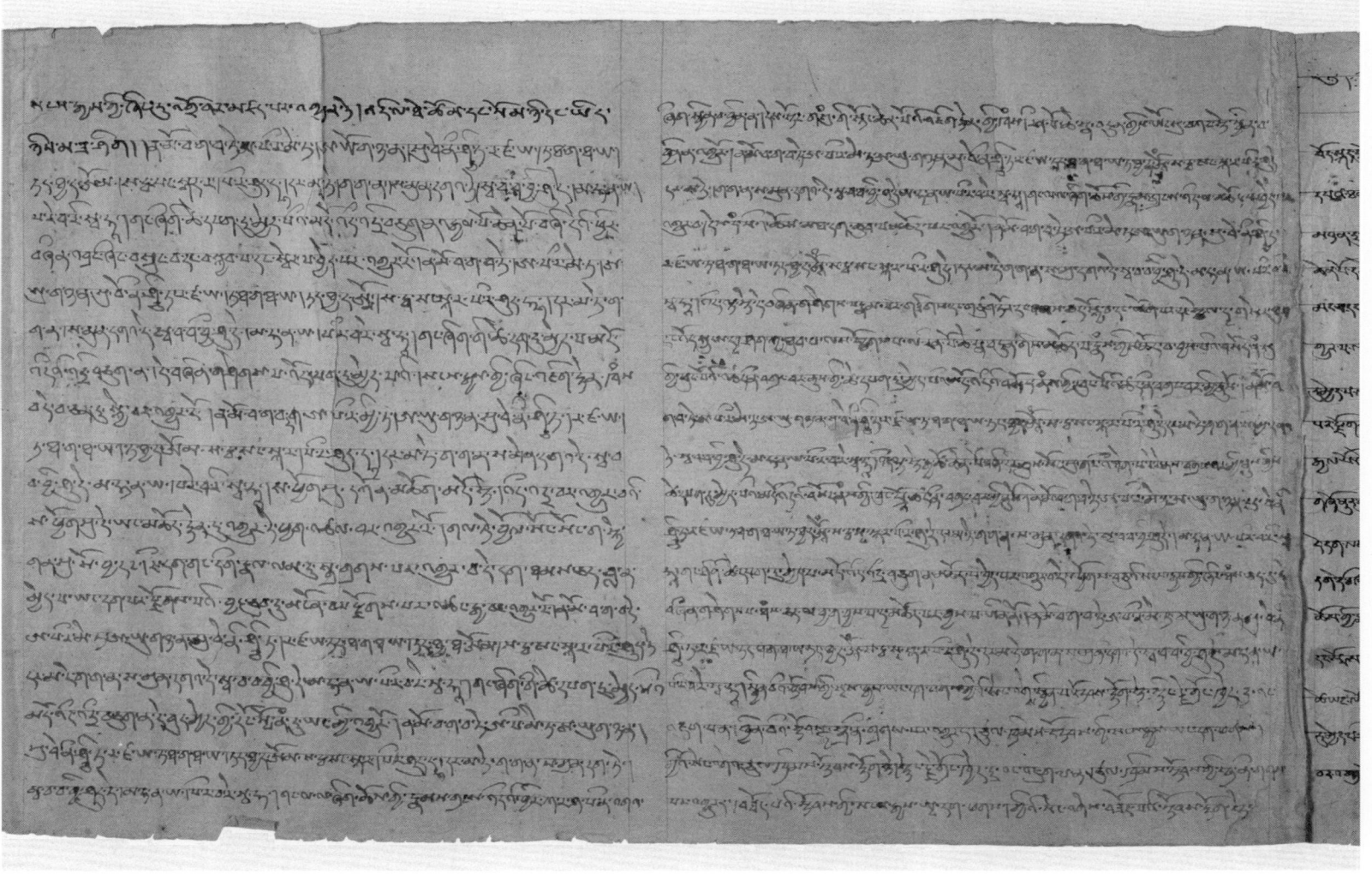

GM.t.10461 ཚེ་དཔག་དུ་མྱེད་པ་ཞེས་བྱ་བ་ཐེག་པ་ཆེན་པོའི་མདོ།

大乘無量壽宗要經　　　(9—3)

GM.t.10461 ཚེ་དཔག་དུ་མྱེད་པ་ཞེས་བྱ་བ་ཐེག་པ་ཆེན་པོའི་མདོ།

大乘無量壽宗要經　　　(9—4)

GM.t.10461 ཚེ་དཔག་དུ་མྱེད་པ་ཞེས་བྱ་བ་ཐེག་པ་ཆེན་པོའི་མདོ།

大乘無量壽宗要經　　　(9—5)

GM.t.10461 ཚེ་དཔག་དུ་མྱེད་པ་ཞེས་བྱ་བ་ཐེག་པ་ཆེན་པོའི་མདོ།

大乘無量壽宗要經　　(9—6)

GM.t.10461 ཚེ་དཔག་དུ་མྱེད་པ་ཞེས་བྱ་བ་ཐེག་པ་ཆེན་པོའི་མདོ།

大乘無量壽宗要經　　(9—7)

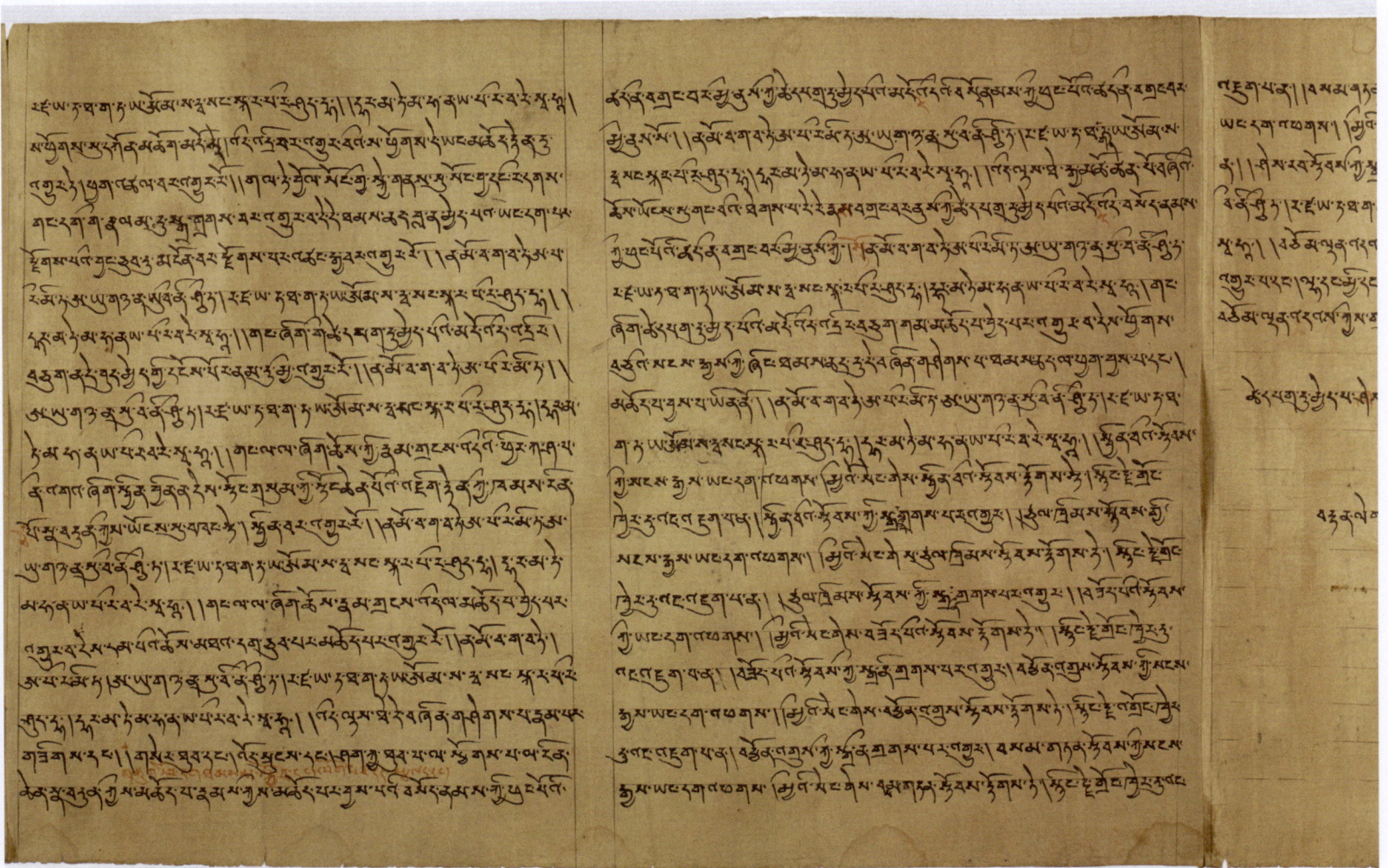

GM.t.10461　ཚེ་དཔག་ཏུ་མྱེད་པ་ཞེས་བྱ་བ་ཐེག་པ་ཆེན་པོའི་མདོ།

大乘無量壽宗要經　　　(9—8)

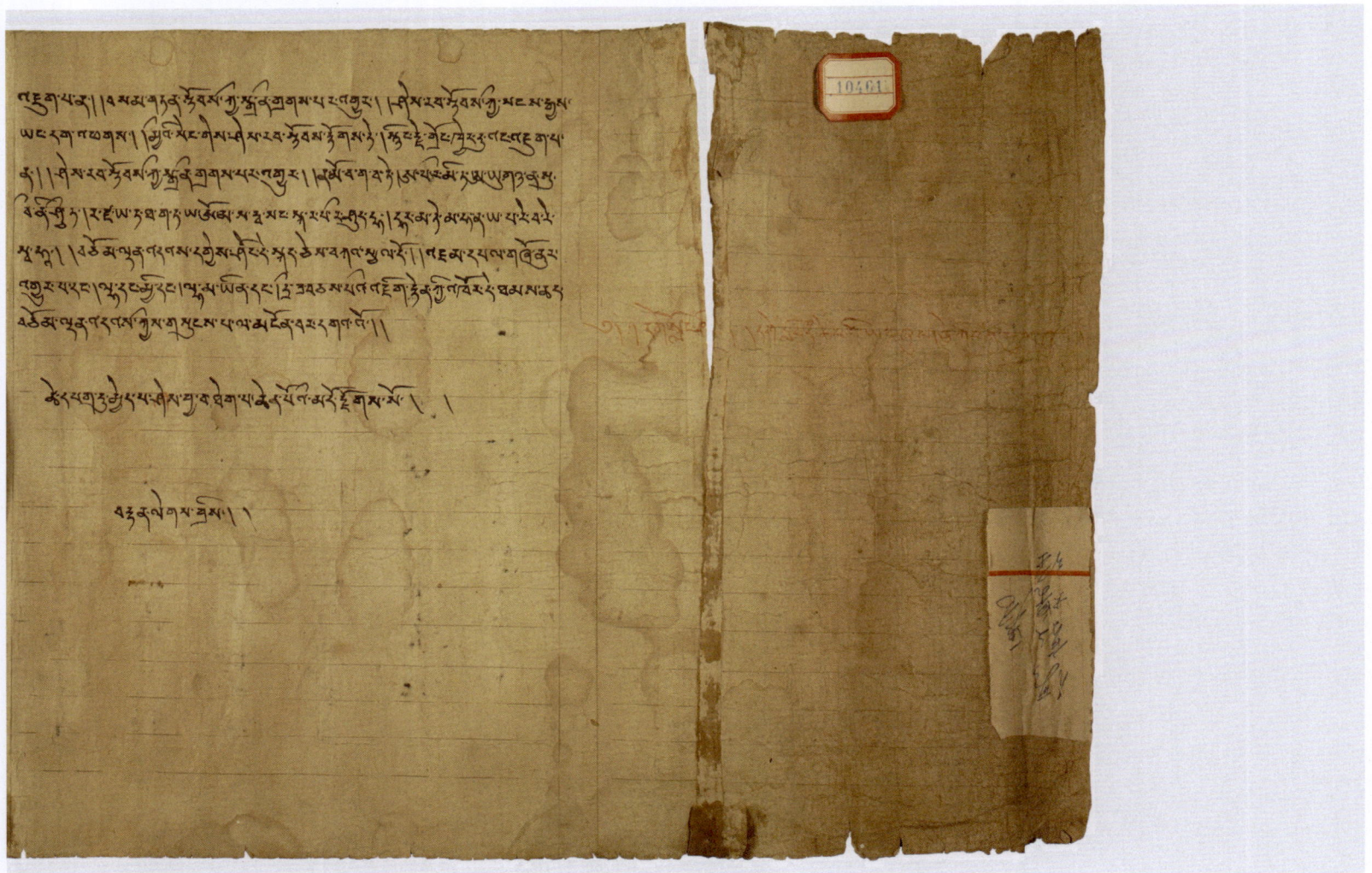

GM.t.10461　ཚེ་དཔག་ཏུ་མྱེད་པ་ཞེས་བྱ་བ་ཐེག་པ་ཆེན་པོའི་མདོ།

大乘無量壽宗要經　　　(9—9)

GM.t.10485　ཚེ་དཔག་དུ་མྱེད་པ་ཞེས་བྱ་བ་ཐེག་པ་ཆེན་པོའི་མདོ།
大乘無量壽宗要經　　(3—1)

GM.t.10485　ཚེ་དཔག་དུ་མྱེད་པ་ཞེས་བྱ་བ་ཐེག་པ་ཆེན་པོའི་མདོ།
大乘無量壽宗要經　　(3—2)

GM.t.10485　ཚེ་དཔག་ཏུ་མྱེད་པ་ཞེས་བྱ་བ་ཐེག་པ་ཆེན་པོའི་མདོ།
　　　　　　大乘無量壽宗要經　　(3—3)

GM.t.10490　ཚེ་དཔག་ཏུ་མྱེད་པ་ཞེས་བྱ་བ་ཐེག་པ་ཆེན་པོའི་མདོ།
　　　　　　大乘無量壽宗要經　　(4—1)

GM.t.10490 ཚེ་དཔག་དུ་མྱེད་པ་ཞེས་བྱ་བ་ཐེག་པ་ཆེན་པོའི་མདོ།

大乘無量壽宗要經 (4—2)

GM.t.10490 ཚེ་དཔག་དུ་མྱེད་པ་ཞེས་བྱ་བ་ཐེག་པ་ཆེན་པོའི་མདོ།

大乘無量壽宗要經 (4—3)

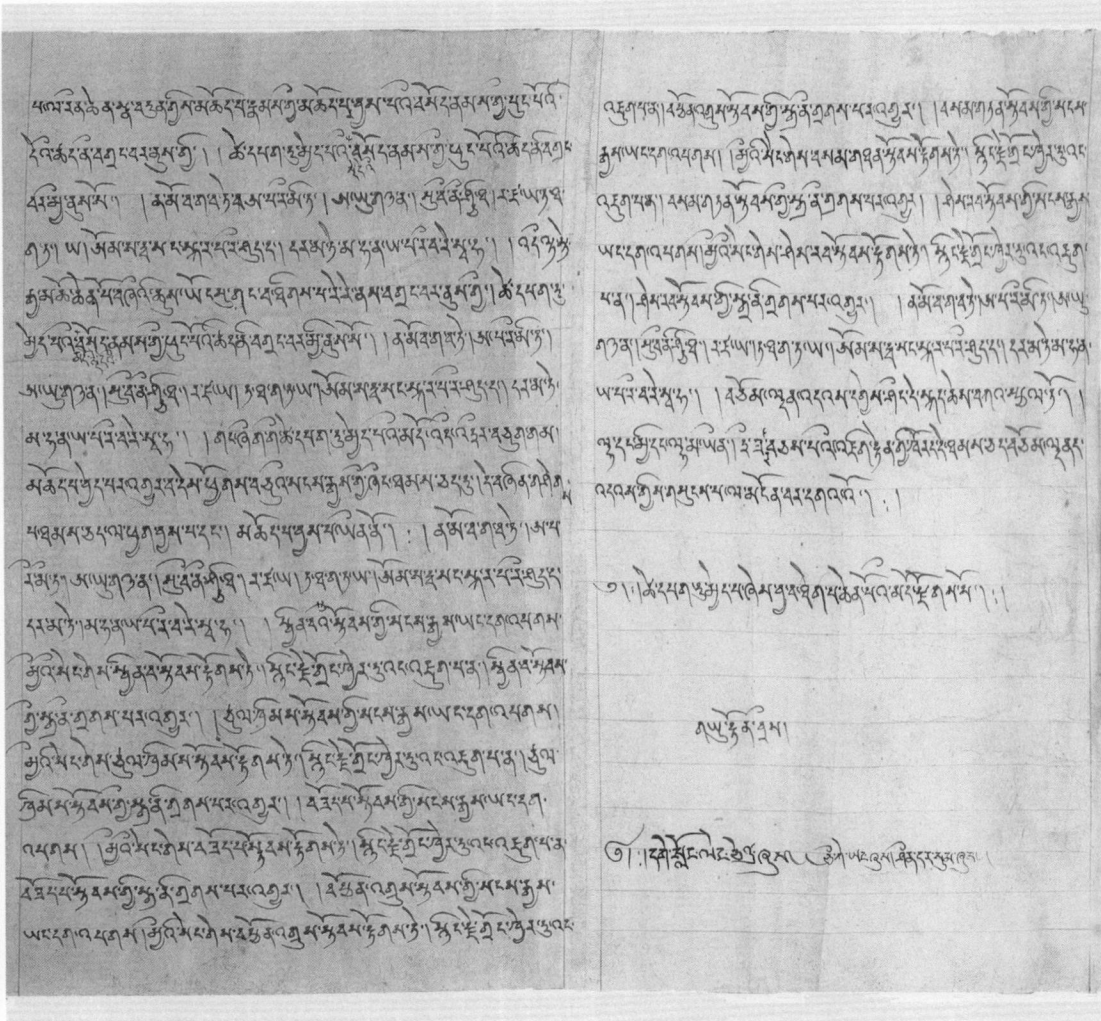

GM.t.10490　ཚེ་དཔག་དུ་མྱེད་པ་ཞེས་བྱ་བ་ཐེག་པ་ཆེན་པོའི་མདོ།

大乘無量壽宗要經　　(4—4)

GM.t.10491　ཚེ་དཔག་དུ་མྱེད་པ་ཞེས་བྱ་བ་ཐེག་པ་ཆེན་པོའི་མདོ།

大乘無量壽宗要經　　(6—1)

GM.t.10491　ཚེ་དཔག་ཏུ་མྱེད་པ་ཞེས་བྱ་བ་ཐེག་པ་ཆེན་པོའི་མདོ།
大乘無量壽宗要經　　(6—2)

GM.t.10491　ཚེ་དཔག་ཏུ་མྱེད་པ་ཞེས་བྱ་བ་ཐེག་པ་ཆེན་པོའི་མདོ།
大乘無量壽宗要經　　(6—3)

GM.t.10491 ཚེ་དཔག་ཏུ་མྱེད་པ་ཞེས་བྱ་བ་ཐེག་པ་ཆེན་པོའི་མདོ།

大乘無量壽宗要經　　　(6—4)

GM.t.10491 ཚེ་དཔག་ཏུ་མྱེད་པ་ཞེས་བྱ་བ་ཐེག་པ་ཆེན་པོའི་མདོ།

大乘無量壽宗要經　　　(6—5)

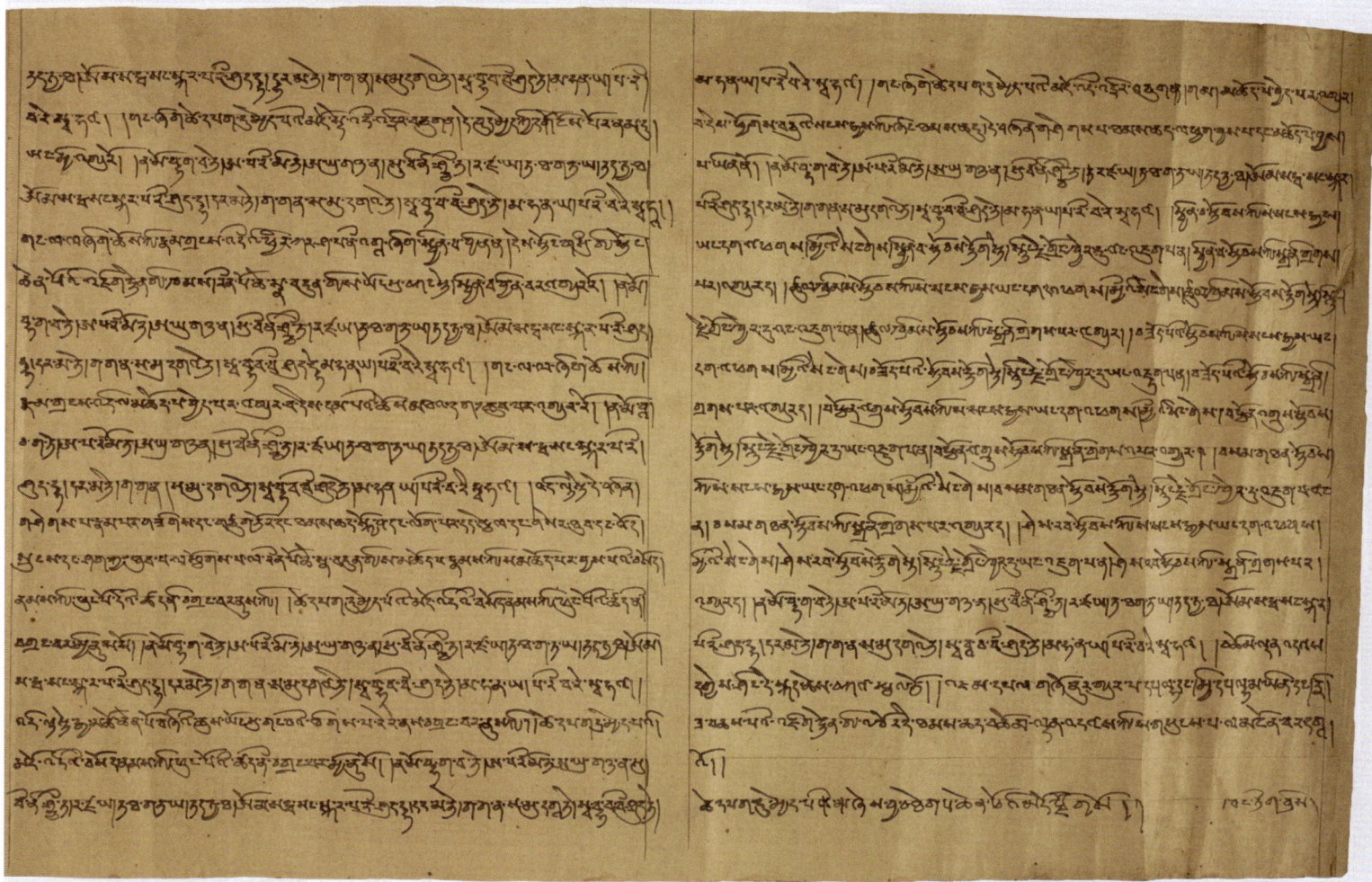

GM.t.10491　ཚེ་དཔག་དུ་མྱེད་པ་ཞེས་བྱ་བ་ཐེག་པ་ཆེན་པོའི་མདོ།

大乘無量壽宗要經　　　(6—6)

GM.t.10551　མོ་ཡིག

占卜書　　(2—1)

GM.t.10551 ཨོ་ཡིག
占卜書 　(2—1)

GM.t.10552 གསང་སྔགས་ཀྱི་ཡིག་ཆ།
密宗儀軌書 　(2—1)

GM.t.10552　གསང་སྔགས་ཀྱི་ཡིག་ཆ།
密宗儀軌書　　(2—2)

GM.t.10553　ཚེ་དཔག་ཏུ་མྱེད་པ་ཞེས་བྱ་བ་ཐེག་པ་ཆེན་པོའི་མདོ།
大乘無量壽宗要經　　(3—1)

GM.t.10553　ཚེ་དཔག་དུ་མྱེད་པ་ཞེས་བྱ་བ་ཐེག་པ་ཆེན་པོའི་མདོ།

大乘無量壽宗要經　　(3—2)

GM.t.10553　ཚེ་དཔག་དུ་མྱེད་པ་ཞེས་བྱ་བ་ཐེག་པ་ཆེན་པོའི་མདོ།

大乘無量壽宗要經　　(3—3)

GM.t.10555 ཚེ་དཔག་ཏུ་མྱེད་པ་ཞེས་བྱ་བ་ཐེག་པ་ཆེན་པོའི་མདོ།

大乘無量壽宗要經 (3—1)

GM.t.10555 ཚེ་དཔག་ཏུ་མྱེད་པ་ཞེས་བྱ་བ་ཐེག་པ་ཆེན་པོའི་མདོ།

大乘無量壽宗要經 (3—2)

GM.t.10555 ཚེ་དཔག་དུ་མྱེད་པ་ཞེས་བྱ་བ་ཐེག་པ་ཆེན་པོའི་མདོ།
大乘無量壽宗要經　　(3—3)

GM.t.10556 (R-V) སྨོན་ཚིག
願文

GM.t.10558　སྔགས་ཀྱི་ཚོག
密宗儀軌書

GM.t.10564　ཚེ་དཔག་ཏུ་མྱེད་པ་ཞེས་བྱ་བ་ཐེག་པ་ཆེན་པོའི་མདོ།
大乘無量壽宗要經　　(3—1)

GM.t.10564 ཚེ་དཔག་དུ་མྱེད་པ་ཞེས་བྱ་བ་ཐེག་པ་ཆེན་པོའི་མདོ།
大乘無量壽宗要經 (3—2)

GM.t.10564 ཚེ་དཔག་དུ་མྱེད་པ་ཞེས་བྱ་བ་ཐེག་པ་ཆེན་པོའི་མདོ།
大乘無量壽宗要經 (3—3)

GM.t.10566 ཚེ་དཔག་དུ་མྱེད་པ་ཞེས་བྱ་བ་ཐེག་པ་ཆེན་པོའི་མདོ།

大乘無量壽宗要經 (3—1)

GM.t.10566 ཚེ་དཔག་དུ་མྱེད་པ་ཞེས་བྱ་བ་ཐེག་པ་ཆེན་པོའི་མདོ།

大乘無量壽宗要經 (3—2)

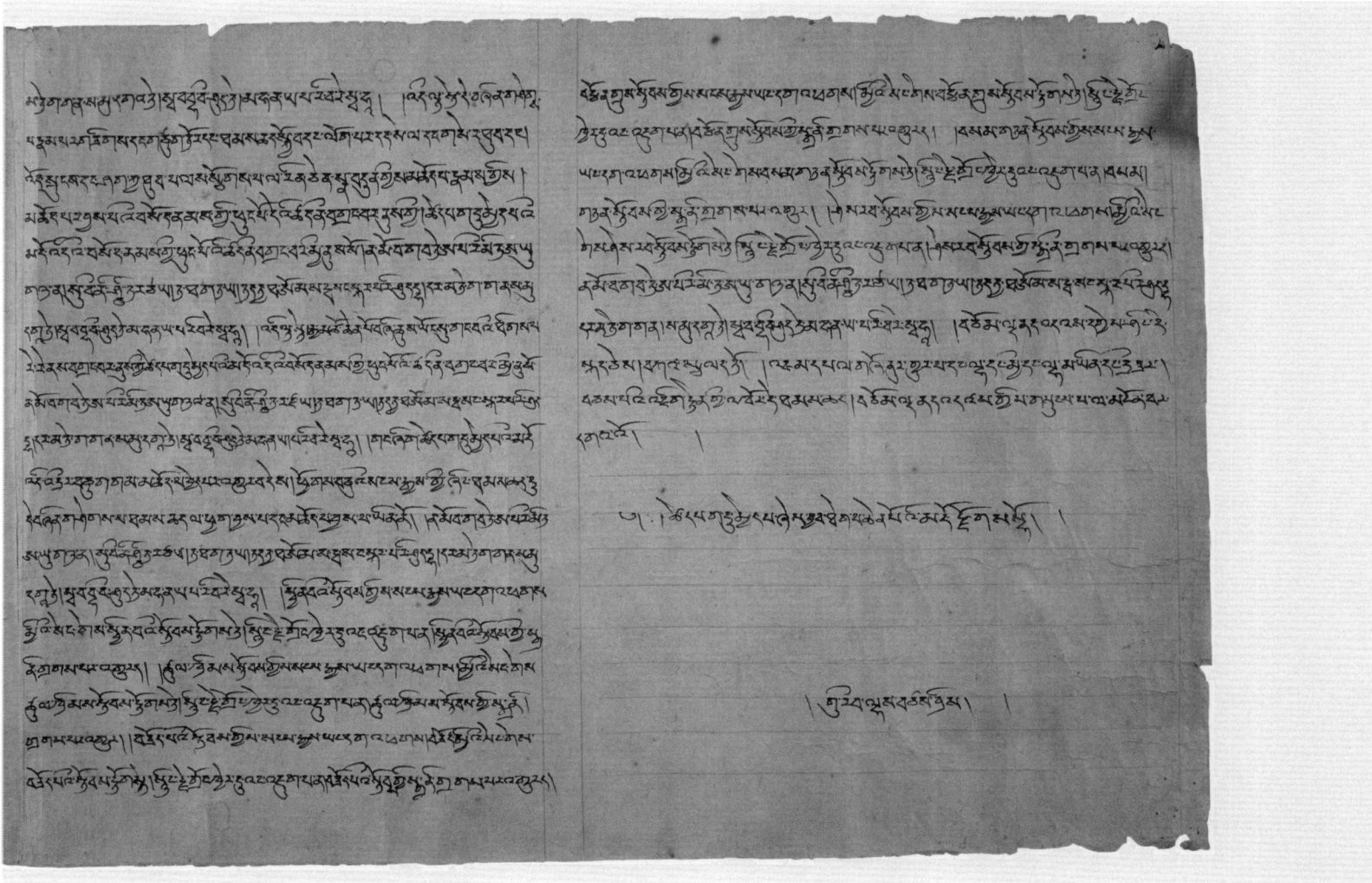

GM.t.10566　ཚེ་དཔག་དུ་མྱེད་པ་ཞེས་བྱ་བ་ཐེག་པ་ཆེན་པོའི་མདོ།
　　　　大乘無量壽宗要經　　　(3—3)

GM.t.10567　ཚེ་དཔག་དུ་མྱེད་པ་ཞེས་བྱ་བ་ཐེག་པ་ཆེན་པོའི་མདོ།
　　　　大乘無量壽宗要經　　　(4—1)

GM.t.10567 ཚེ་དཔག་དུ་མྱིད་པ་ཞེས་བྱ་བ་ཐེག་པ་ཆེན་པོའི་མདོ།

大乘無量壽宗要經　　(4—2)

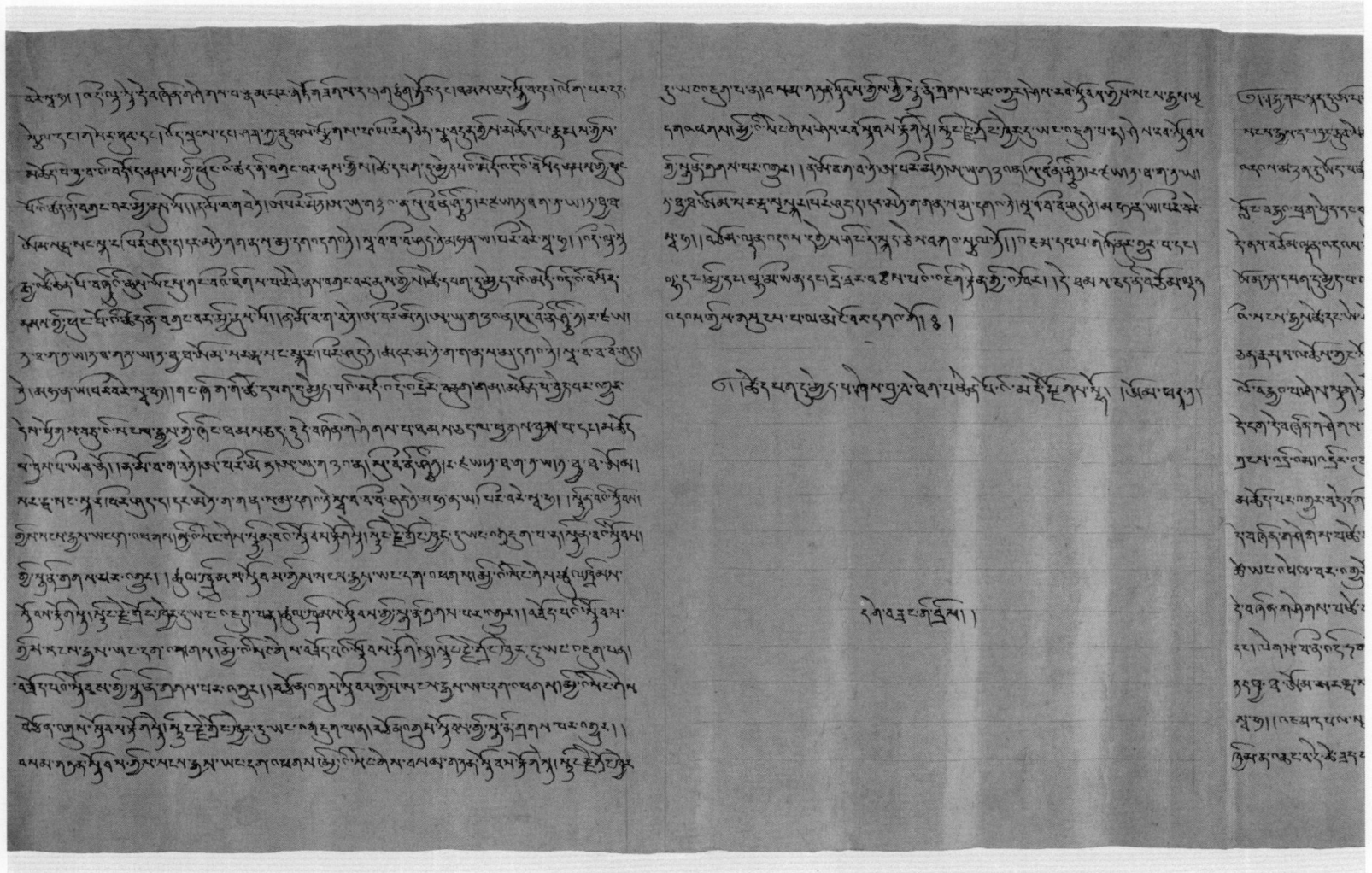

GM.t.10567 ཚེ་དཔག་དུ་མྱིད་པ་ཞེས་བྱ་བ་ཐེག་པ་ཆེན་པོའི་མདོ།

大乘無量壽宗要經　　(4—3)

GM.t.10567　ཚེ་དཔག་དུ་མྱེད་པ་ཞེས་བྱ་བ་ཐེག་པ་ཆེན་པོའི་མདོ།

大乘無量壽宗要經　　　(4—4)

GM.t.10569　ཚེ་དཔག་དུ་མྱེད་པ་ཞེས་བྱ་བ་ཐེག་པ་ཆེན་པོའི་མདོ།

大乘無量壽宗要經　　　(15—1)

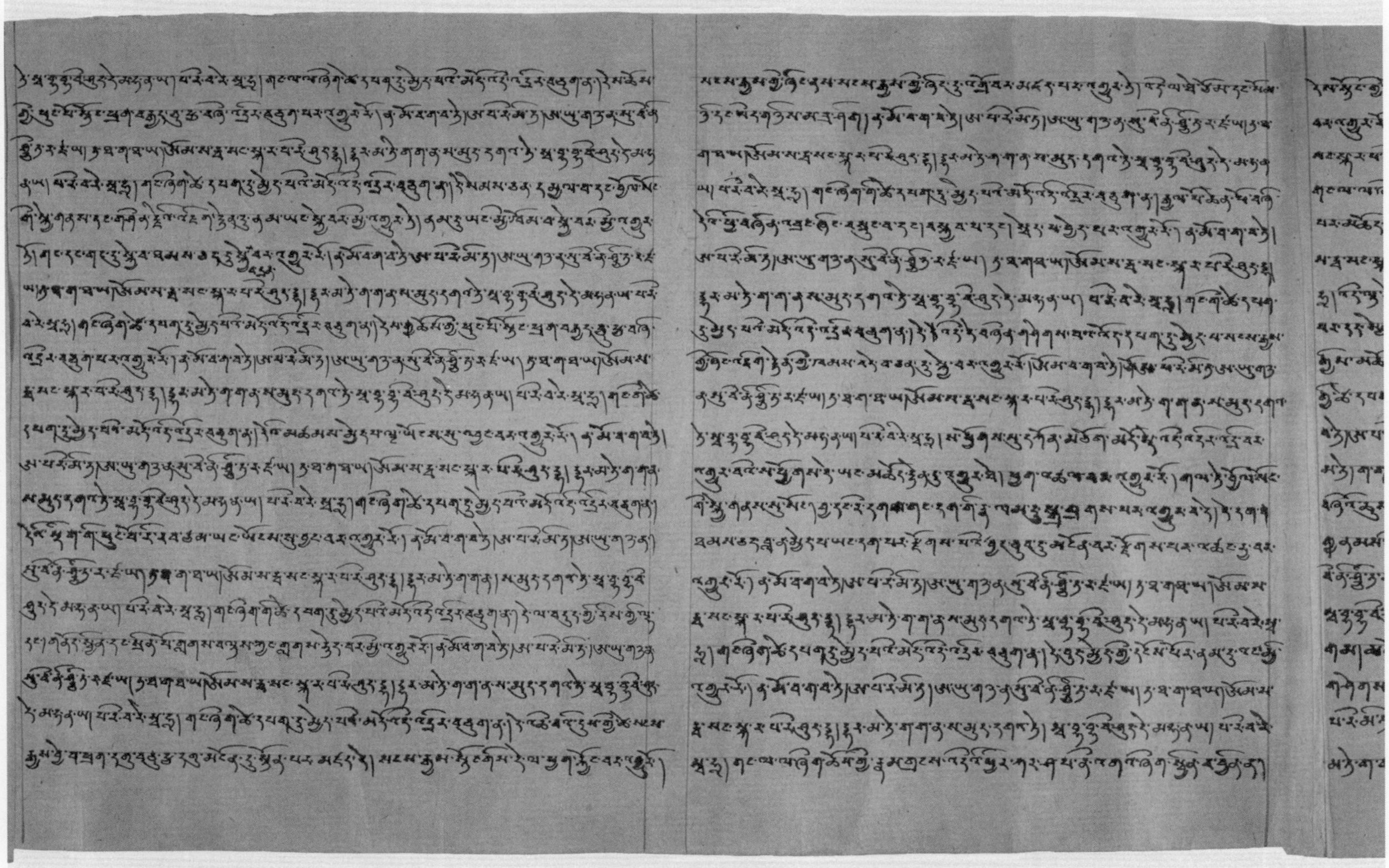

GM.t.10569 ཚེ་དཔག་ཏུ་མེད་པ་ཞེས་བྱ་བ་ཐེག་པ་ཆེན་པོའི་མདོ།

大乘無量壽宗要經 (15—2)

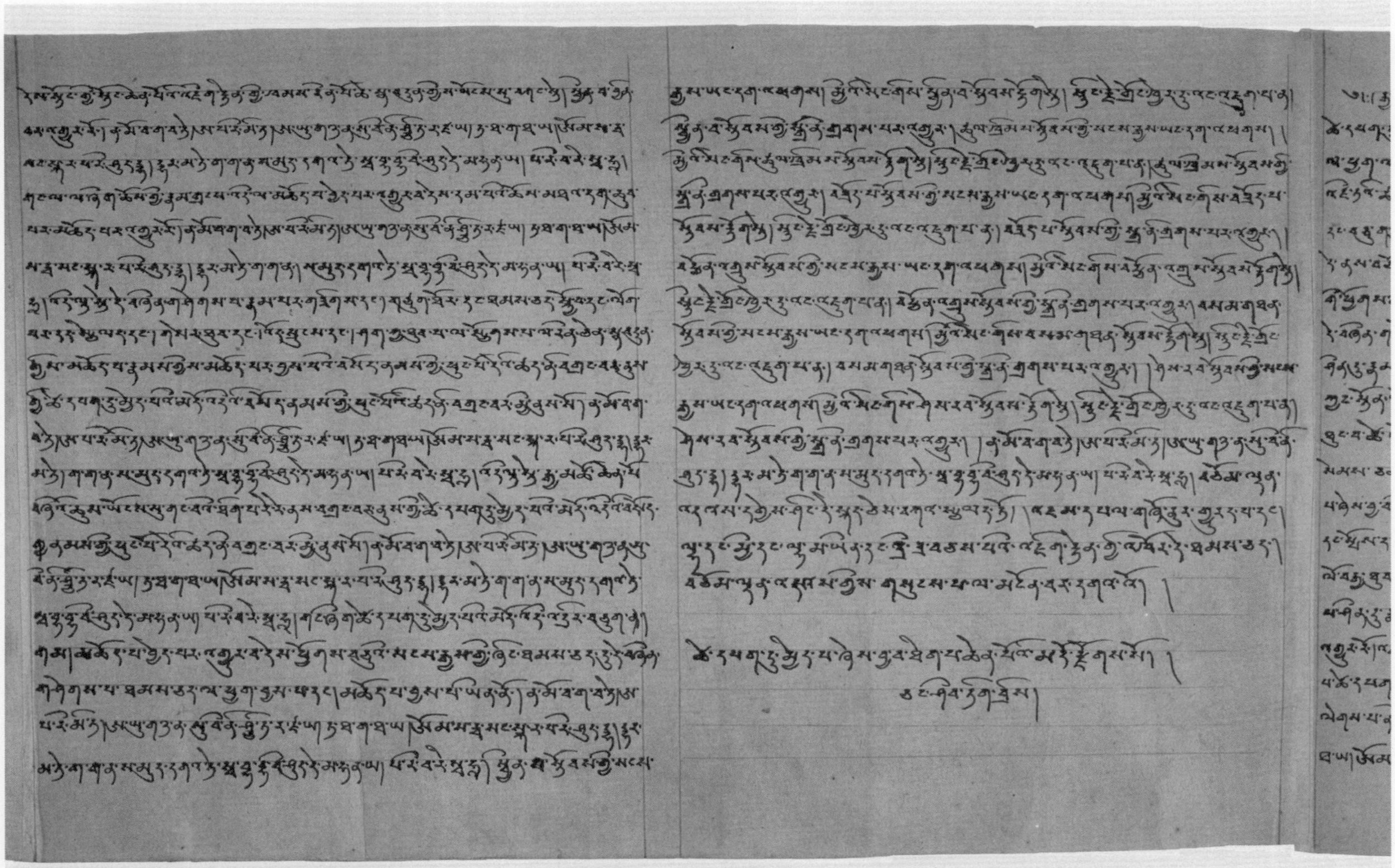

GM.t.10569 ཚེ་དཔག་ཏུ་མེད་པ་ཞེས་བྱ་བ་ཐེག་པ་ཆེན་པོའི་མདོ།

大乘無量壽宗要經 (15—3)

GM.t.10569 ཚེ་དཔག་དུ་མྱེད་པ་ཞེས་བྱ་བ་ཐེག་པ་ཆེན་པོའི་མདོ།
大乘無量壽宗要經　　(15—4)

GM.t.10569 ཚེ་དཔག་དུ་མྱེད་པ་ཞེས་བྱ་བ་ཐེག་པ་ཆེན་པོའི་མདོ།
大乘無量壽宗要經　　(15—5)

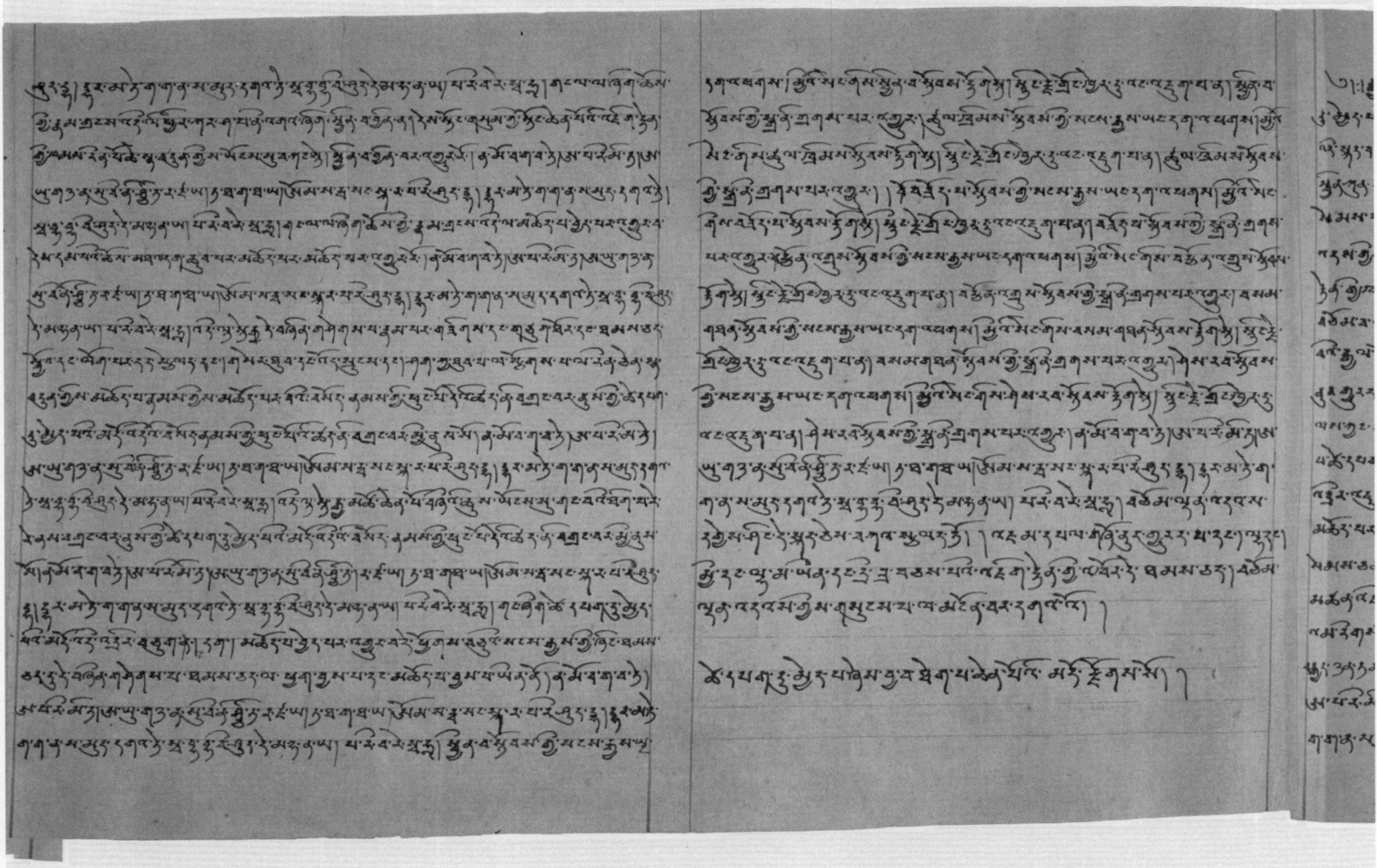

GM.t.10569　ཚེ་དཔག་དུ་མྱེད་པ་ཞེས་བྱ་བ་ཐེག་པ་ཆེན་པོའི་མདོ།
大乘無量壽宗要經　　　(15—6)

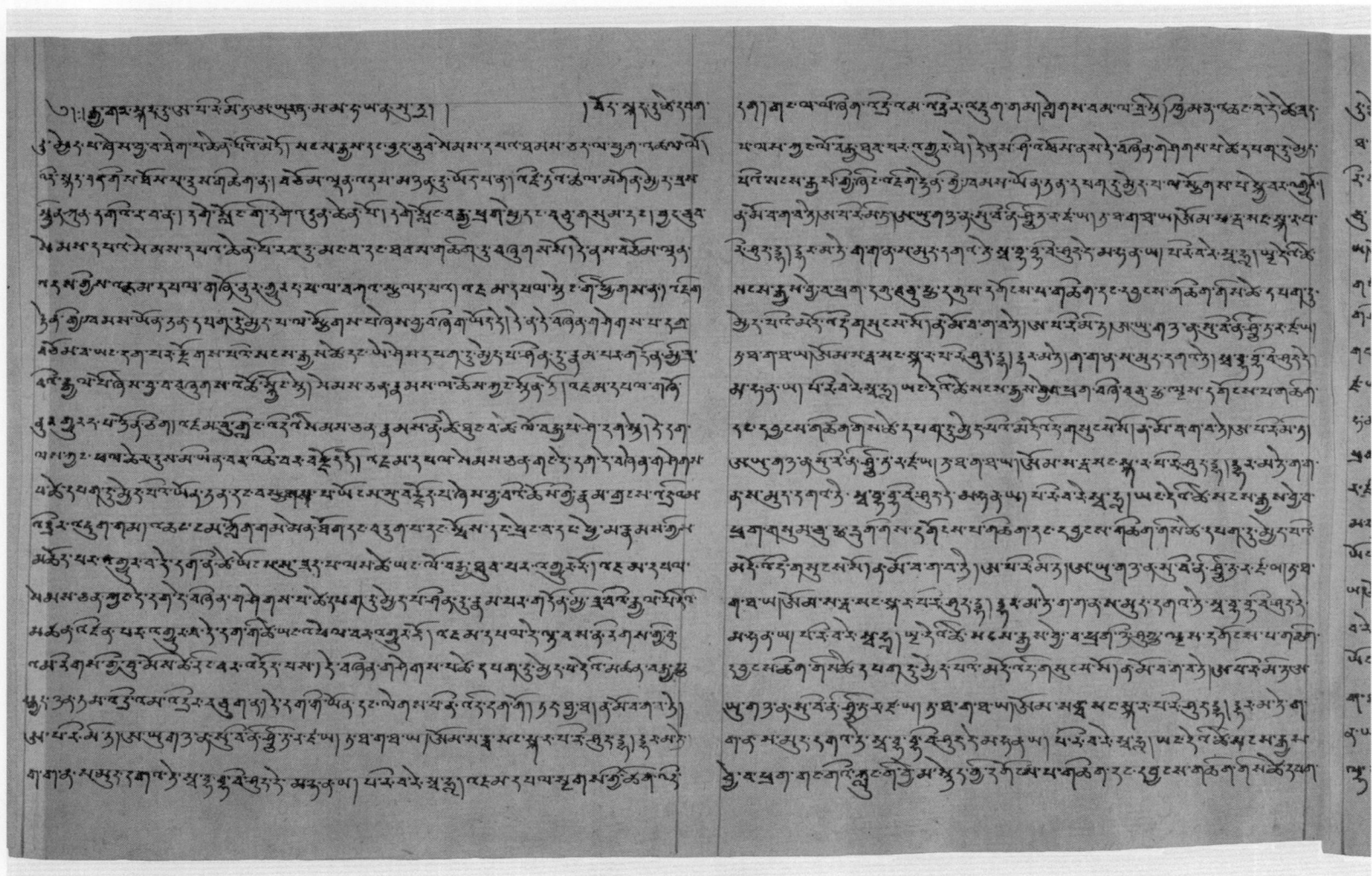

GM.t.10569　ཚེ་དཔག་དུ་མྱེད་པ་ཞེས་བྱ་བ་ཐེག་པ་ཆེན་པོའི་མདོ།
大乘無量壽宗要經　　　(15—7)

GM.t.10569 ཚེ་དཔག་དུ་མྱེད་པ་ཞེས་བྱ་བ་ཐེག་པ་ཆེན་པོའི་མདོ།
大乘無量壽宗要經　　(15—8)

GM.t.10569 ཚེ་དཔག་དུ་མྱེད་པ་ཞེས་བྱ་བ་ཐེག་པ་ཆེན་པོའི་མདོ།
大乘無量壽宗要經　　(15—9)

GM.t.10569 ཚེ་དཔག་དུ་མྱེད་པ་ཞེས་བྱ་བ་ཐེག་པ་ཆེན་པོའི་མདོ།
大乘無量壽宗要經　　(15—10)

GM.t.10569 ཚེ་དཔག་དུ་མྱེད་པ་ཞེས་བྱ་བ་ཐེག་པ་ཆེན་པོའི་མདོ།
大乘無量壽宗要經　　(15—11)

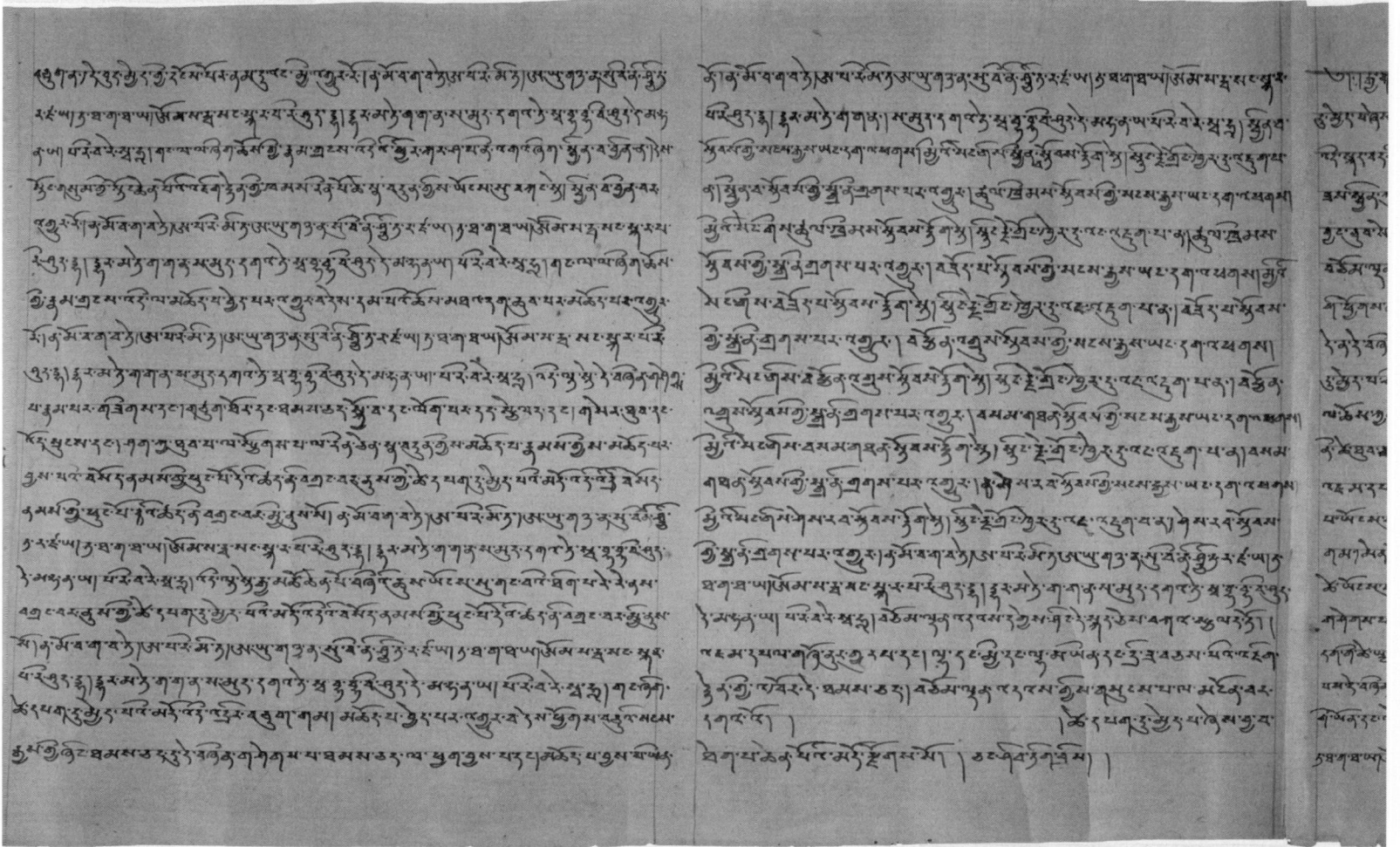

GM.t.10569　ཚེ་དཔག་དུ་མྱེད་པ་ཞེས་བྱ་བ་ཐེག་པ་ཆེན་པོའི་མདོ།

大乘無量壽宗要經　　　(15—12)

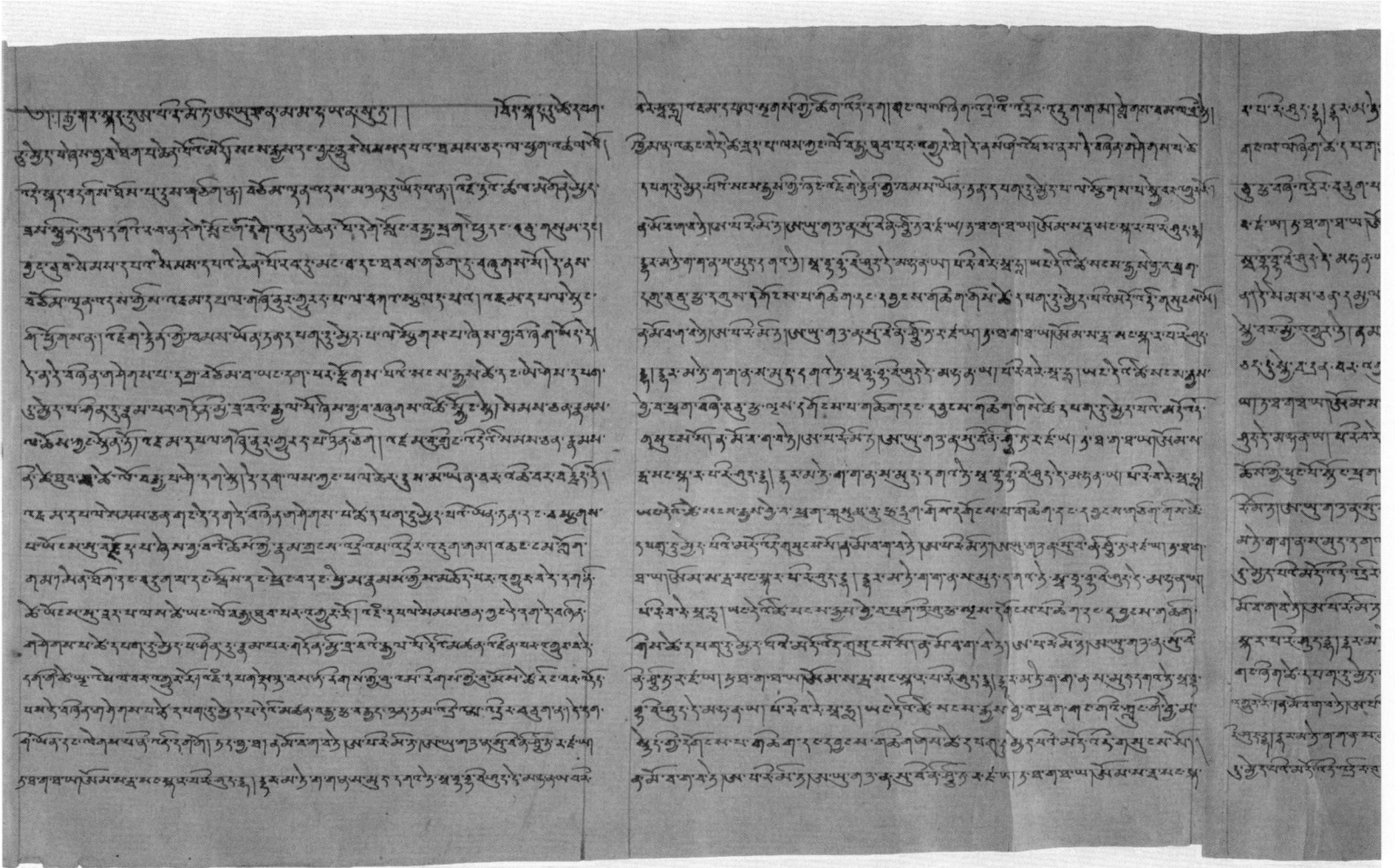

GM.t.10569　ཚེ་དཔག་དུ་མྱེད་པ་ཞེས་བྱ་བ་ཐེག་པ་ཆེན་པོའི་མདོ།

大乘無量壽宗要經　　　(15—13)

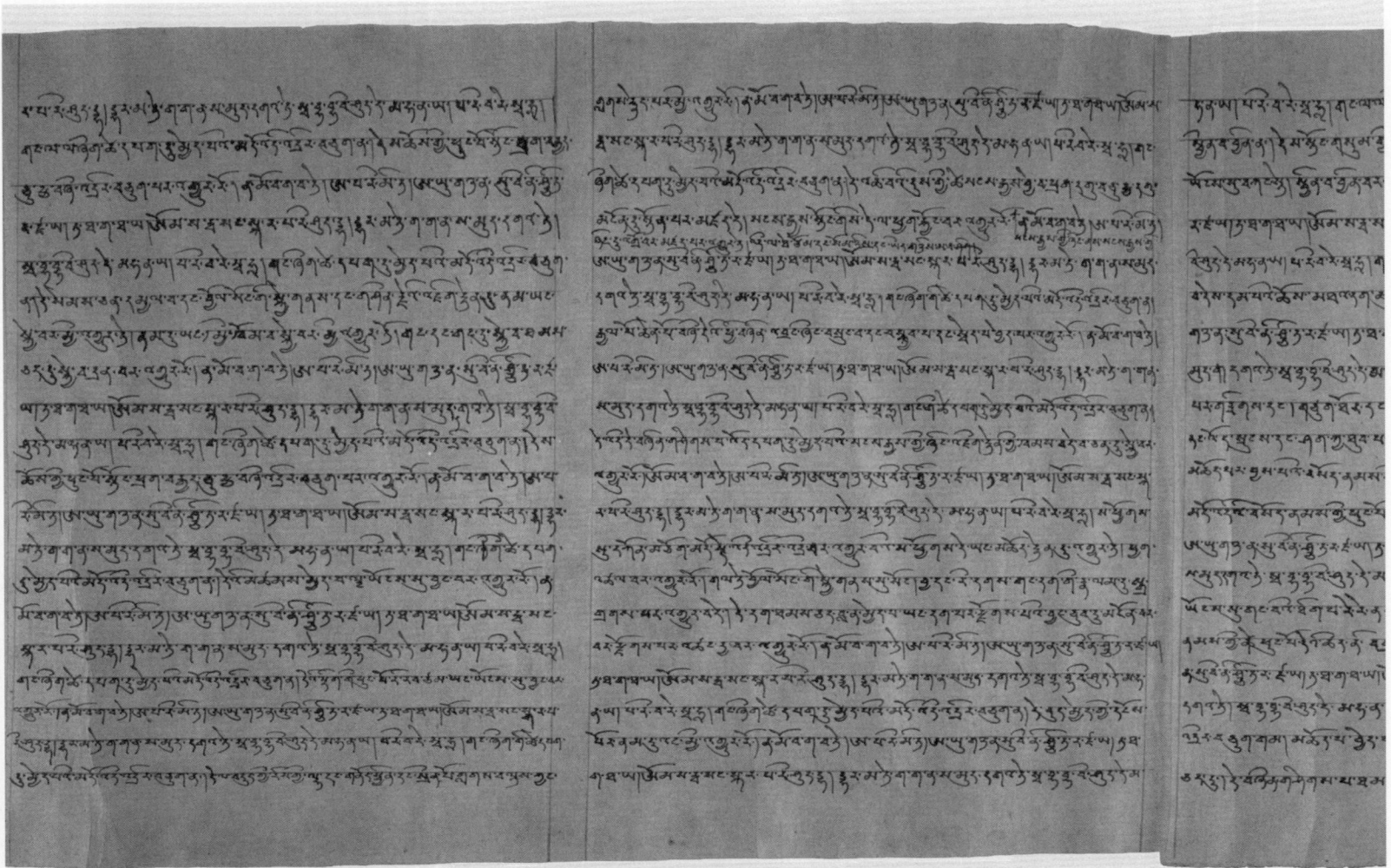

GM.t.10569 ཚེ་དཔག་དུ་མྱེད་པ་ཞེས་བྱ་བ་ཐེག་པ་ཆེན་པོའི་མདོ།
大乘無量壽宗要經　　(15—14)

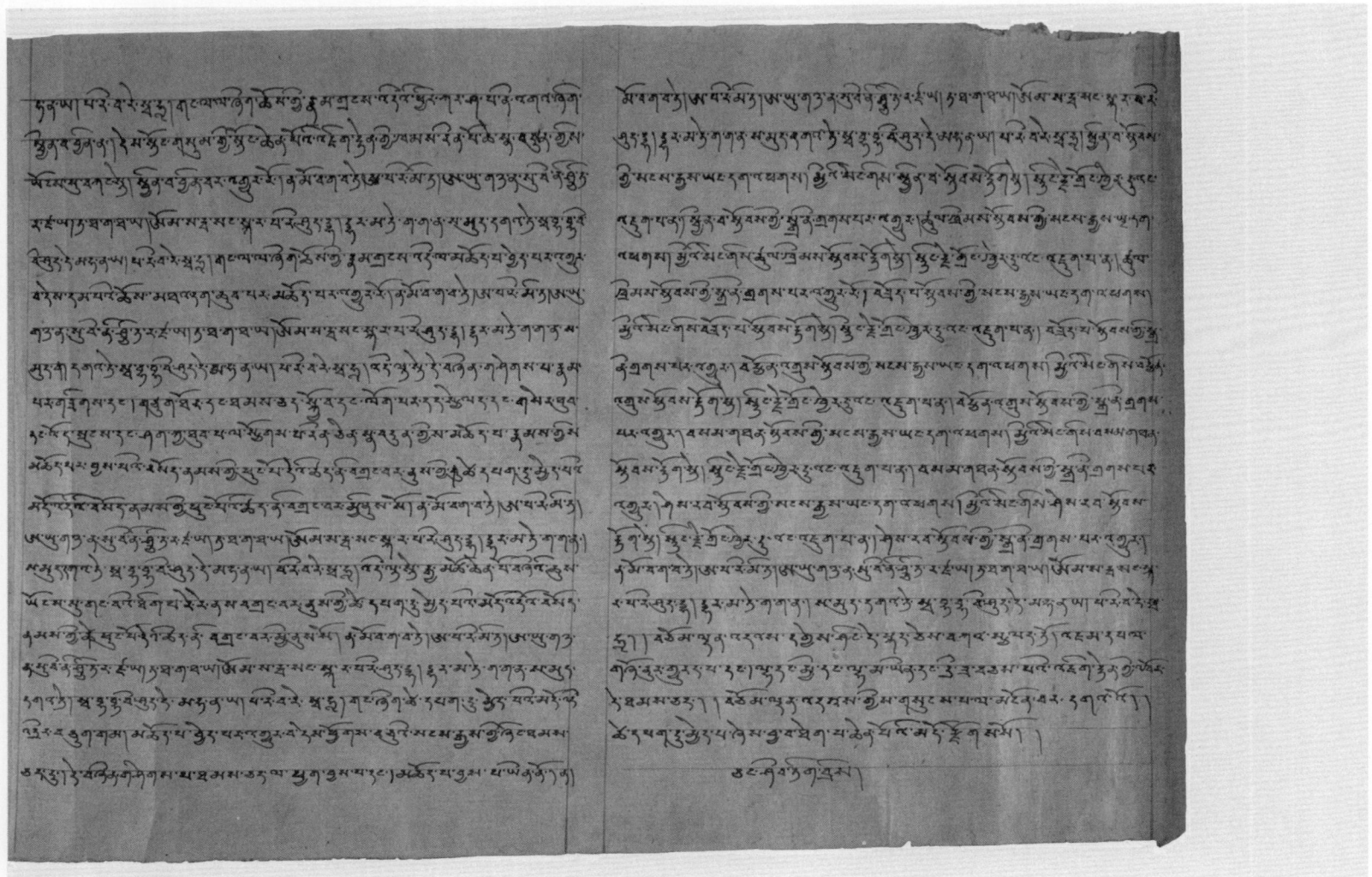

GM.t.10569 ཚེ་དཔག་དུ་མྱེད་པ་ཞེས་བྱ་བ་ཐེག་པ་ཆེན་པོའི་མདོ།
大乘無量壽宗要經　　(15—15)

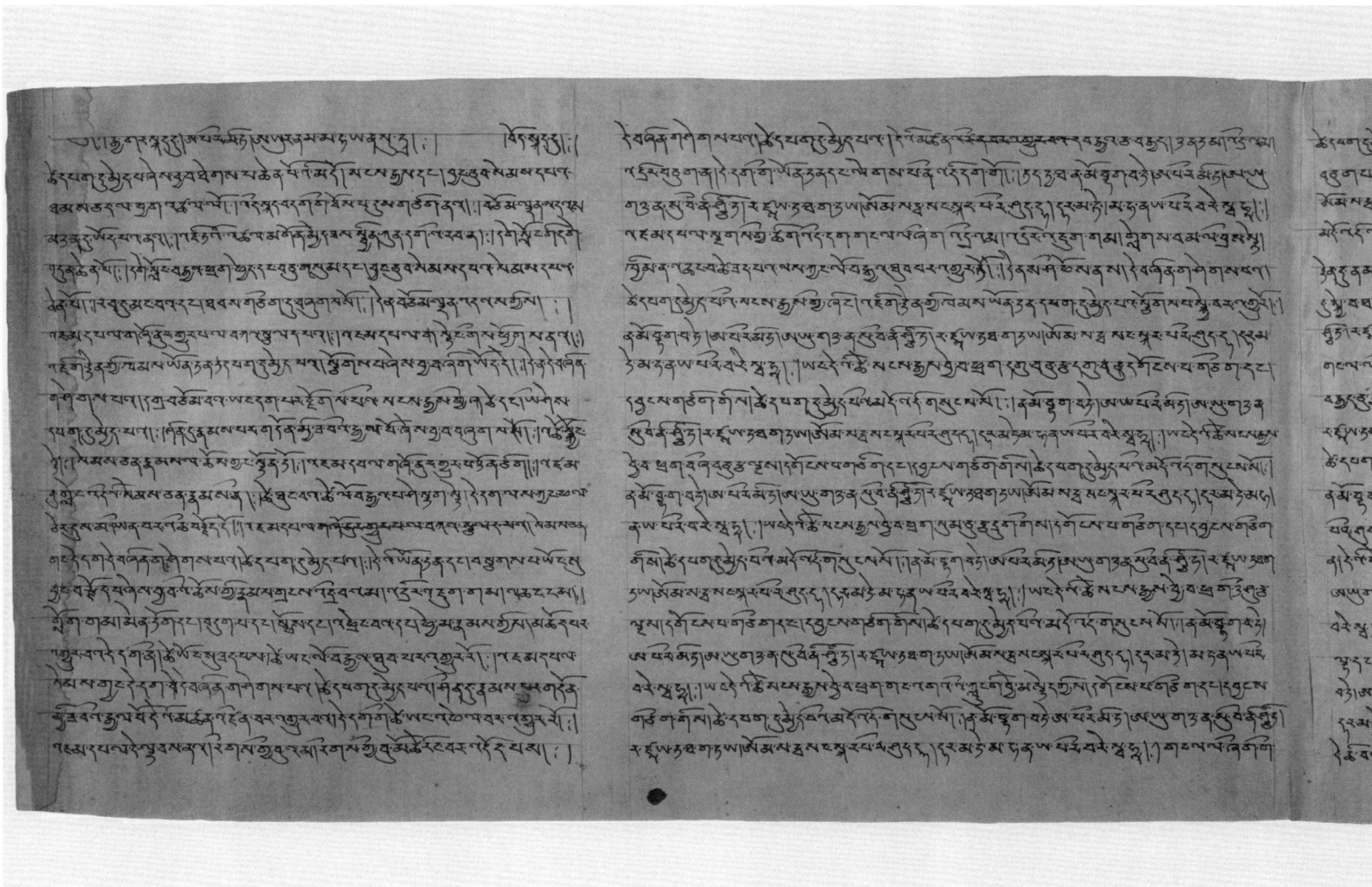

GM.t.10571 ཚེ་དཔག་དུ་མྱེད་པ་ཞེས་བྱ་བ་ཐེག་པ་ཆེན་པོའི་མདོ།

大乘無量壽宗要經　　(12—1)

GM.t.10571 ཚེ་དཔག་དུ་མྱེད་པ་ཞེས་བྱ་བ་ཐེག་པ་ཆེན་པོའི་མདོ།

大乘無量壽宗要經　　(12—2)

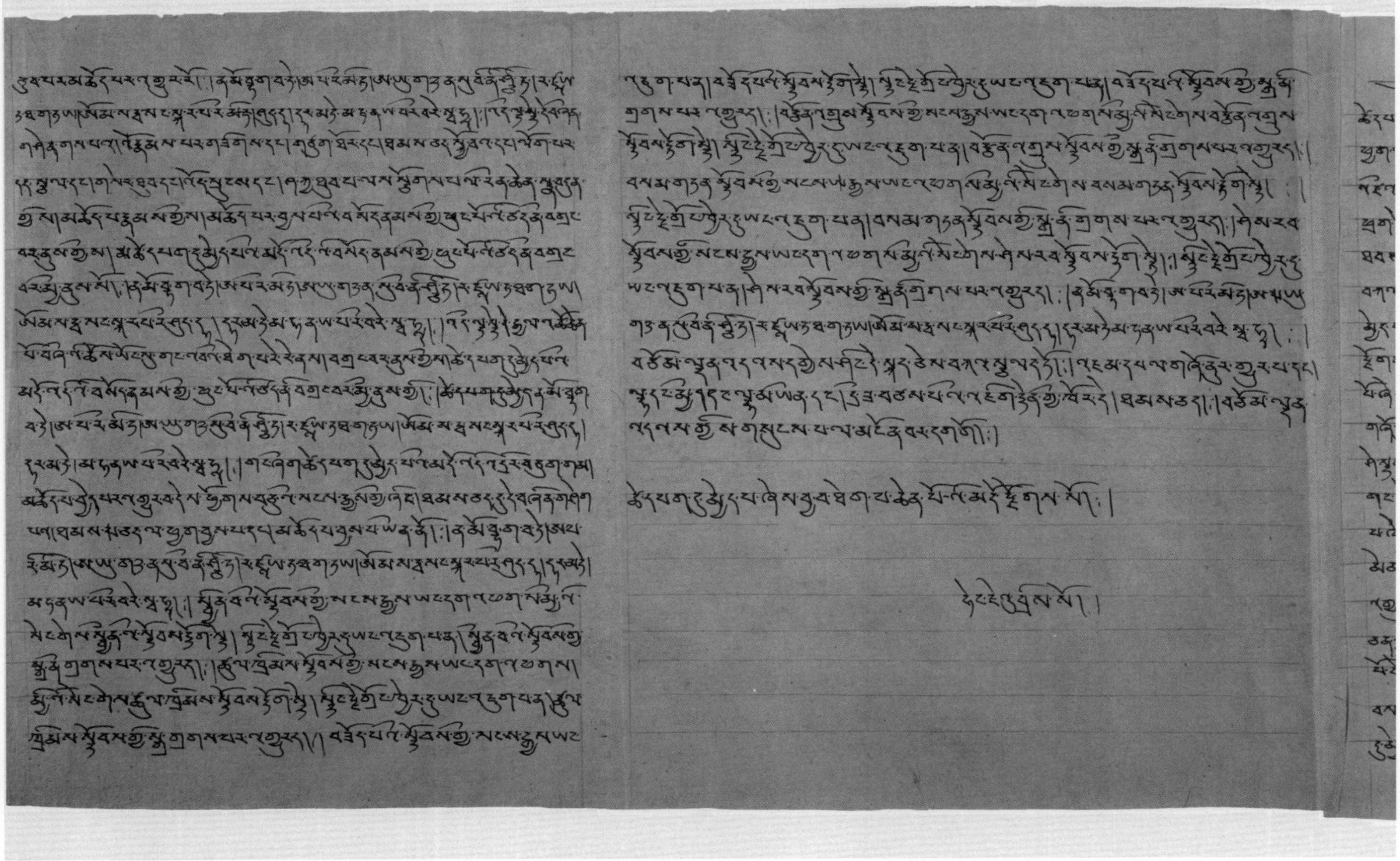

GM.t.10571 ཚེ་དཔག་དུ་མེད་པ་ཞེས་བྱ་བ་ཐེག་པ་ཆེན་པོའི་མདོ།
大乘無量壽宗要經 (12—3)

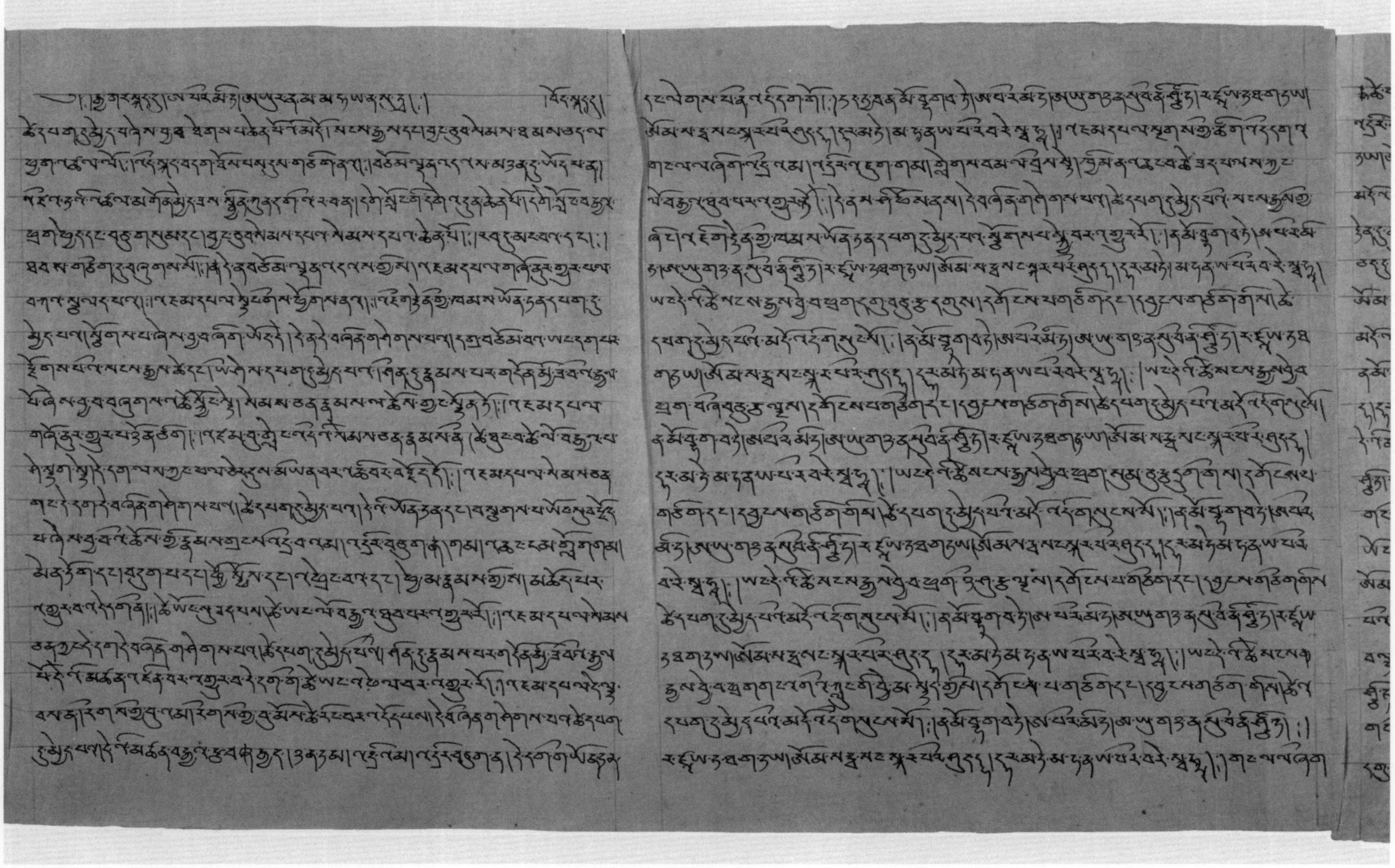

GM.t.10571 ཚེ་དཔག་དུ་མེད་པ་ཞེས་བྱ་བ་ཐེག་པ་ཆེན་པོའི་མདོ།
大乘無量壽宗要經 (12—4)

GM.t.10571 ཚེ་དཔག་ཏུ་མྱེད་པ་ཞེས་བྱ་བ་ཐེག་པ་ཆེན་པོའི་མདོ།

大乘無量壽宗要經　　　（12—5）

GM.t.10571 ཚེ་དཔག་ཏུ་མྱེད་པ་ཞེས་བྱ་བ་ཐེག་པ་ཆེན་པོའི་མདོ།

大乘無量壽宗要經　　　（12—6）

GM.t.10571 ཚེ་དཔག་དུ་མྱེད་པ་ཞེས་བྱ་བ་ཐེག་པ་ཆེན་པོའི་མདོ།
大乘無量壽宗要經　　　(12—7)

GM.t.10571 ཚེ་དཔག་དུ་མྱེད་པ་ཞེས་བྱ་བ་ཐེག་པ་ཆེན་པོའི་མདོ།
大乘無量壽宗要經　　　(12—8)

GM.t.10571 ཚེ་དཔག་ཏུ་མྱེད་པ་ཞེས་བྱ་བ་ཐེག་པ་ཆེན་པོའི་མདོ།
大乘無量壽宗要經　　(12—9)

GM.t.10571 ཚེ་དཔག་ཏུ་མྱེད་པ་ཞེས་བྱ་བ་ཐེག་པ་ཆེན་པོའི་མདོ།
大乘無量壽宗要經　　(12—10)

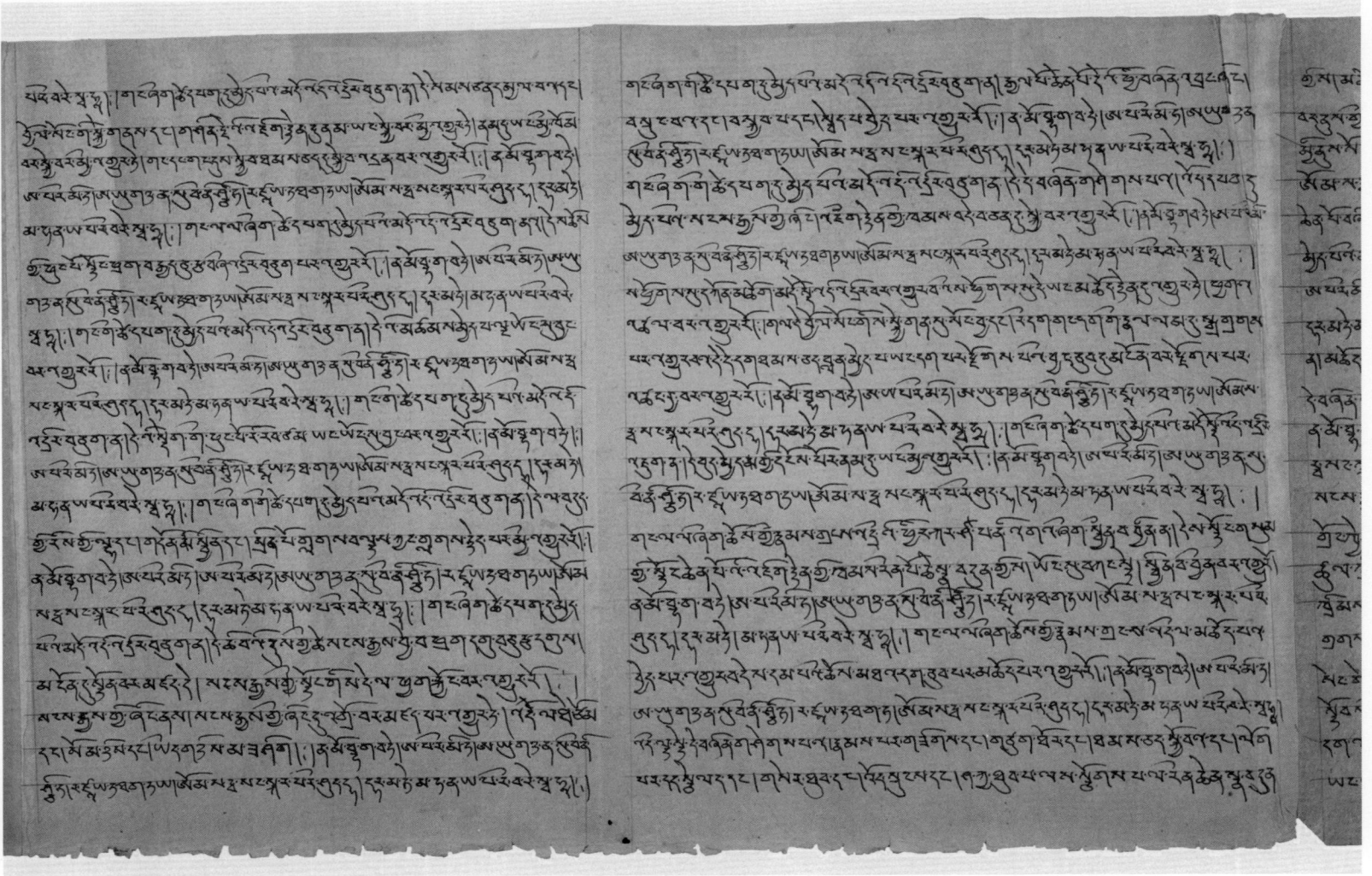

GM.t.10571 ཚེ་དཔག་དུ་མྱེད་པ་ཞེས་བྱ་བ་ཐེག་པ་ཆེན་པོའི་མདོ།
大乘無量壽宗要經　　(12—11)

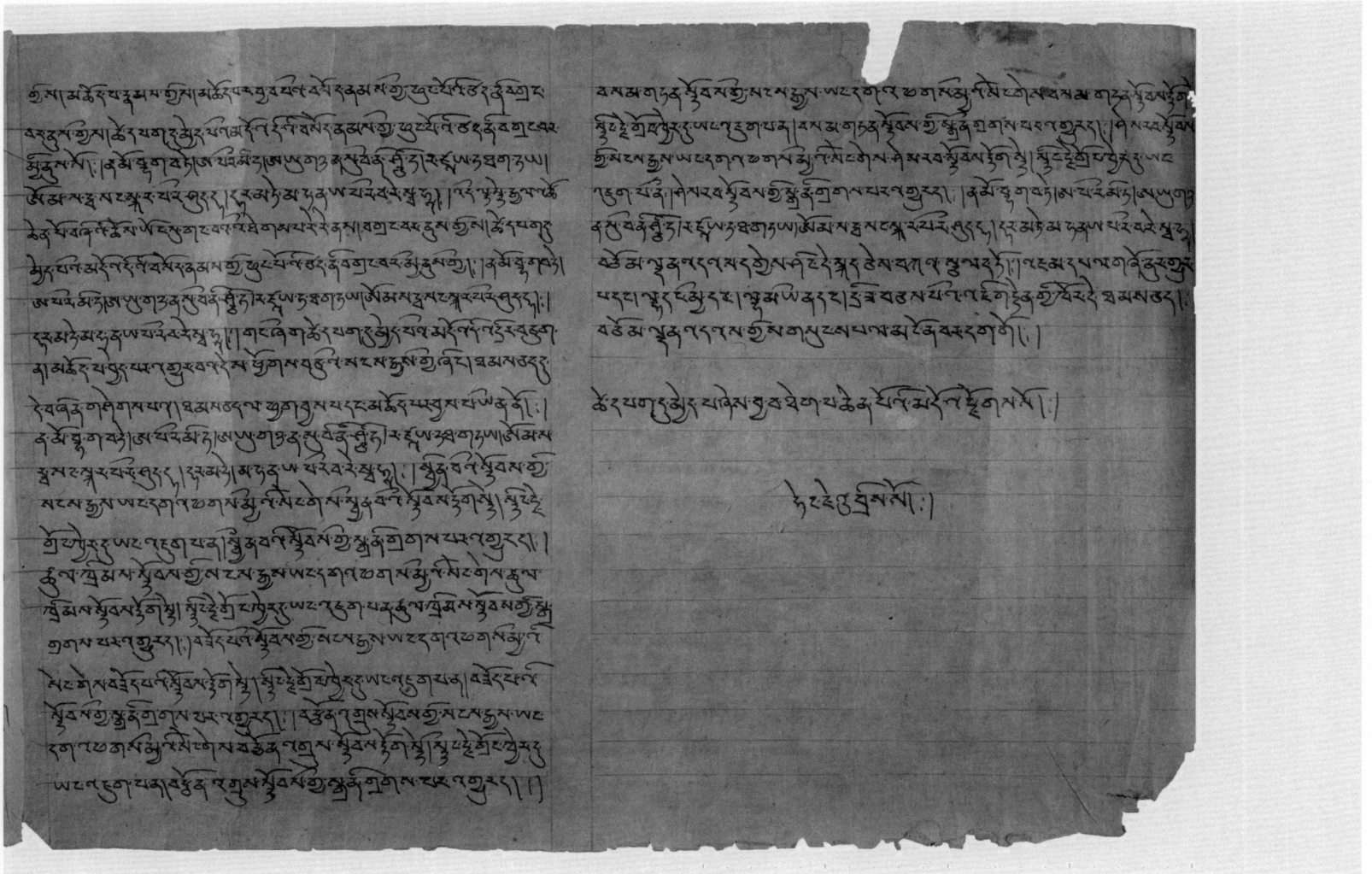

GM.t.10571 ཚེ་དཔག་དུ་མྱེད་པ་ཞེས་བྱ་བ་ཐེག་པ་ཆེན་པོའི་མདོ།
大乘無量壽宗要經　　(12—12)

GM.t.10572 ཚེ་དཔག་དུ་མྱེད་པ་ཞེས་བྱ་བ་ཐེག་པ་ཆེན་པོའི་མདོ།
大乘無量壽宗要經

GM.t.13074 ཚེ་དཔག་དུ་མྱེད་པ་ཞེས་བྱ་བ་ཐེག་པ་ཆེན་པོའི་མདོ།
大乘無量壽宗要經　　(3—1)

GM.t.13074 ཚེ་དཔག་དུ་མྱེད་པ་ཞེས་བྱ་བ་ཐེག་པ་ཆེན་པོའི་མདོ།

大乘無量壽宗要經 (3—2)

GM.t.13074 ཚེ་དཔག་དུ་མྱེད་པ་ཞེས་བྱ་བ་ཐེག་པ་ཆེན་པོའི་མདོ།

大乘無量壽宗要經 (3—3)

42

GM.t.13076　ཚེ་དཔག་དུ་མྱེད་པ་ཞེས་བྱ་བ་ཐེག་པ་ཆེན་པོའི་མདོ།

大乘無量壽宗要經　　(12—1)

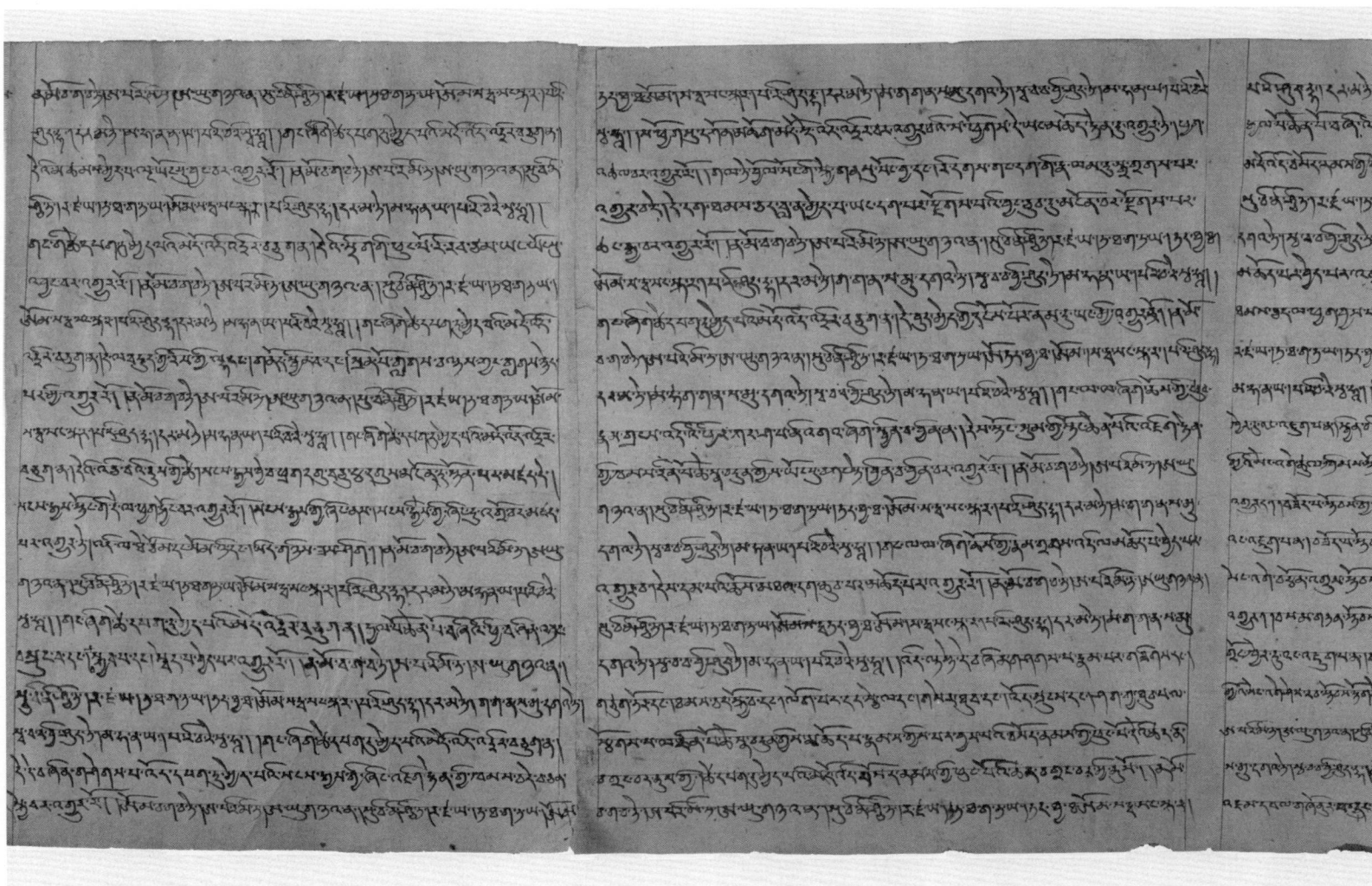

GM.t.13076　ཚེ་དཔག་དུ་མྱེད་པ་ཞེས་བྱ་བ་ཐེག་པ་ཆེན་པོའི་མདོ།

大乘無量壽宗要經　　(12—2)

GM.t.13076 ཚེ་དཔག་དུ་མྱེད་པ་ཞེས་བྱ་བ་ཐེག་པ་ཆེན་པོའི་མདོ།

大乘無量壽宗要經　　(12—3)

GM.t.13076 ཚེ་དཔག་དུ་མྱེད་པ་ཞེས་བྱ་བ་ཐེག་པ་ཆེན་པོའི་མདོ།

大乘無量壽宗要經　　(12—4)

GM.t.13076 ཚེ་དཔག་དུ་མྱེད་པ་ཞེས་བྱ་བ་ཐེག་པ་ཆེན་པོའི་མདོ།

大乘無量壽宗要經　　(12—5)

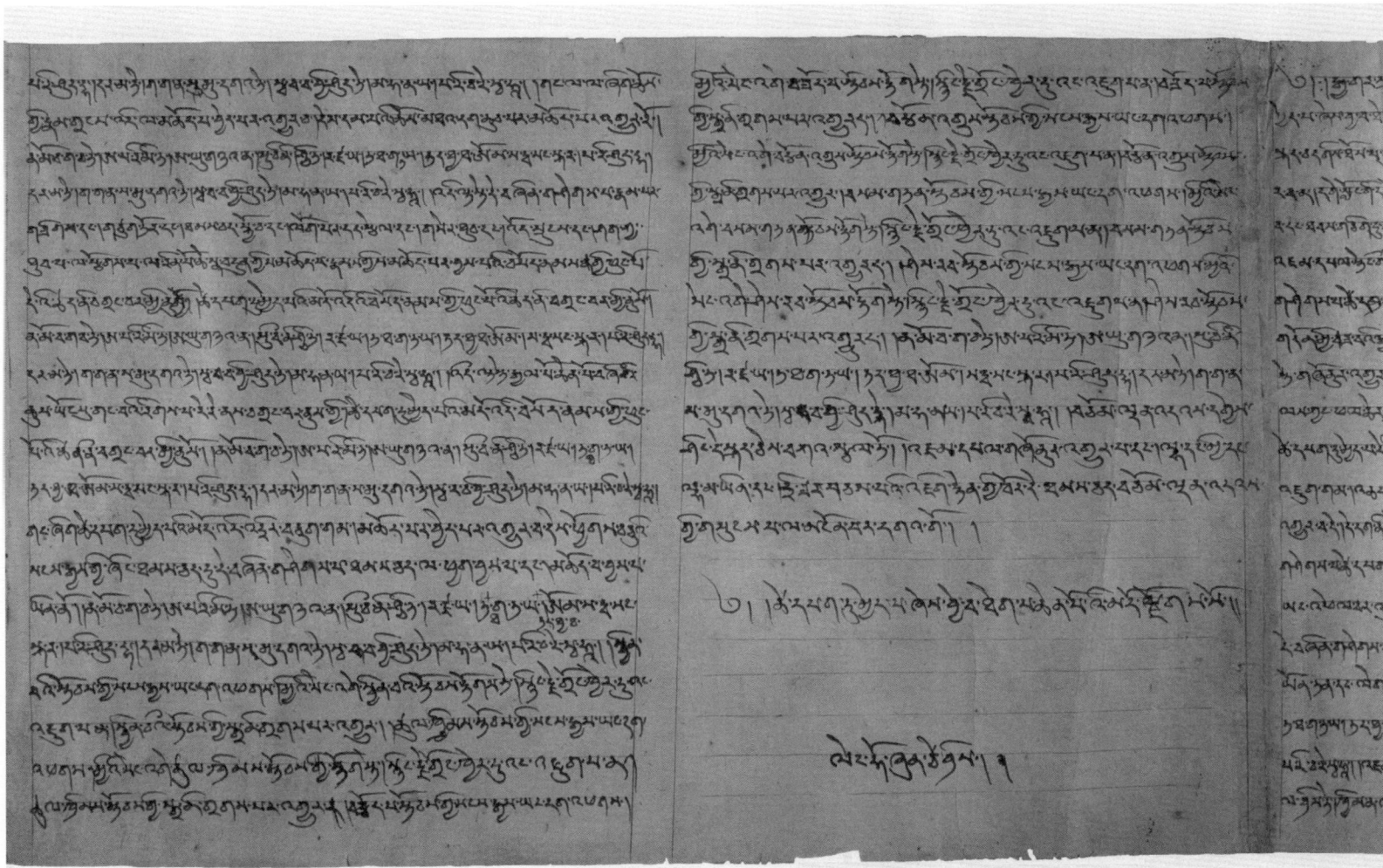

GM.t.13076 ཚེ་དཔག་དུ་མྱེད་པ་ཞེས་བྱ་བ་ཐེག་པ་ཆེན་པོའི་མདོ།

大乘無量壽宗要經　　(12—6)

GM.t.13076 ཚེ་དཔག་ཏུ་མྱེད་པ་ཞེས་བྱ་བ་ཐེག་པ་ཆེན་པོའི་མདོ།

大乘無量壽宗要經 　　　(12—7)

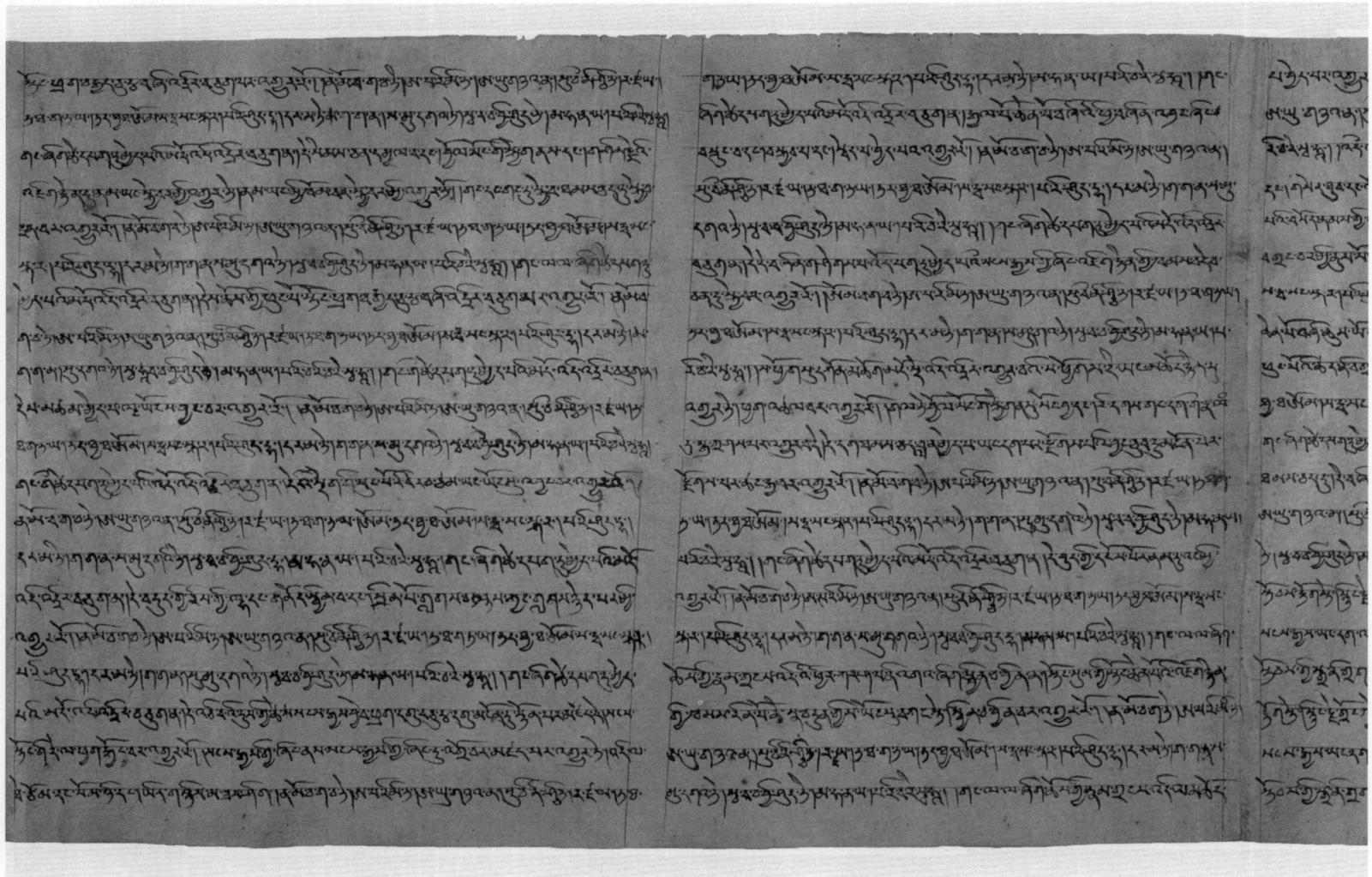

GM.t.13076 ཚེ་དཔག་ཏུ་མྱེད་པ་ཞེས་བྱ་བ་ཐེག་པ་ཆེན་པོའི་མདོ།

大乘無量壽宗要經 　　　(12—8)

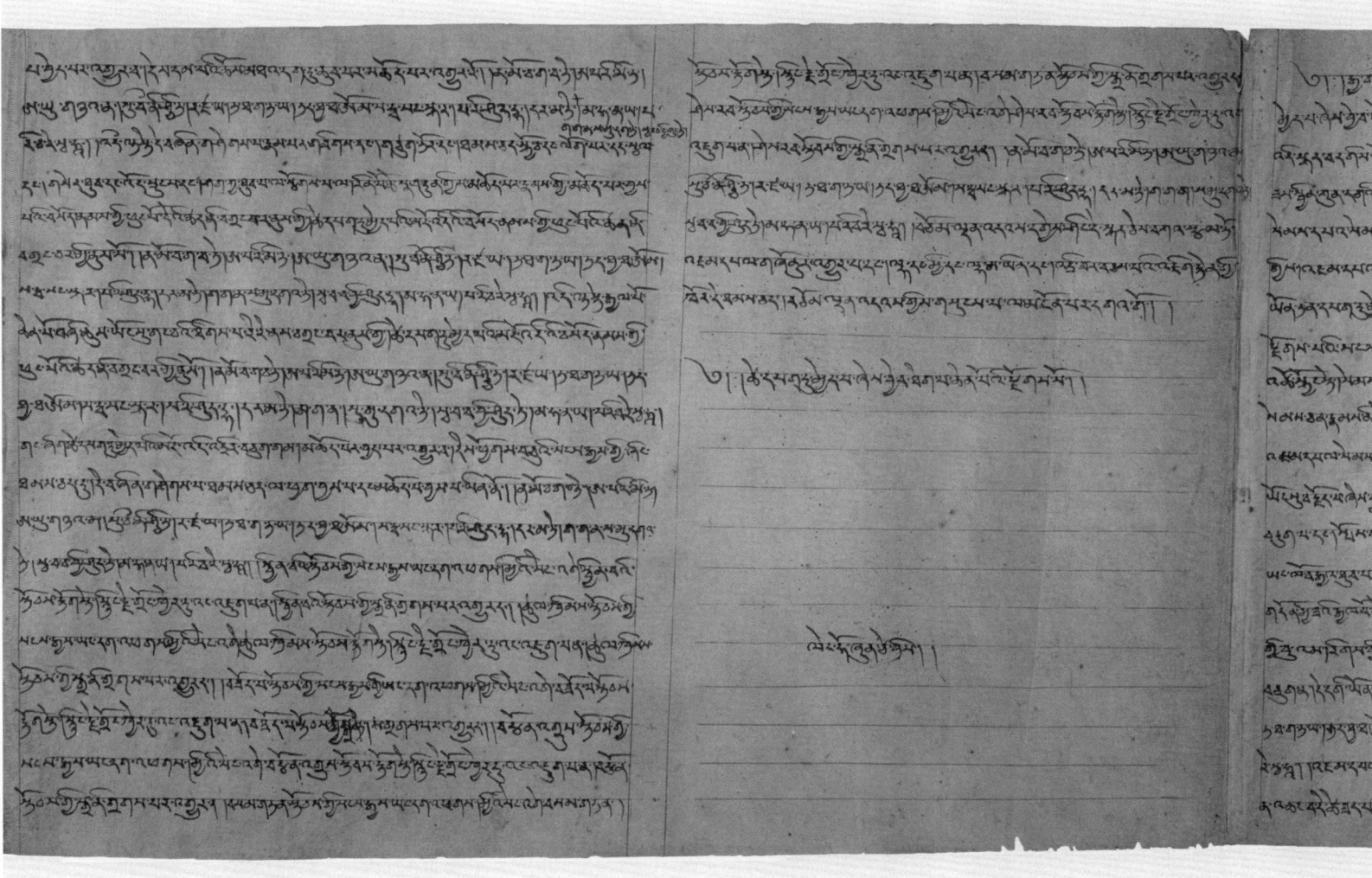

GM.t.13076 ཚེ་དཔག་ཏུ་མྱེད་པ་ཞེས་བྱ་བ་ཐེག་པ་ཆེན་པོའི་མདོ།
大乘無量壽宗要經　　　(12—9)

GM.t.13076 ཚེ་དཔག་ཏུ་མྱེད་པ་ཞེས་བྱ་བ་ཐེག་པ་ཆེན་པོའི་མདོ།
大乘無量壽宗要經　　　(12—10)

GM.t.13076 ཚེ་དཔག་དུ་མྱེད་པ་ཞེས་བྱ་བ་ཐེག་པ་ཆེན་པོའི་མདོ།

大乘無量壽宗要經　　(12—11)

GM.t.13076 ཚེ་དཔག་དུ་མྱེད་པ་ཞེས་བྱ་བ་ཐེག་པ་ཆེན་པོའི་མདོ།

大乘無量壽宗要經　　(12—12)

GM.t.13081 ཚེ་དཔག་དུ་མྱེད་པ་ཞེས་བྱ་བ་ཐེག་པ་ཆེན་པོའི་མདོ།
大乘無量壽宗要經　　(6—1)

GM.t.13081 ཚེ་དཔག་དུ་མྱེད་པ་ཞེས་བྱ་བ་ཐེག་པ་ཆེན་པོའི་མདོ།
大乘無量壽宗要經　　(6—2)

GM.t.13081　ཚེ་དཔག་དུ་མྱེད་པ་ཞེས་བྱ་བ་ཐེག་པ་ཆེན་པོའི་མདོ།
大乘無量壽宗要經　　(6—3)

GM.t.13081　ཚེ་དཔག་དུ་མྱེད་པ་ཞེས་བྱ་བ་ཐེག་པ་ཆེན་པོའི་མདོ།
大乘無量壽宗要經　　(6—4)

GM.t.13081 ཚེ་དཔག་དུ་མྱེད་པ་ཞེས་བྱ་བ་ཐེག་པ་ཆེན་པོའི་མདོ།

大乘無量壽宗要經　　(6—5)

GM.t.13081 ཚེ་དཔག་དུ་མྱེད་པ་ཞེས་བྱ་བ་ཐེག་པ་ཆེན་པོའི་མདོ།

大乘無量壽宗要經　　(6—6)

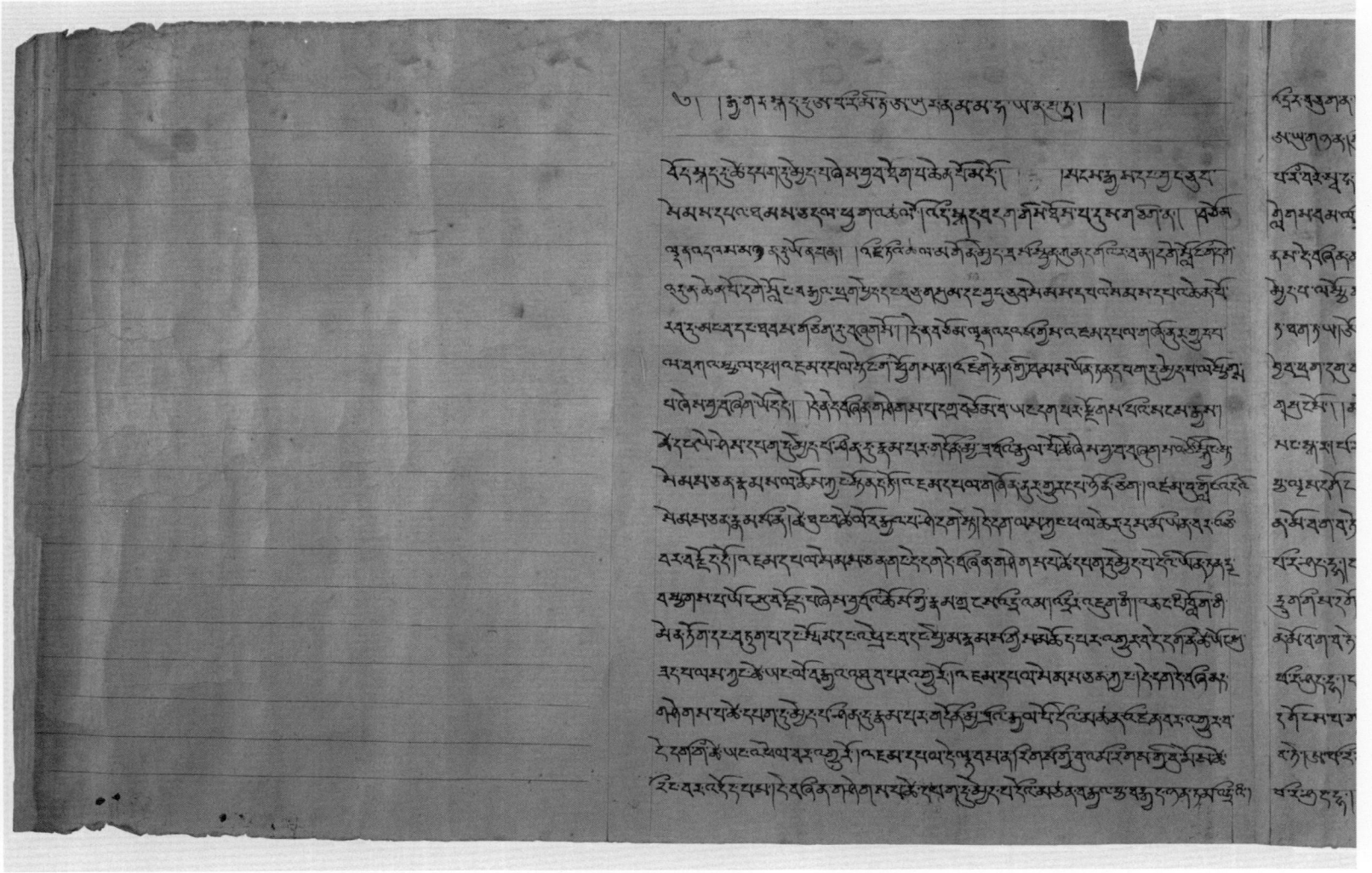

GM.t.13084 ཚེ་དཔག་དུ་མྱེད་པ་ཞེས་བྱ་བ་ཐེག་པ་ཆེན་པོའི་མདོ།

大乘無量壽宗要經 (4—1)

GM.t.13084 ཚེ་དཔག་དུ་མྱེད་པ་ཞེས་བྱ་བ་ཐེག་པ་ཆེན་པོའི་མདོ།

大乘無量壽宗要經 (4—2)

52

GM.t.13090 ཚེ་དཔག་དུ་མྱེད་པ་ཞེས་བྱ་བ་ཐེག་པ་ཆེན་པོའི་མདོ།

大乘無量壽宗要經　　　(4—2)

GM.t.13090 ཚེ་དཔག་དུ་མྱེད་པ་ཞེས་བྱ་བ་ཐེག་པ་ཆེན་པོའི་མདོ།

大乘無量壽宗要經　　　(4—3)

GM.t.13090　　ཚེ་དཔག་དུ་མྱེད་པ་ཞེས་བྱ་བ་ཐེག་པ་ཆེན་པོའི་མདོ།

大乘無量壽宗要經　　　（4—4）

GM.t.13095　　ཚེ་དཔག་དུ་མྱེད་པ་ཞེས་བྱ་བ་ཐེག་པ་ཆེན་པོའི་མདོ།

大乘無量壽宗要經　　　（3—1）

GM.t.13095 ཚེ་དཔག་དུ་མྱེད་པ་ཞེས་བྱ་བ་ཐེག་པ་ཆེན་པོའི་མདོ།

大乘無量壽宗要經　　　(3—2)

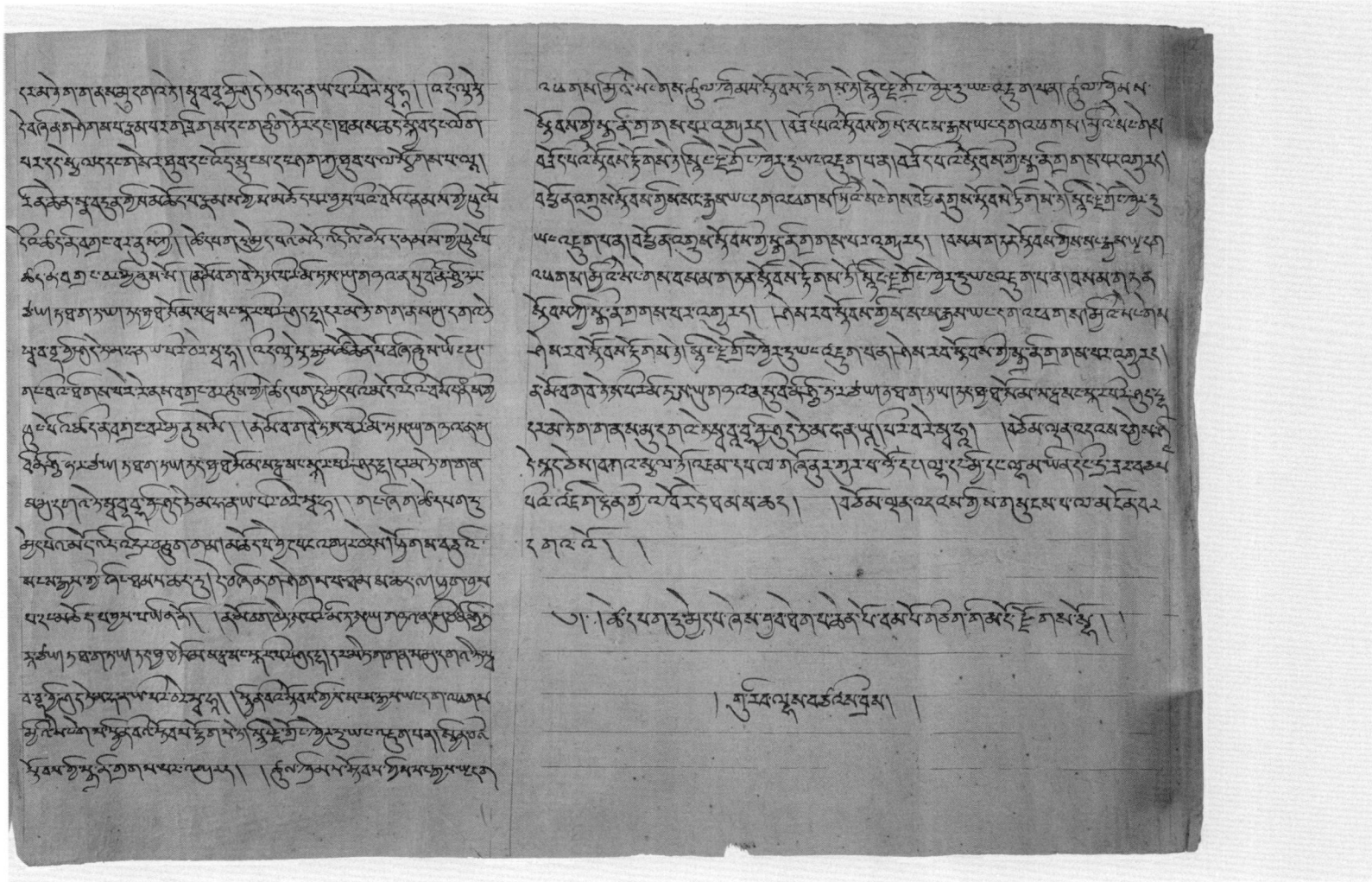

GM.t.13095 ཚེ་དཔག་དུ་མྱེད་པ་ཞེས་བྱ་བ་ཐེག་པ་ཆེན་པོའི་མདོ།

大乘無量壽宗要經　　　(3—3)

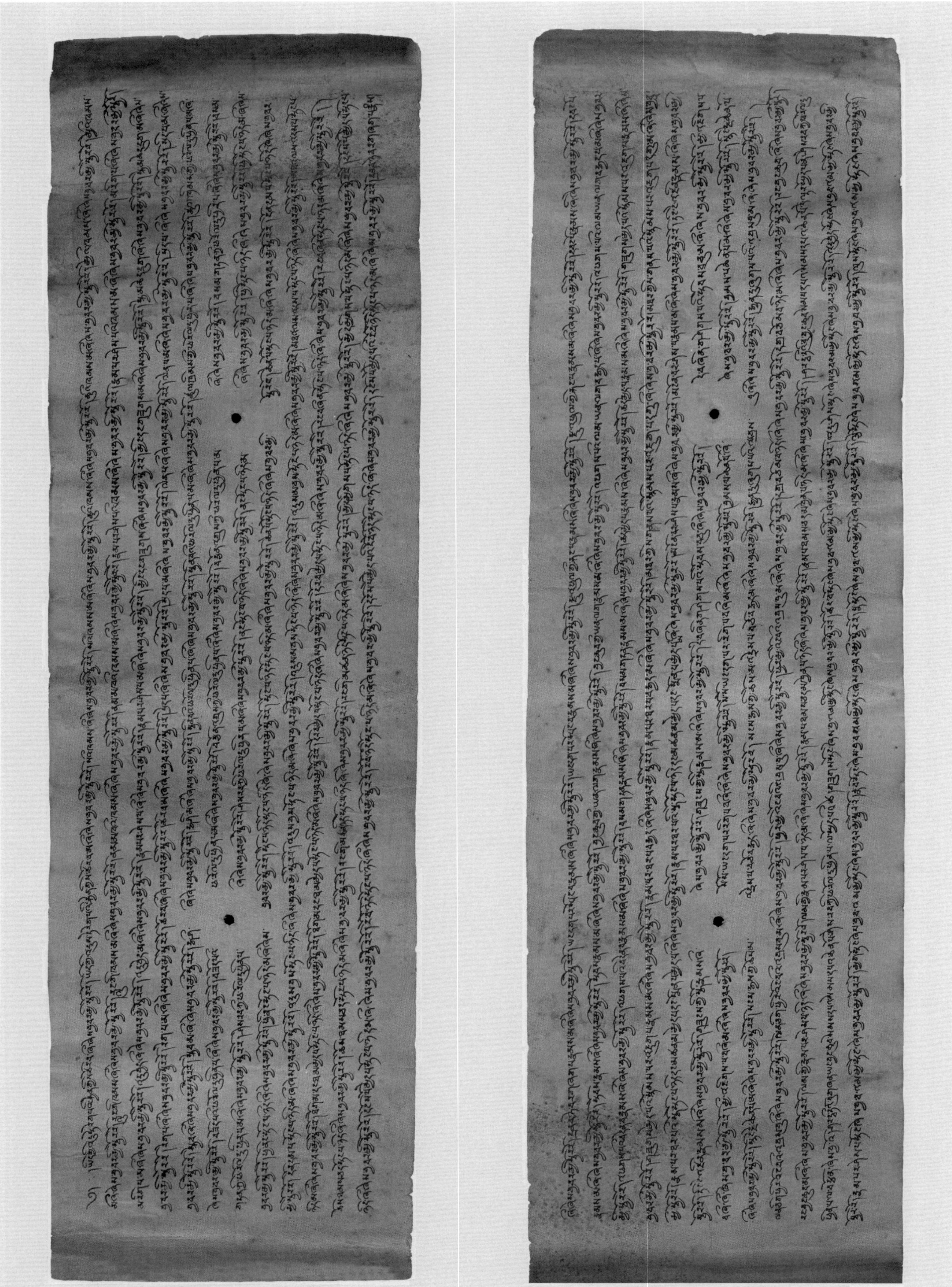

GM.t.13101-1 (R-V) ཤེས་རབ་ཀྱི་ཕ་རོལ་ཏུ་ཕྱིན་པ་སྟོང་ཕྲག་བརྒྱ་པ།
十萬頌般若波羅蜜多經

GM.t.13101-2 (R-V) ཤེས་རབ་ཀྱི་ཕ་རོལ་དུ་ཕྱིན་པ་སྟོང་ཕྲག་བརྒྱ་པ།
十萬頌般若波羅蜜多經

GM.t.13101-3 (R-V) ཤེས་རབ་ཀྱི་ཕ་རོལ་དུ་ཕྱིན་པ་སྟོང་ཕྲག་བརྒྱ་པ།
十萬頌般若波羅蜜多經

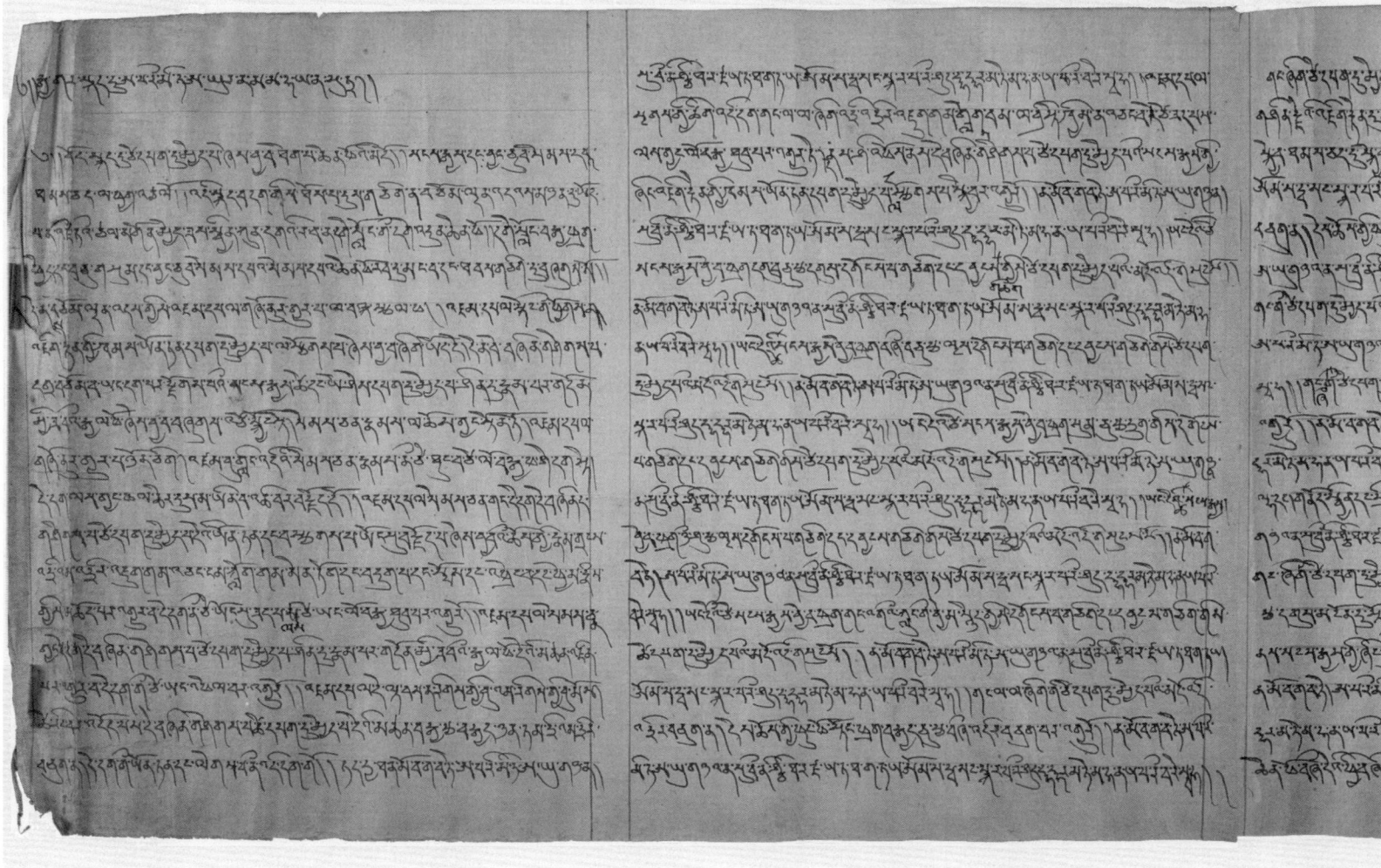

GM.t.13102 ཚེ་དཔག་ཏུ་མྱེད་པ་ཞེས་བྱ་བ་ཐེག་པ་ཆེན་པོའི་མདོ།

大乘無量壽宗要經　　　(3—1)

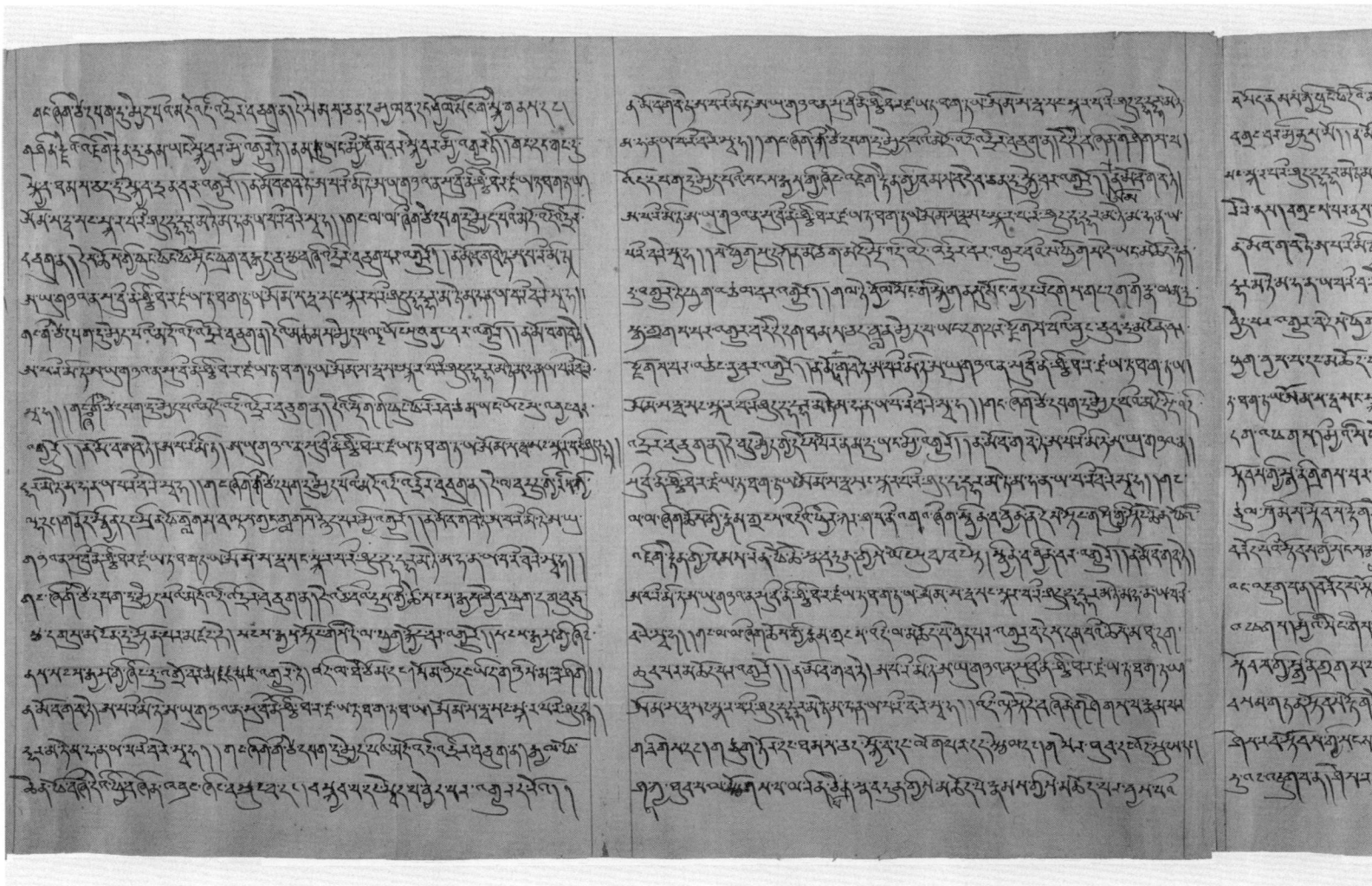

GM.t.13102 ཚེ་དཔག་ཏུ་མྱེད་པ་ཞེས་བྱ་བ་ཐེག་པ་ཆེན་པོའི་མདོ།

大乘無量壽宗要經　　　(3—2)

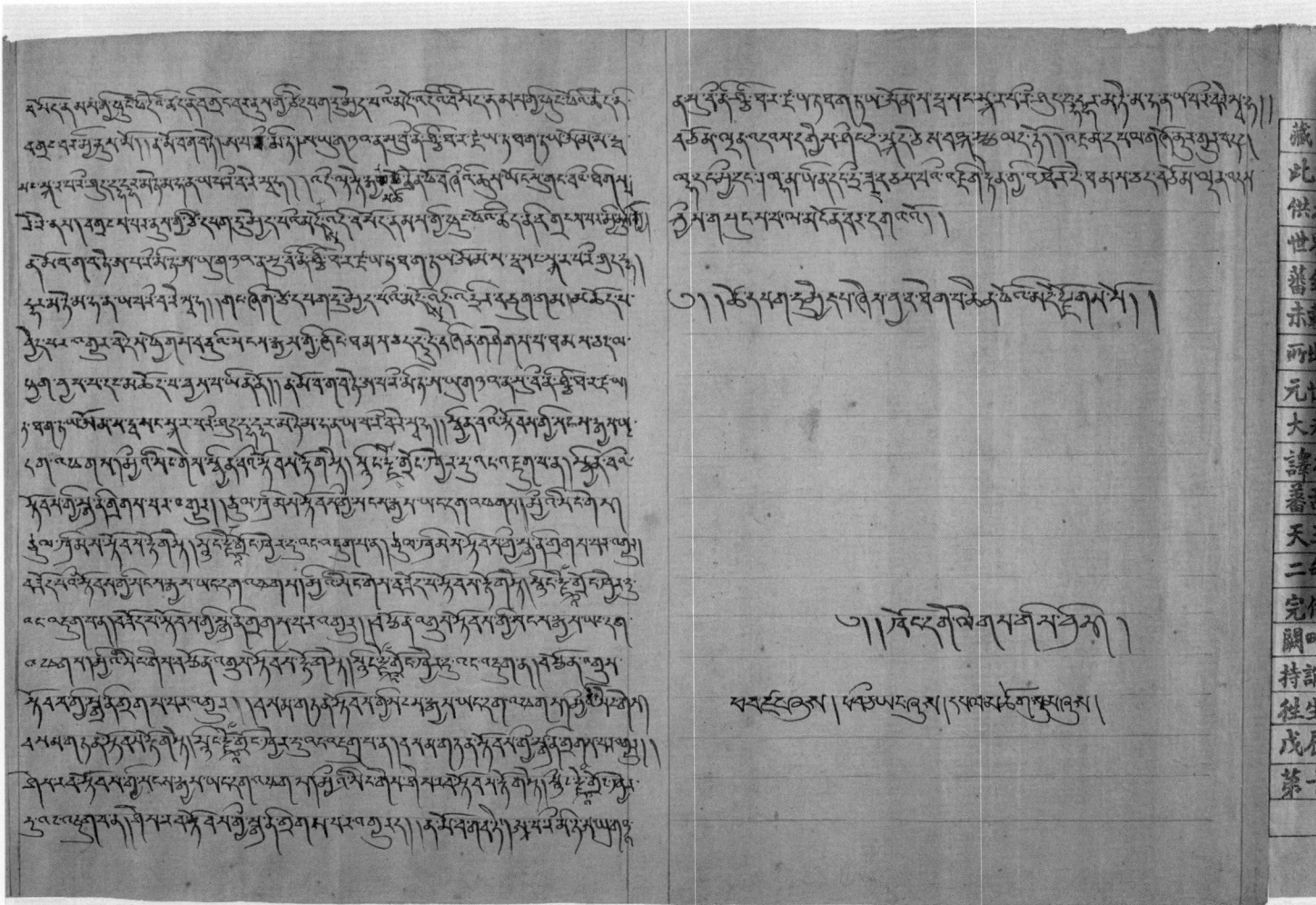

GM.t.13102 ཚེ་དཔག་དུ་མྱེད་པ་ཞེས་བྱ་བ་ཐེག་པ་ཆེན་པོའི་མདོ།

大乘無量壽宗要經　　(3—3)

GM.t.13103 ཚེ་དཔག་དུ་མྱེད་པ་ཞེས་བྱ་བ་ཐེག་པ་ཆེན་པོའི་མདོ།

大乘無量壽宗要經　　(4—1)

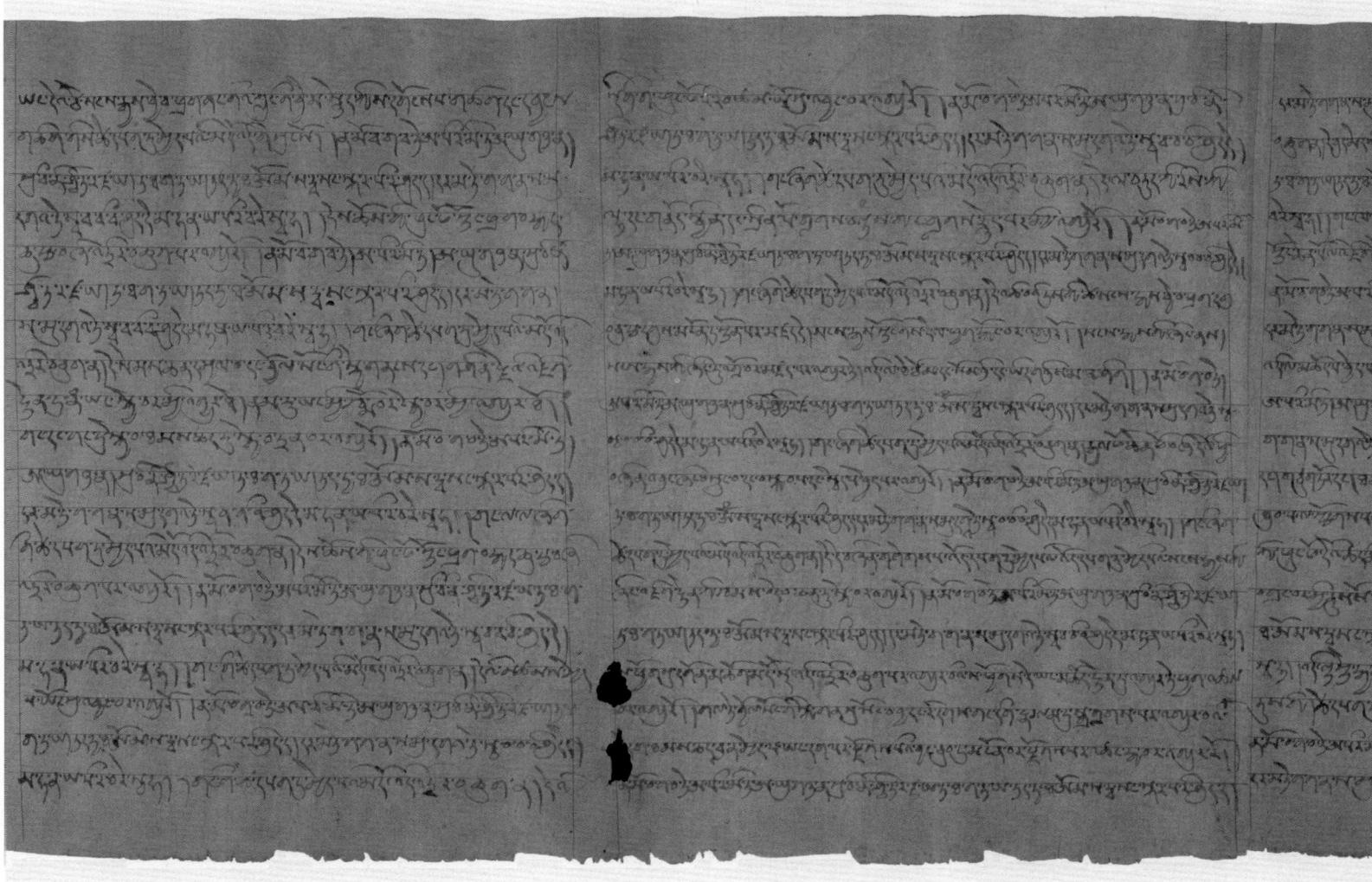

GM.t.13103 ཚེ་དཔག་དུ་མྱེད་པ་ཞེས་བྱ་བ་ཐེག་པ་ཆེན་པོའི་མདོ།
大乘無量壽宗要經 (4—2)

GM.t.13103 ཚེ་དཔག་དུ་མྱེད་པ་ཞེས་བྱ་བ་ཐེག་པ་ཆེན་པོའི་མདོ།
大乘無量壽宗要經 (4—3)

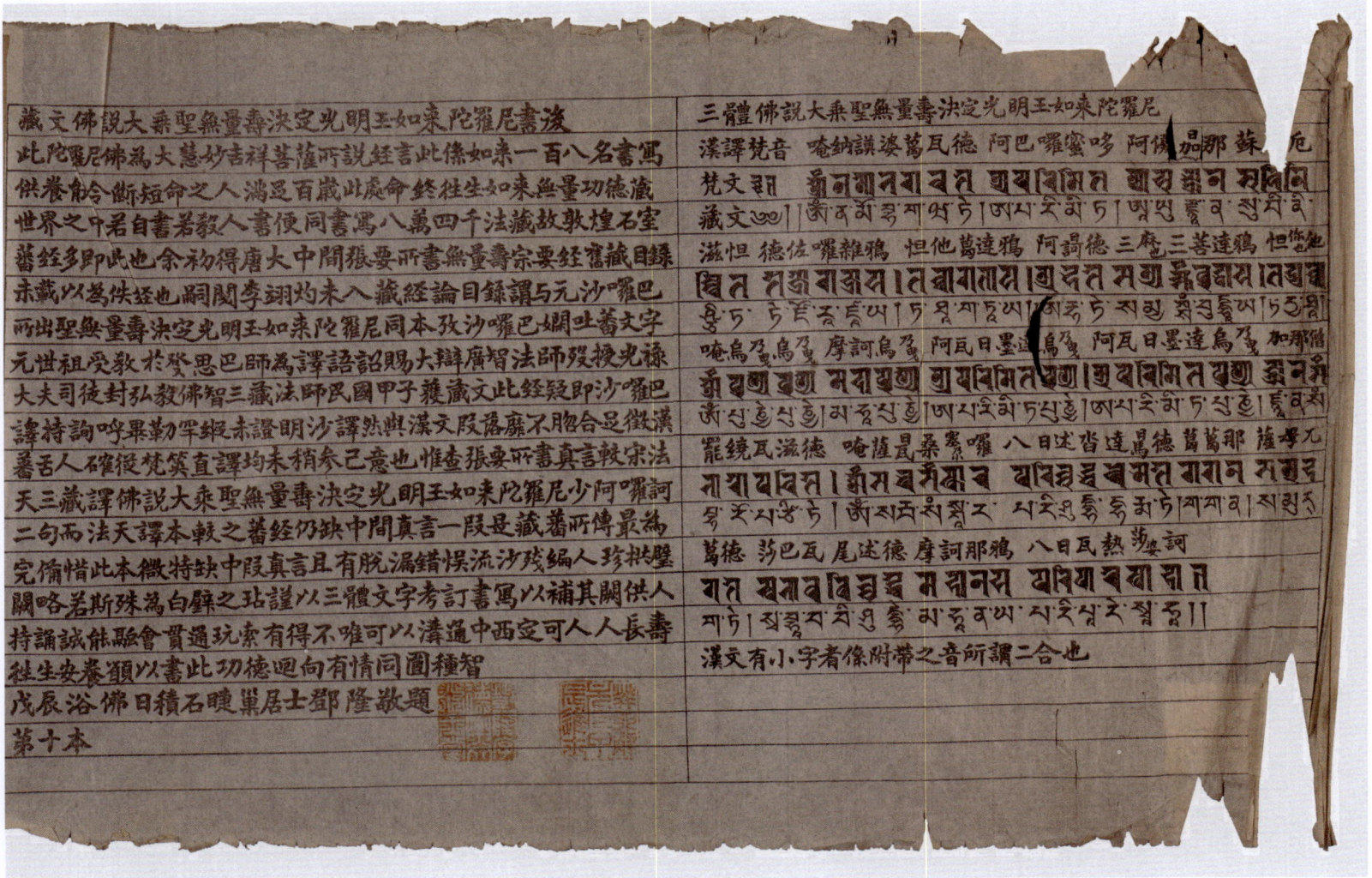

GM.t.13103 ཚེ་དཔག་དུ་མྱེད་པ་ཞེས་བྱ་བ་ཐེག་པ་ཆེན་པོའི་མདོ།
大乘無量壽宗要經　　　　(4—4)

GM.t.20897 ཚེ་དཔག་དུ་མྱེད་པ་ཞེས་བྱ་བ་ཐེག་པ་ཆེན་པོའི་མདོ།
大乘無量壽宗要經　　　　(4—1)

GM.t.20897　ཚེ་དཔག་ཏུ་མྱེད་པ་ཞེས་བྱ་བ་ཐེག་པ་ཆེན་པོའི་མདོ།
大乘無量壽宗要經　　(4—2)

GM.t.20897　ཚེ་དཔག་ཏུ་མྱེད་པ་ཞེས་བྱ་བ་ཐེག་པ་ཆེན་པོའི་མདོ།
大乘無量壽宗要經　　(4—3)

GM.t.20897　ཚེ་དཔག་ཏུ་མྱེད་པ་ཞེས་བྱ་བ་ཐེག་པ་ཆེན་པོའི་མདོ།

大乘無量壽宗要經　　(4—4)

GM.t.20898　ཚེ་དཔག་ཏུ་མྱེད་པ་ཞེས་བྱ་བ་ཐེག་པ་ཆེན་པོའི་མདོ།

大乘無量壽宗要經　　(30—1)

66

GM.t.20898　ཚེ་དཔག་ཏུ་མྱེད་པ་ཞེས་བྱ་བ་ཐེག་པ་ཆེན་པོའི་མདོ།

大乘無量壽宗要經　　(30—2)

GM.t.20898　ཚེ་དཔག་ཏུ་མྱེད་པ་ཞེས་བྱ་བ་ཐེག་པ་ཆེན་པོའི་མདོ།

大乘無量壽宗要經　　(30—3)

GM.t.20898 ཚེ་དཔག་དུ་མྱིད་པ་ཞེས་བྱ་བ་ཐེག་པ་ཆེན་པོའི་མདོ།
大乘無量壽宗要經　　（30—4）

GM.t.20898 ཚེ་དཔག་དུ་མྱིད་པ་ཞེས་བྱ་བ་ཐེག་པ་ཆེན་པོའི་མདོ།
大乘無量壽宗要經　　（30—5）

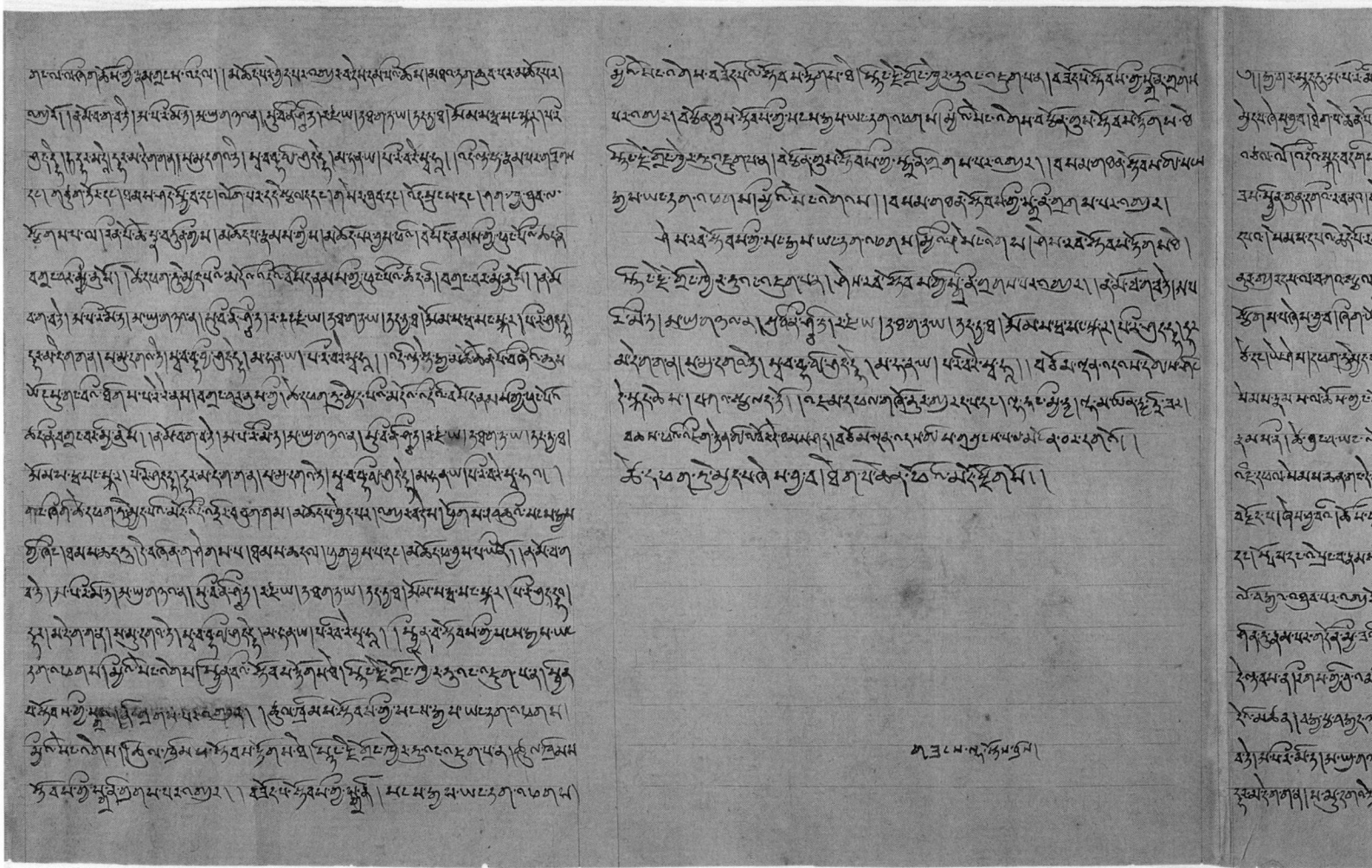

GM.t.20898 ཚེ་དཔག་དུ་མྱེད་པ་ཞེས་བྱ་བ་ཐེག་པ་ཆེན་པོའི་མདོ།

大乘無量壽宗要經 (30—6)

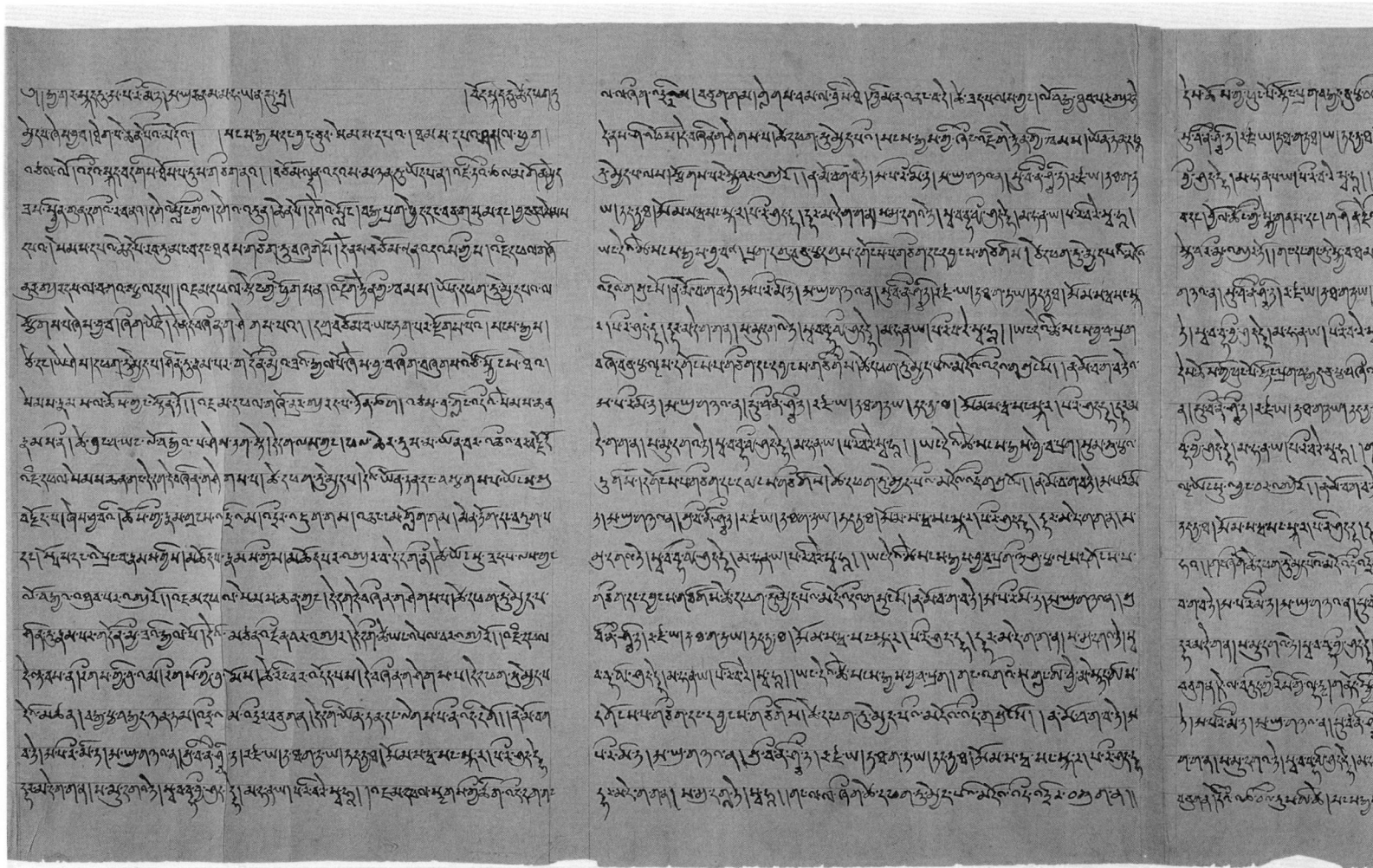

GM.t.20898 ཚེ་དཔག་དུ་མྱེད་པ་ཞེས་བྱ་བ་ཐེག་པ་ཆེན་པོའི་མདོ།

大乘無量壽宗要經 (30—7)

GM.t.20898　ཚེ་དཔག་ཏུ་མྱེད་པ་ཞེས་བྱ་བ་ཐེག་པ་ཆེན་པོའི་མདོ།
大乘無量壽宗要經　　(30—8)

GM.t.20898　ཚེ་དཔག་ཏུ་མྱེད་པ་ཞེས་བྱ་བ་ཐེག་པ་ཆེན་པོའི་མདོ།
大乘無量壽宗要經　　(30—9)

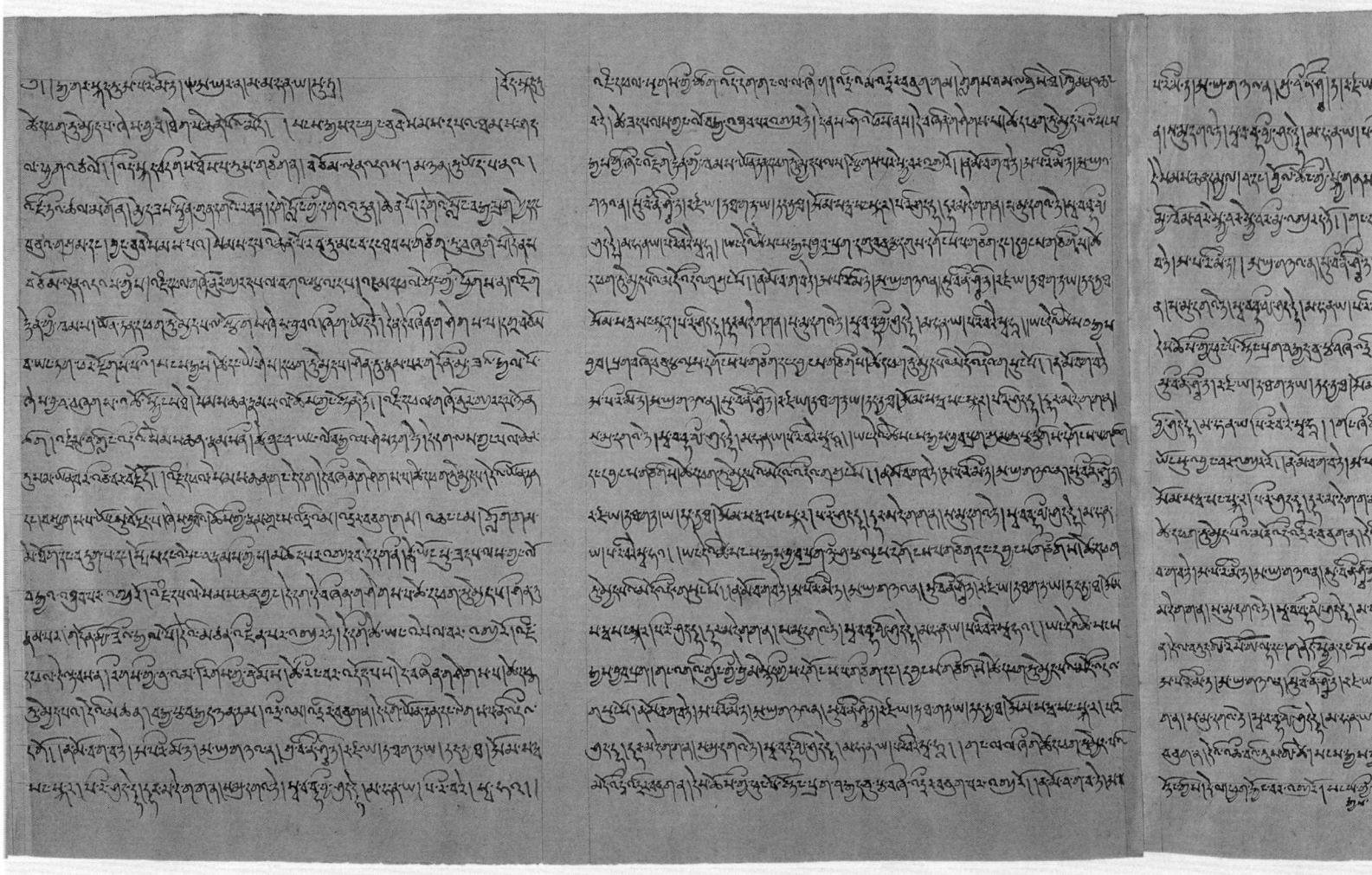

GM.t.20898　ཚེ་དཔག་དུ་མྱེད་པ་ཞེས་བྱ་བ་ཐེག་པ་ཆེན་པོའི་མདོ།
大乘無量壽宗要經　　(30—10)

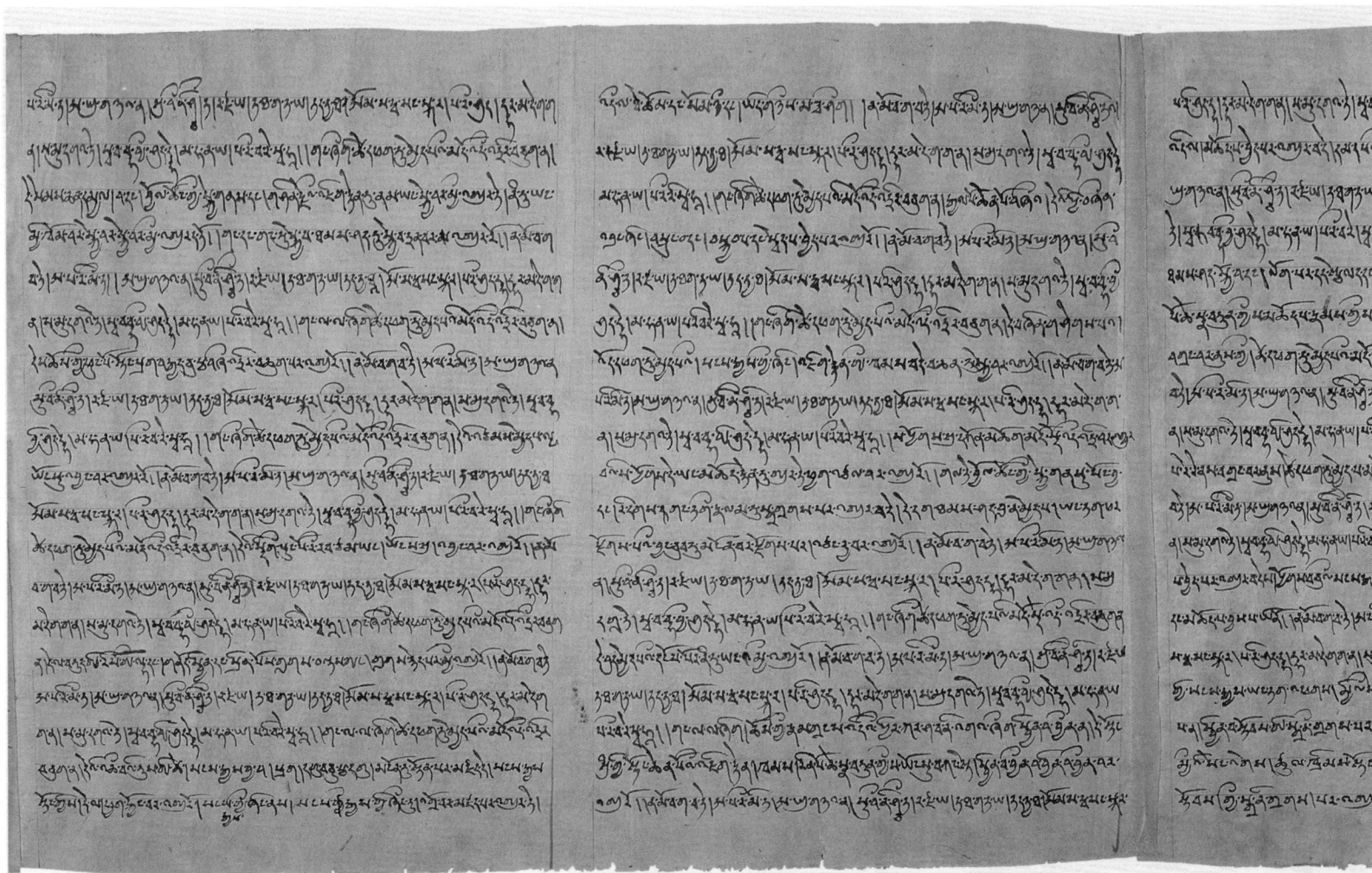

GM.t.20898　ཚེ་དཔག་དུ་མྱེད་པ་ཞེས་བྱ་བ་ཐེག་པ་ཆེན་པོའི་མདོ།
大乘無量壽宗要經　　(30—11)

GM.t.20898 ཚེ་དཔག་དུ་མྱེད་པ་ཞེས་བྱ་བ་ཐེག་པ་ཆེན་པོའི་མདོ།

大乘無量壽宗要經 (30—12)

GM.t.20898 ཚེ་དཔག་དུ་མྱེད་པ་ཞེས་བྱ་བ་ཐེག་པ་ཆེན་པོའི་མདོ།

大乘無量壽宗要經 (30—13)

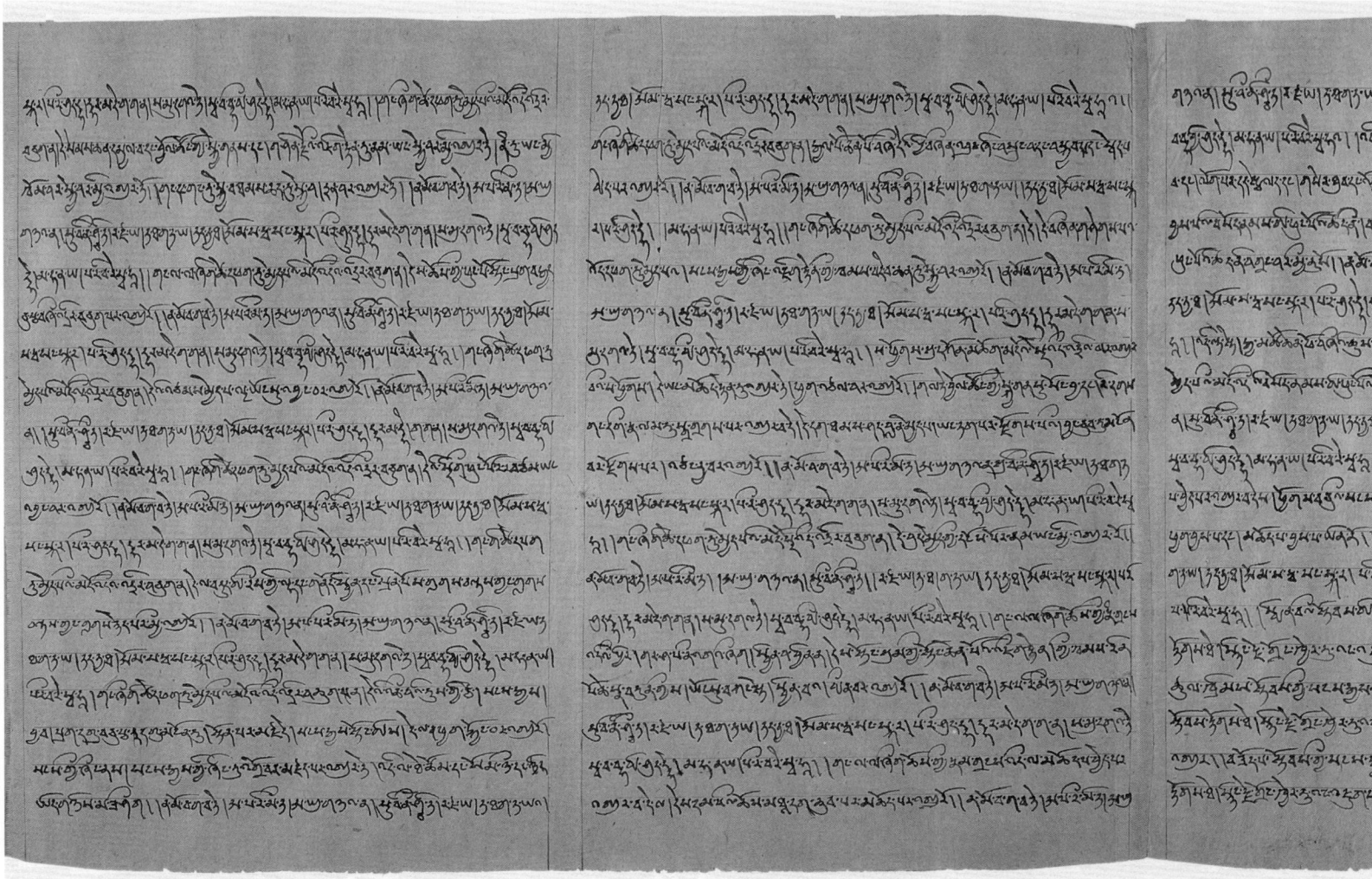

GM.t.20898 ཚེ་དཔག་དུ་མྱེད་པ་ཞེས་བྱ་བ་ཐེག་པ་ཆེན་པོའི་མདོ།

大乘無量壽宗要經 　　(30—14)

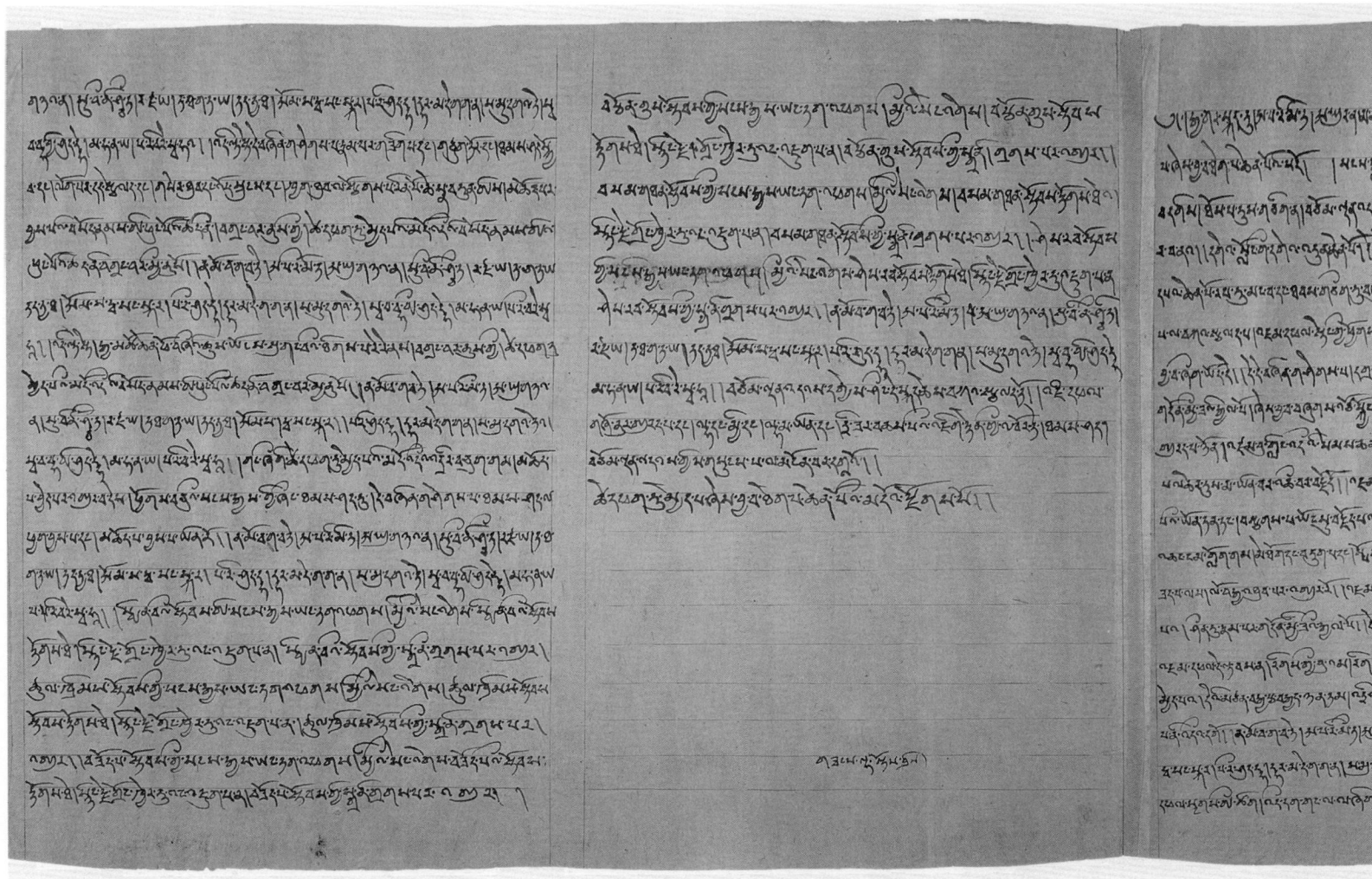

GM.t.20898 ཚེ་དཔག་དུ་མྱེད་པ་ཞེས་བྱ་བ་ཐེག་པ་ཆེན་པོའི་མདོ།

大乘無量壽宗要經 　　(30—15)

GM.t.20898　ཚེ་དཔག་དུ་མྱེད་པ་ཞེས་བྱ་བ་ཐེག་པ་ཆེན་པོའི་མདོ།

大乘無量壽宗要經　　　(30—16)

GM.t.20898　ཚེ་དཔག་དུ་མྱེད་པ་ཞེས་བྱ་བ་ཐེག་པ་ཆེན་པོའི་མདོ།

大乘無量壽宗要經　　　(30—17)

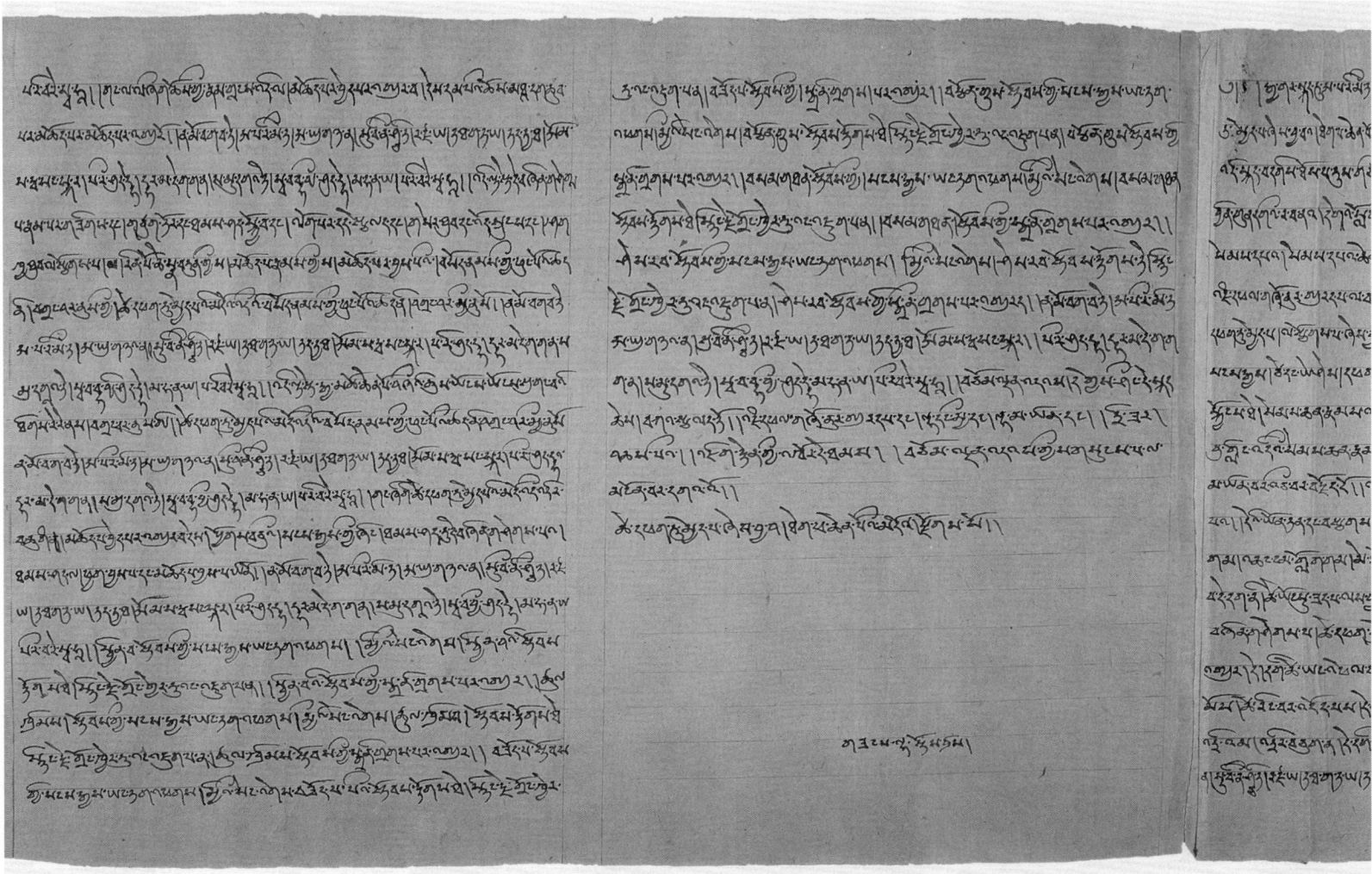

GM.t.20898 ཚེ་དཔག་དུ་མྱེད་པ་ཞེས་བྱ་བ་ཐེག་པ་ཆེན་པོའི་མདོ།

大乘無量壽宗要經　　(30—18)

GM.t.20898 ཚེ་དཔག་དུ་མྱེད་པ་ཞེས་བྱ་བ་ཐེག་པ་ཆེན་པོའི་མདོ།

大乘無量壽宗要經　　(30—19)

GM.t.20898　ཚེ་དཔག་ཏུ་མྱེད་པ་ཞེས་བྱ་བ་ཐེག་པ་ཆེན་པོའི་མདོ།

大乘無量壽宗要經　　　（30—20）

GM.t.20898　ཚེ་དཔག་ཏུ་མྱེད་པ་ཞེས་བྱ་བ་ཐེག་པ་ཆེན་པོའི་མདོ།

大乘無量壽宗要經　　　（30—21）

GM.t.20898 ཚེ་དཔག་ཏུ་མྱེད་པ་ཞེས་བྱ་བ་ཐེག་པ་ཆེན་པོའི་མདོ།

大乘無量壽宗要經　　(30—22)

GM.t.20898 ཚེ་དཔག་ཏུ་མྱེད་པ་ཞེས་བྱ་བ་ཐེག་པ་ཆེན་པོའི་མདོ།

大乘無量壽宗要經　　(30—23)

GM.t.20898 ཚེ་དཔག་དུ་མྱེད་པ་ཞེས་བྱ་བ་ཐེག་པ་ཆེན་པོའི་མདོ།
大乘無量壽宗要經　　　(30—24)

GM.t.20898 ཚེ་དཔག་དུ་མྱེད་པ་ཞེས་བྱ་བ་ཐེག་པ་ཆེན་པོའི་མདོ།
大乘無量壽宗要經　　　(30—25)

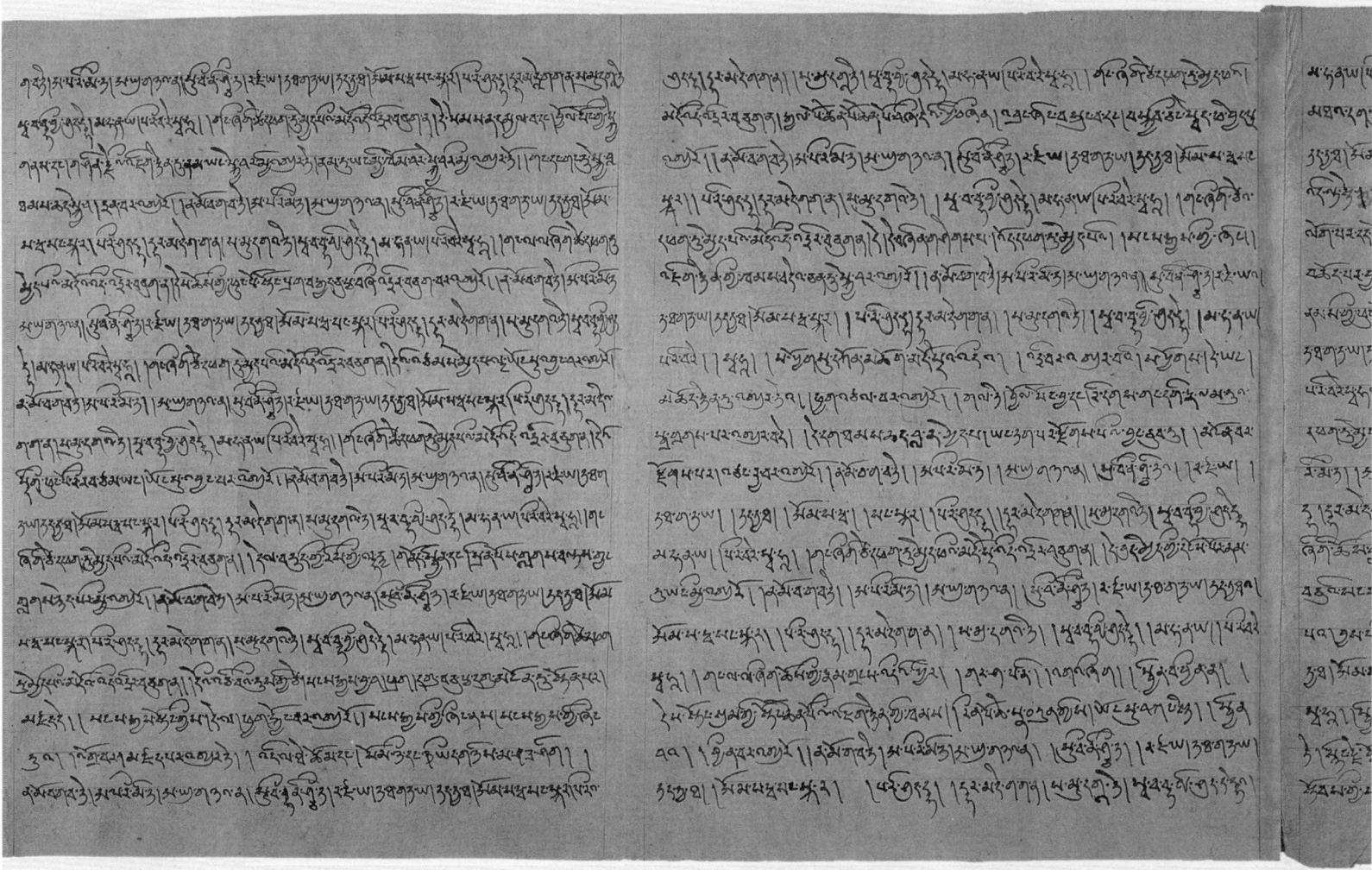

GM.t.20898　ཚེ་དཔག་དུ་མྱེད་པ་ཞེས་བྱ་བ་ཐེག་པ་ཆེན་པོའི་མདོ།

大乘無量壽宗要經　　　(30—26)

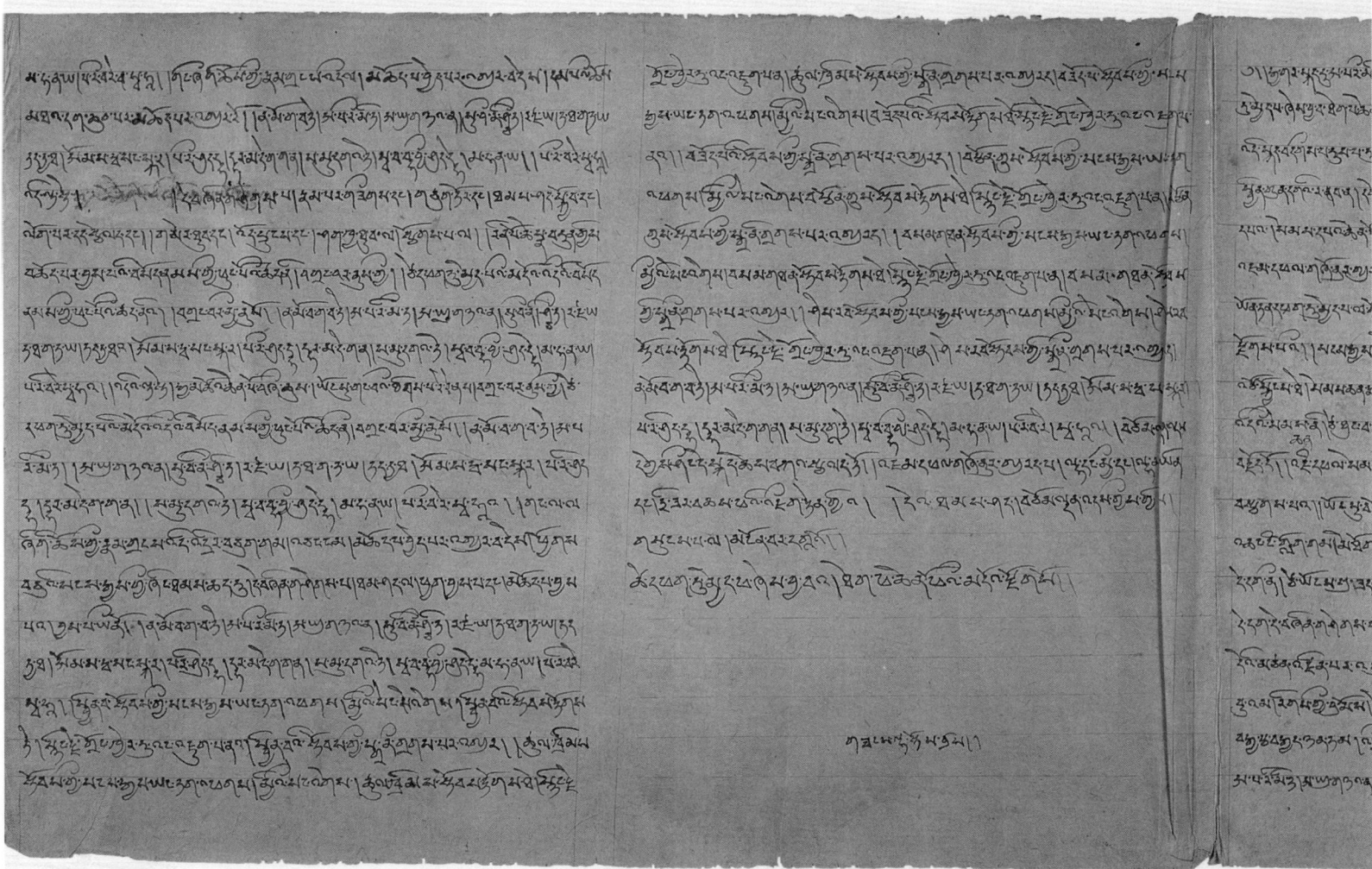

GM.t.20898　ཚེ་དཔག་དུ་མྱེད་པ་ཞེས་བྱ་བ་ཐེག་པ་ཆེན་པོའི་མདོ།

大乘無量壽宗要經　　　(30—27)

GM.t.20898 ཚེ་དཔག་དུ་མྱེད་པ་ཞེས་བྱ་བ་ཐེག་པ་ཆེན་པོའི་མདོ།

大乘無量壽宗要經 (30—28)

GM.t.20898 ཚེ་དཔག་དུ་མྱེད་པ་ཞེས་བྱ་བ་ཐེག་པ་ཆེན་པོའི་མདོ།

大乘無量壽宗要經 (30—29)

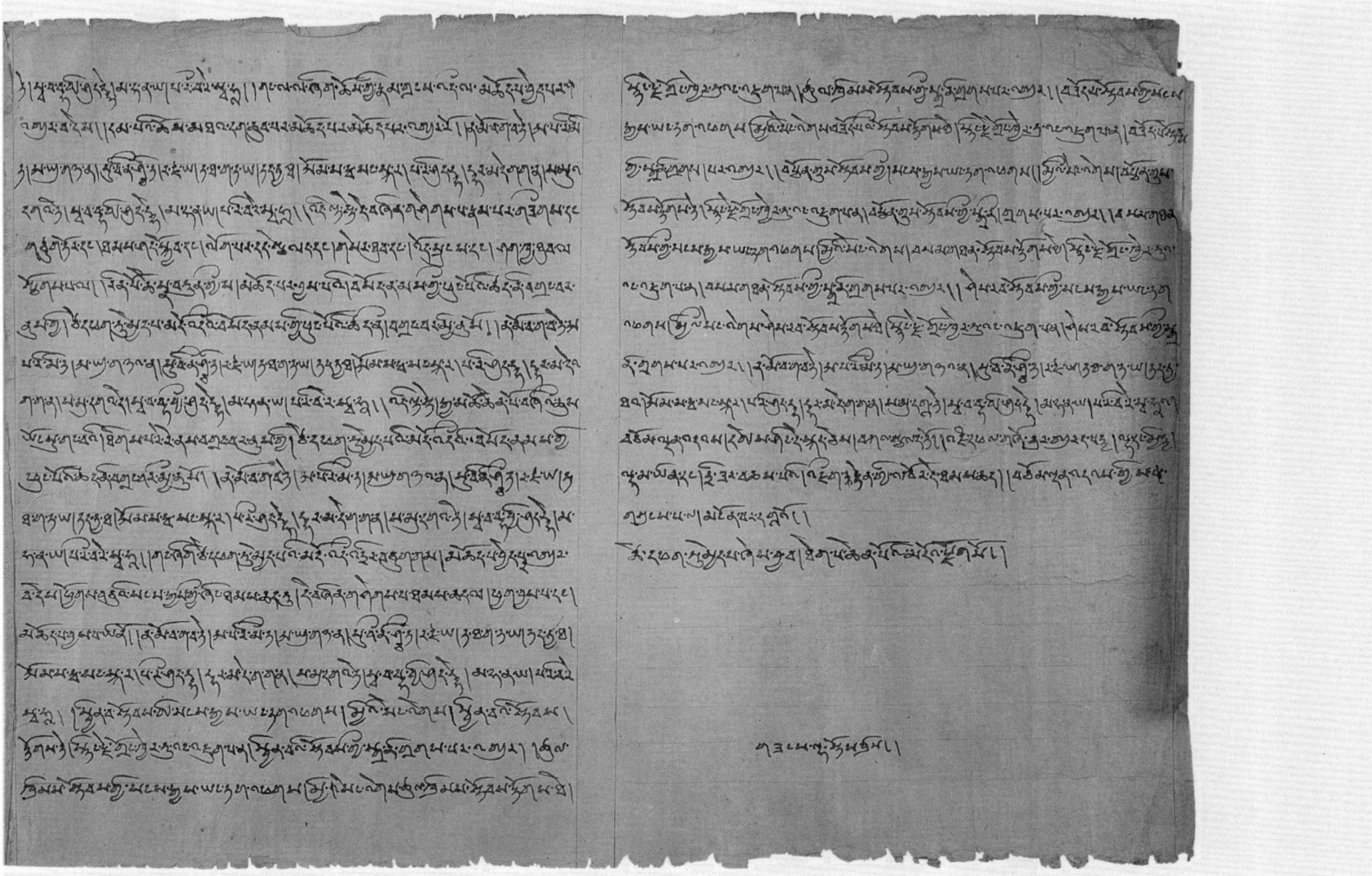

GM.t.20898　ཚེ་དཔག་ཏུ་མྱེད་པ་ཞེས་བྱ་བ་ཐེག་པ་ཆེན་པོའི་མདོ།

大乘無量壽宗要經　　(30—30)

GM.t.22467　ཚེ་དཔག་ཏུ་མྱེད་པ་ཞེས་བྱ་བ་ཐེག་པ་ཆེན་པོའི་མདོ།

大乘無量壽宗要經　　(15—1)

GM.t.22467 ཚེ་དཔག་དུ་མྱེད་པ་ཞེས་བྱ་བ་ཐེག་པ་ཆེན་པོའི་མདོ།

大乘無量壽宗要經　　(15—2)

GM.t.22467 ཚེ་དཔག་དུ་མྱེད་པ་ཞེས་བྱ་བ་ཐེག་པ་ཆེན་པོའི་མདོ།

大乘無量壽宗要經　　(15—3)

GM.t.22467 ཚེ་དཔག་དུ་མྱེད་པ་ཞེས་བྱ་བ་ཐེག་པ་ཆེན་པོའི་མདོ།

大乘無量壽宗要經 (15—4)

GM.t.22467 ཚེ་དཔག་དུ་མྱེད་པ་ཞེས་བྱ་བ་ཐེག་པ་ཆེན་པོའི་མདོ།

大乘無量壽宗要經 (15—5)

GM.t.22467　ཚེ་དཔག་དུ་མྱེད་པ་ཞེས་བྱ་བ་ཐེག་པ་ཆེན་པོའི་མདོ།
大乘無量壽宗要經　　　(15—6)

GM.t.22467　ཚེ་དཔག་དུ་མྱེད་པ་ཞེས་བྱ་བ་ཐེག་པ་ཆེན་པོའི་མདོ།
大乘無量壽宗要經　　　(15—7)

GM.t.22467 ཚེ་དཔག་དུ་མྱེད་པ་ཞེས་བྱ་བ་ཐེག་པ་ཆེན་པོའི་མདོ།
大乘無量壽宗要經　　(15—8)

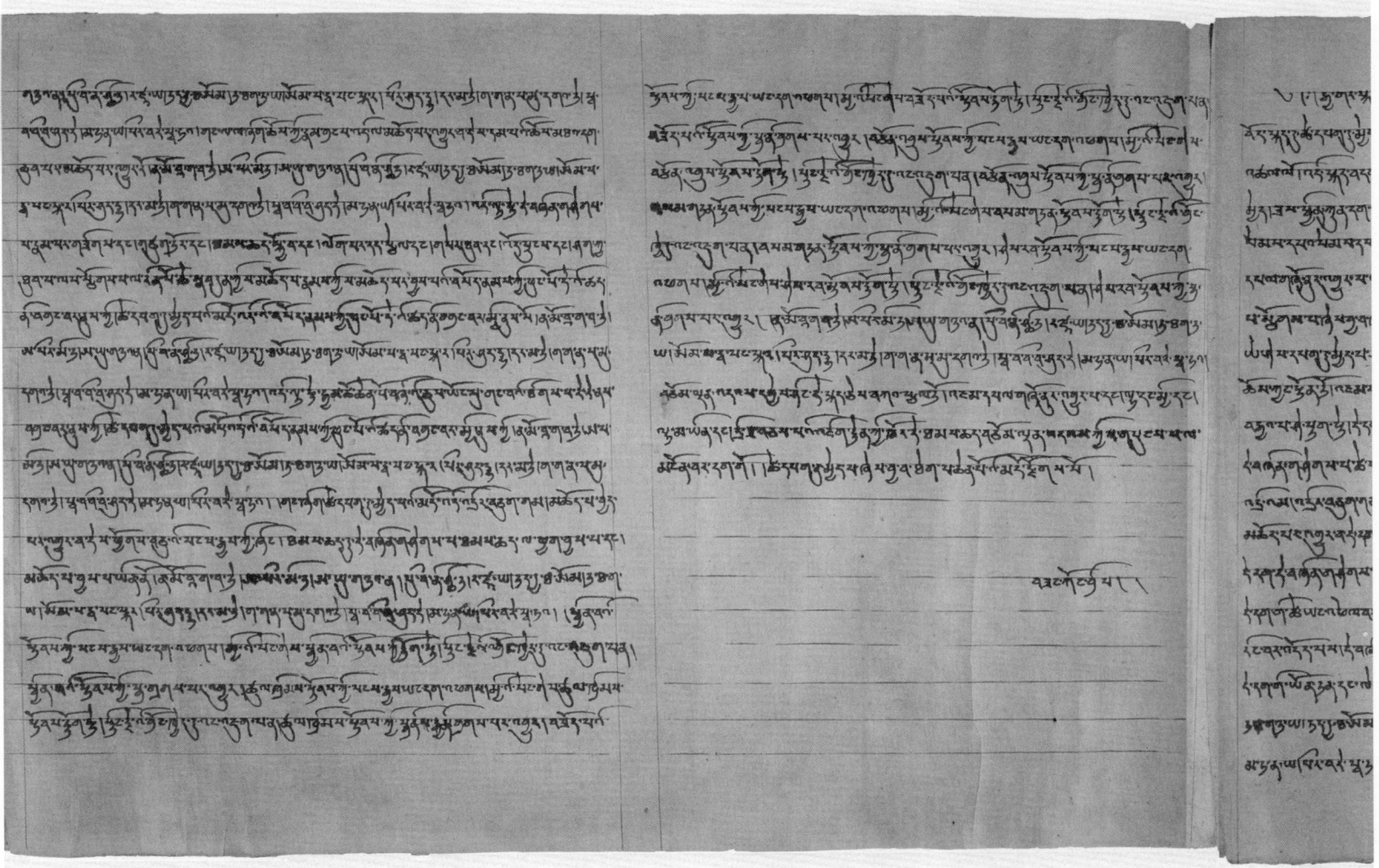

GM.t.22467 ཚེ་དཔག་དུ་མྱེད་པ་ཞེས་བྱ་བ་ཐེག་པ་ཆེན་པོའི་མདོ།
大乘無量壽宗要經　　(15—9)

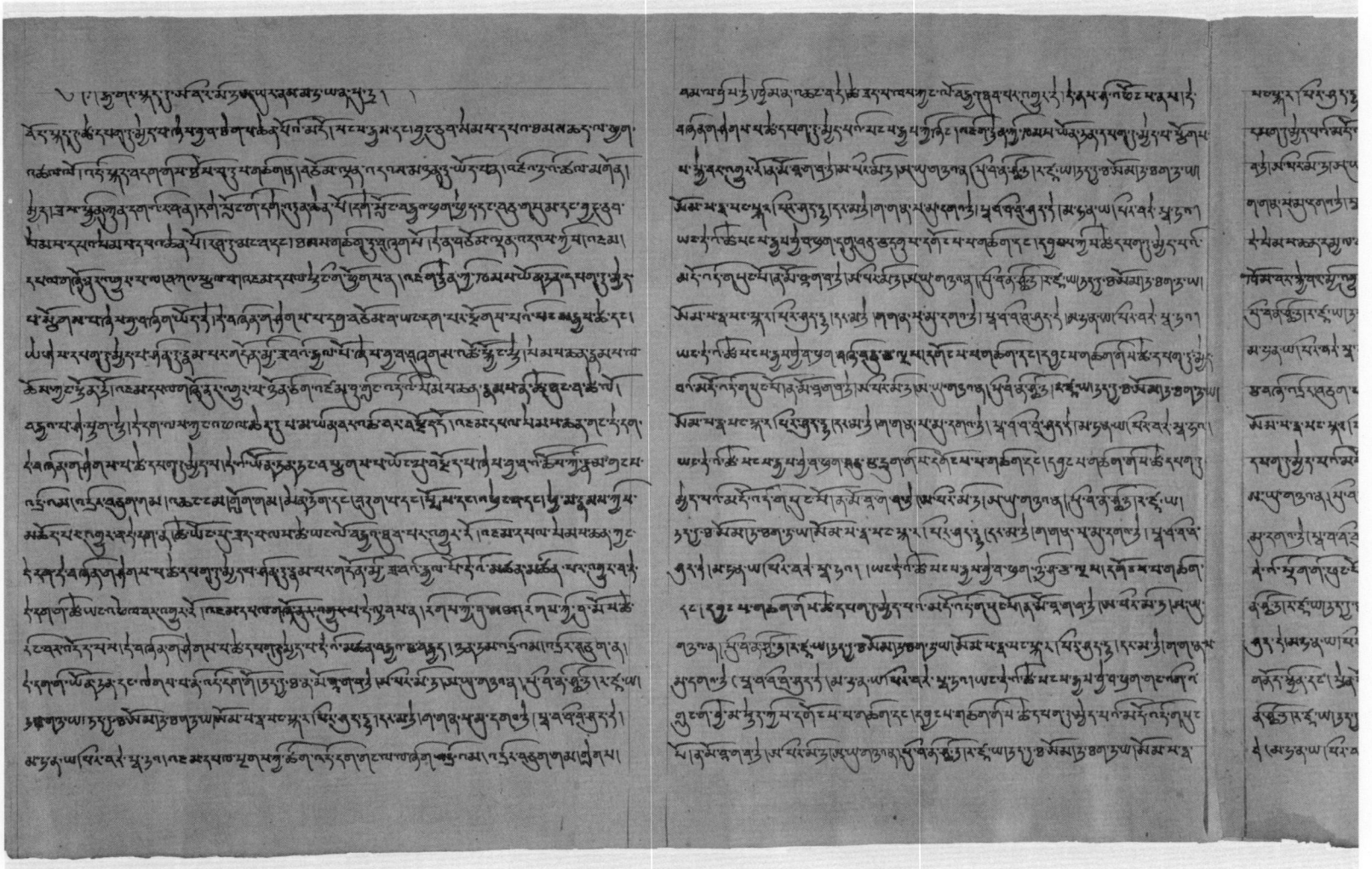

GM.t.22467 ཚེ་དཔག་དུ་མྱེད་པ་ཞེས་བྱ་བ་ཐེག་པ་ཆེན་པོའི་མདོ།

大乘無量壽宗要經　　　(15—10)

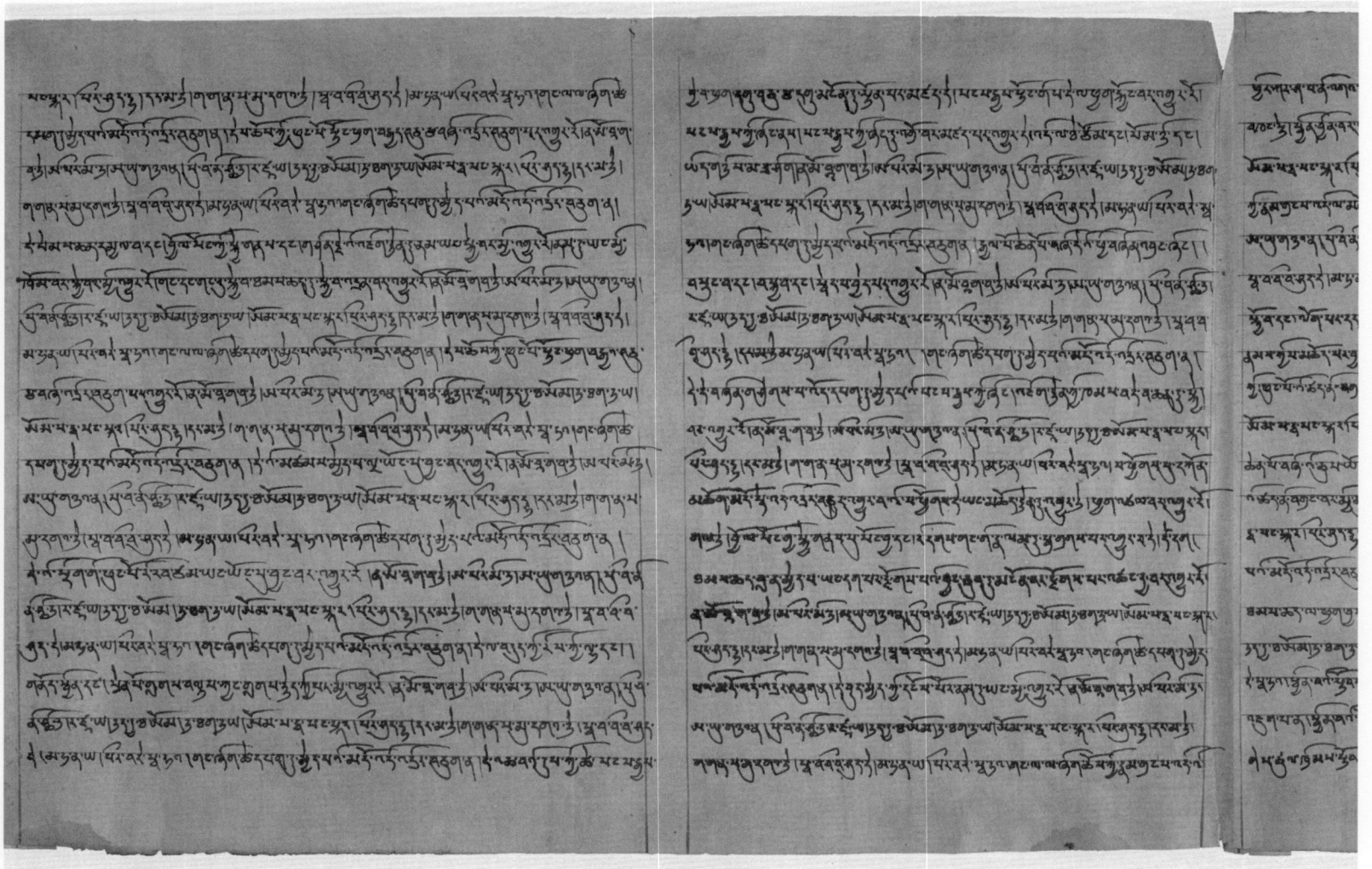

GM.t.22467 ཚེ་དཔག་དུ་མྱེད་པ་ཞེས་བྱ་བ་ཐེག་པ་ཆེན་པོའི་མདོ།

大乘無量壽宗要經　　　(15—11)

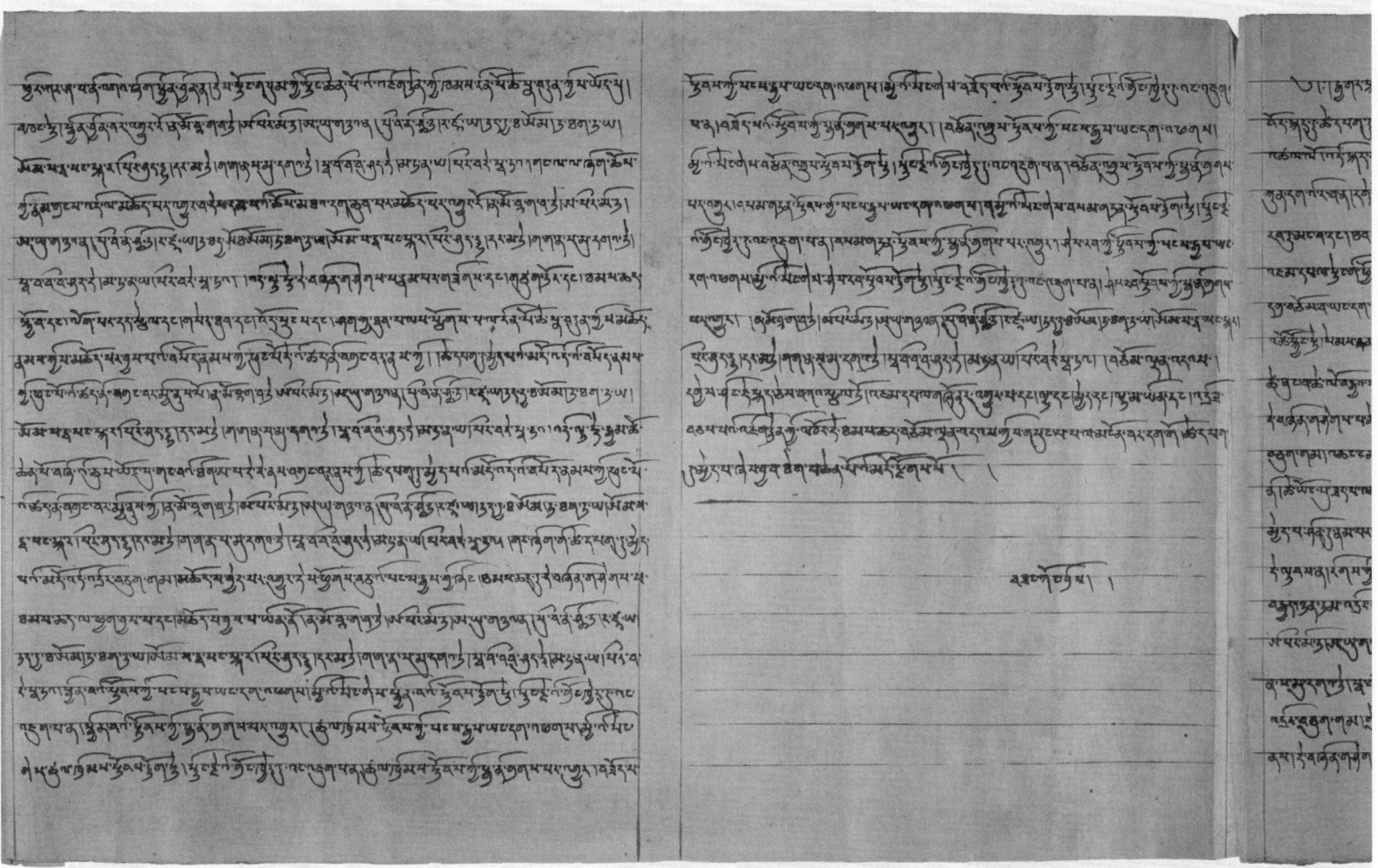

GM.t.22467　ཚེ་དཔག་དུ་མྱེད་པ་ཞེས་བྱ་བ་ཐེག་པ་ཆེན་པོའི་མདོ།
大乘無量壽宗要經　　　(15—12)

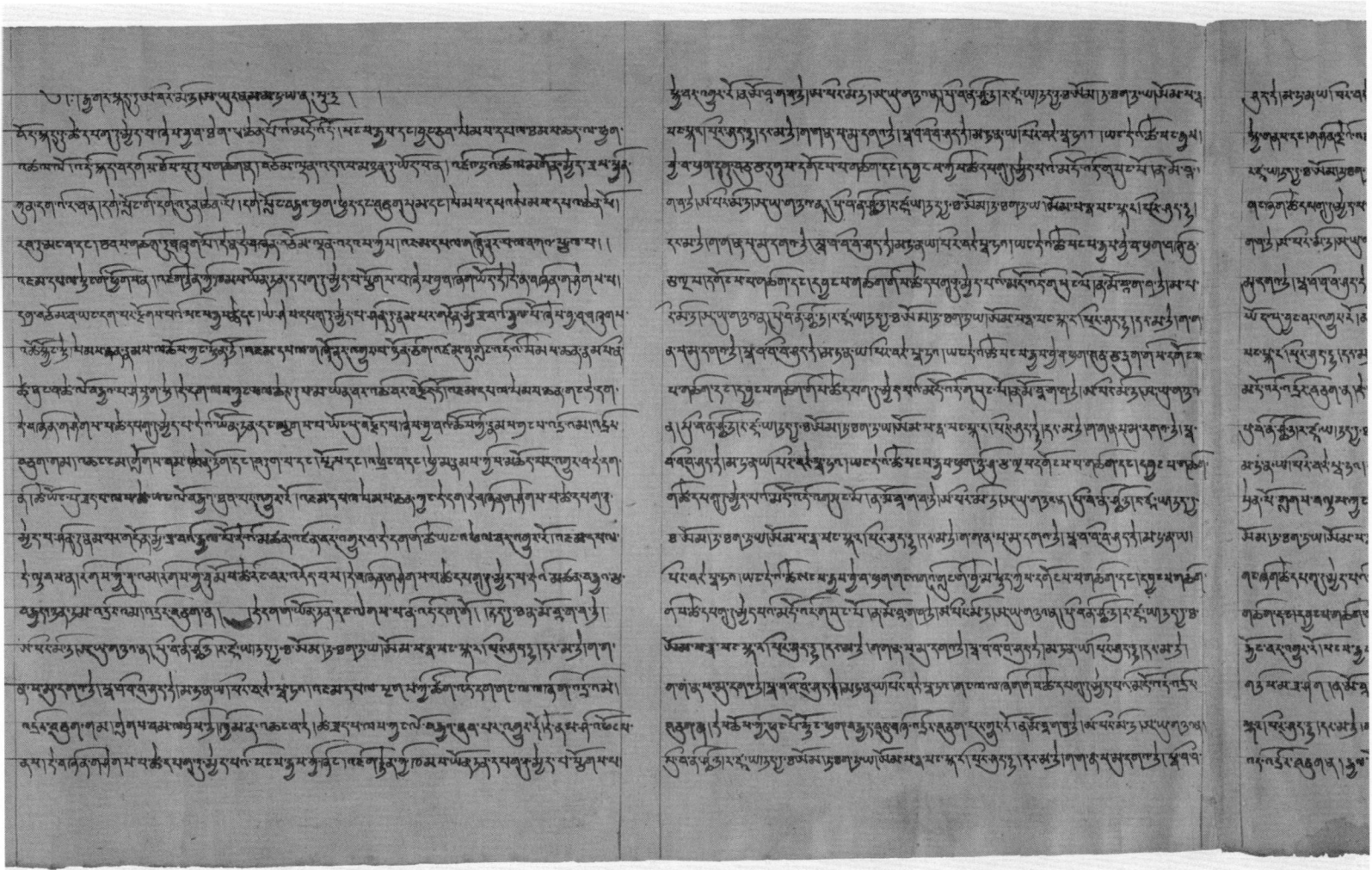

GM.t.22467　ཚེ་དཔག་དུ་མྱེད་པ་ཞེས་བྱ་བ་ཐེག་པ་ཆེན་པོའི་མདོ།
大乘無量壽宗要經　　　(15—13)

GM.t.22467　ཆོ་དཔག་དུ་མྱེད་པ་ཞེས་བྱ་བ་ཐེག་པ་ཆེན་པོའི་མདོ།

大乘無量壽宗要經　　　(15—14)

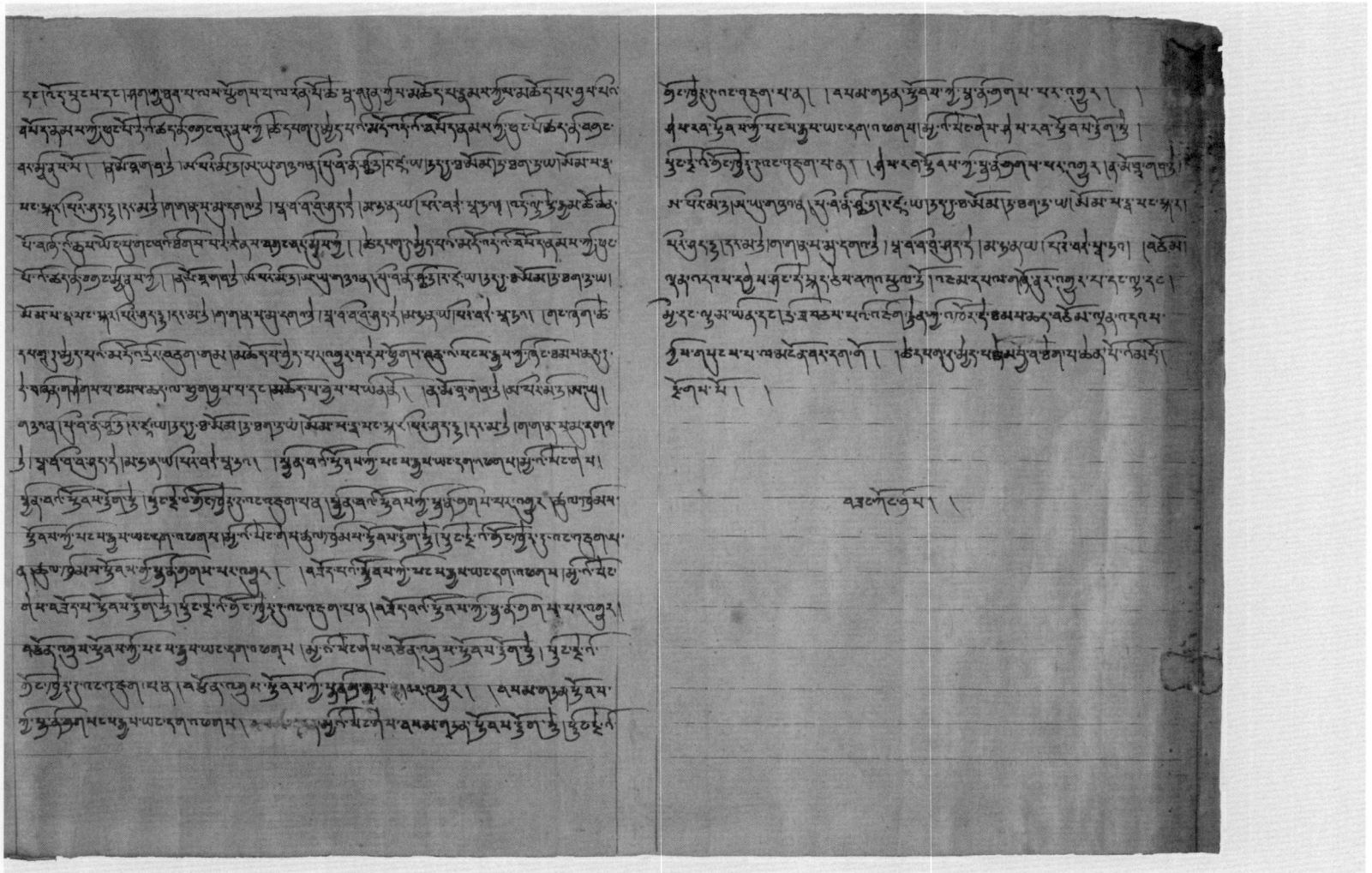

GM.t.22467　ཆོ་དཔག་དུ་མྱེད་པ་ཞེས་བྱ་བ་ཐེག་པ་ཆེན་པོའི་མདོ།

大乘無量壽宗要經　　　(15—15)

GM.t.22468　ཚེ་དཔག་ཏུ་མྱེད་པ་ཞེས་བྱ་བ་ཐེག་པ་ཆེན་པོའི་མདོ།

大乘無量壽宗要經　　(9—1)

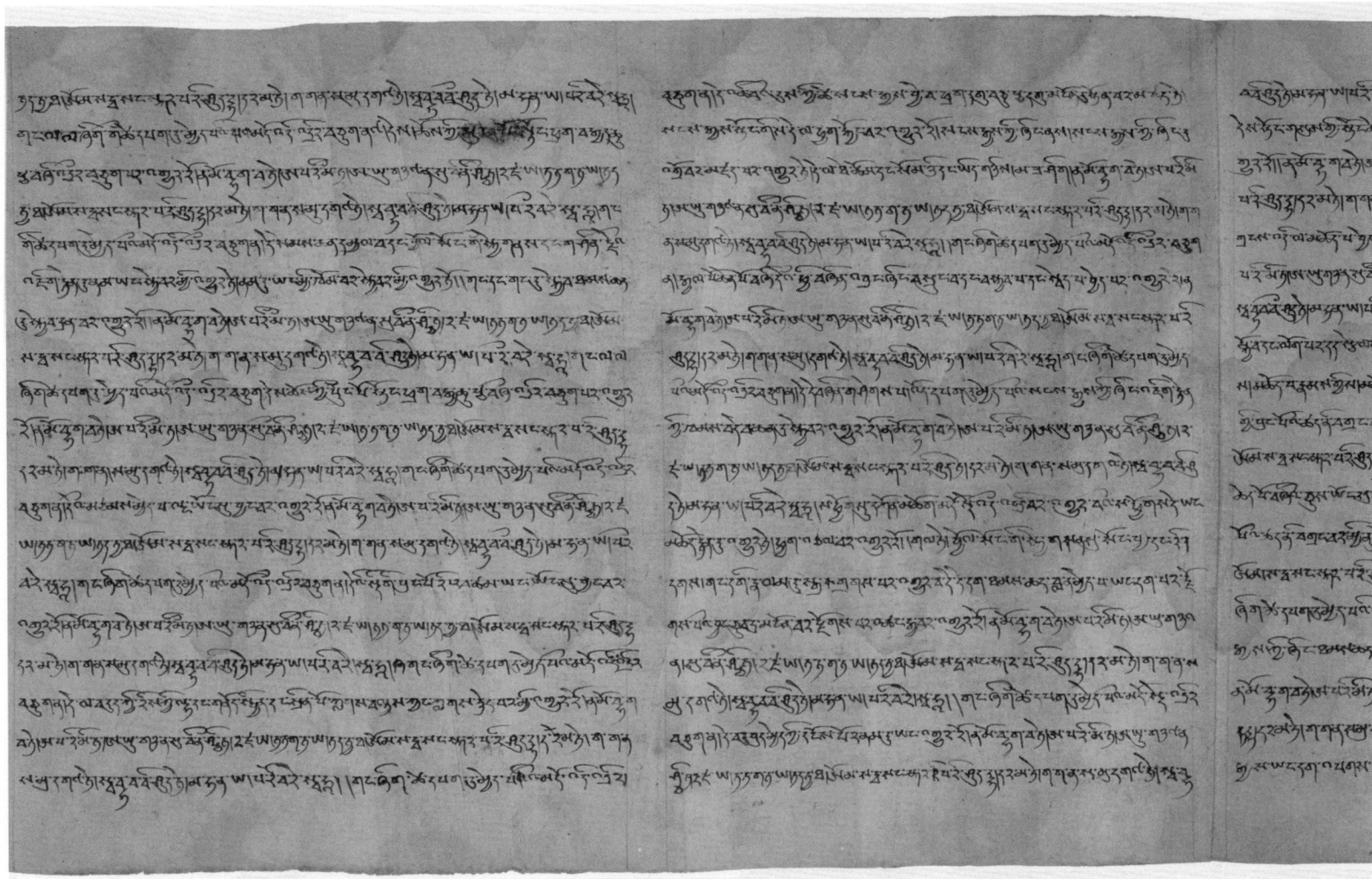

GM.t.22468　ཚེ་དཔག་ཏུ་མྱེད་པ་ཞེས་བྱ་བ་ཐེག་པ་ཆེན་པོའི་མདོ།

大乘無量壽宗要經　　(9—2)

GM.t.22468 ཚེ་དཔག་དུ་མྱེད་པ་ཞེས་བྱ་བ་ཐེག་པ་ཆེན་པོའི་མདོ།

大乘無量壽宗要經　　(9—3)

GM.t.22468 ཚེ་དཔག་དུ་མྱེད་པ་ཞེས་བྱ་བ་ཐེག་པ་ཆེན་པོའི་མདོ།

大乘無量壽宗要經　　(9—4)

GM.t.22468 ཚེ་དཔག་དུ་མྱེད་པ་ཞེས་བྱ་བ་ཐེག་པ་ཆེན་པོའི་མདོ།

大乘無量壽宗要經 (9—5)

GM.t.22468 ཚེ་དཔག་དུ་མྱེད་པ་ཞེས་བྱ་བ་ཐེག་པ་ཆེན་པོའི་མདོ།

大乘無量壽宗要經 (9—6)

GM.t.22468　ཚེ་དཔག་ཏུ་མྱེད་པ་ཞེས་བྱ་བ་ཐེག་པ་ཆེན་པོའི་མདོ།
大乘無量壽宗要經　　（9—7）

GM.t.22468　ཚེ་དཔག་ཏུ་མྱེད་པ་ཞེས་བྱ་བ་ཐེག་པ་ཆེན་པོའི་མདོ།
大乘無量壽宗要經　　（9—8）

GM.t.22468 ཚེ་དཔག་ཏུ་མྱེད་པ་ཞེས་བྱ་བ་ཐེག་པ་ཆེན་པོའི་མདོ།

大乘無量壽宗要經　　　(9—9)

GM.t.22469 ཚེ་དཔག་ཏུ་མྱེད་པ་ཞེས་བྱ་བ་ཐེག་པ་ཆེན་པོའི་མདོ།

大乘無量壽宗要經　　　(3—1)

GM.t.22469 ཚེ་དཔག་དུ་མྱེད་པ་ཞེས་བྱ་བ་ཐེག་པ་ཆེན་པོའི་མདོ།
大乘無量壽宗要經　　　(3—2)

GM.t.22469 ཚེ་དཔག་དུ་མྱེད་པ་ཞེས་བྱ་བ་ཐེག་པ་ཆེན་པོའི་མདོ།
大乘無量壽宗要經　　　(3—3)

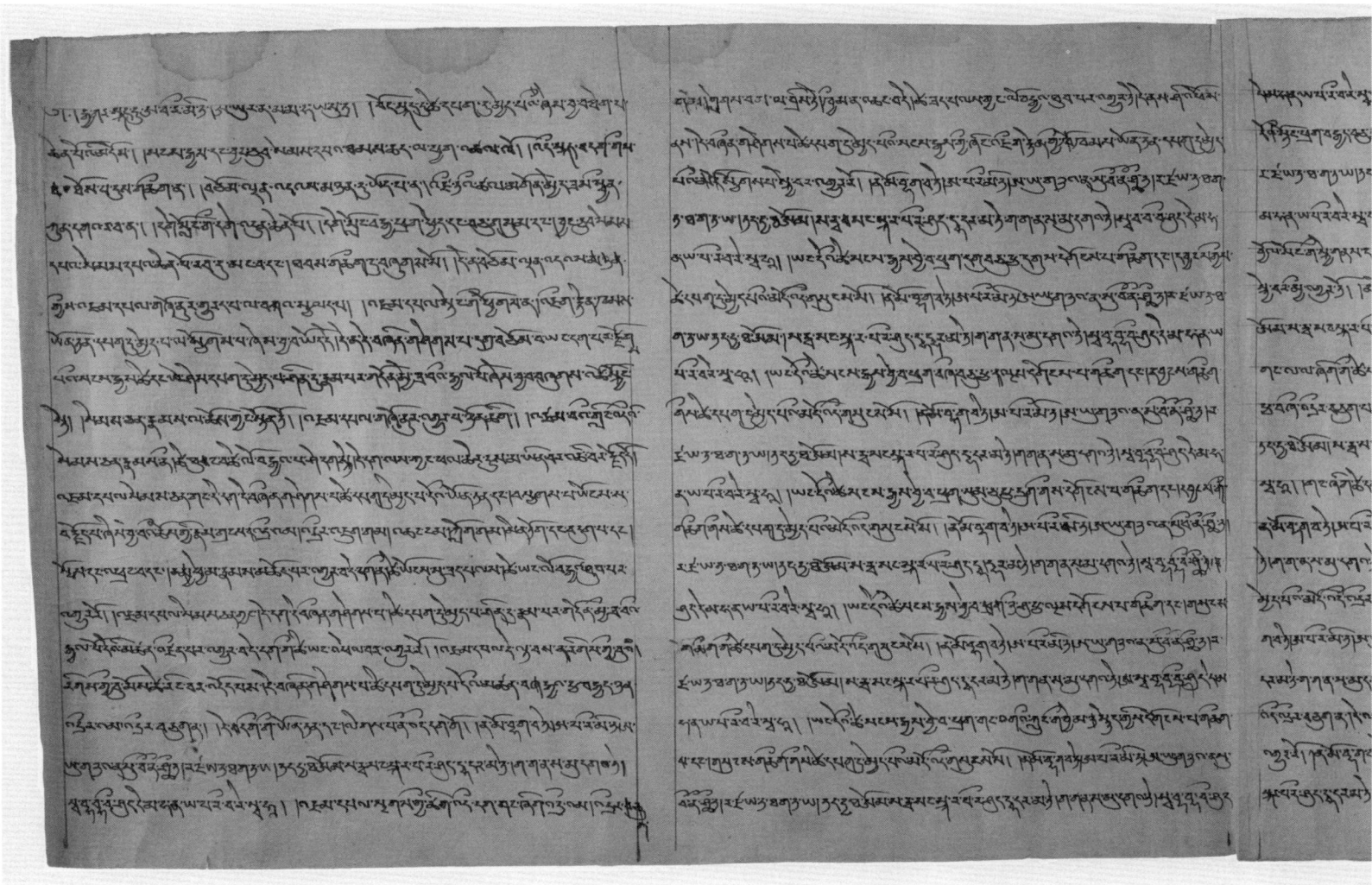

GM.t.30193 ཚེ་དཔག་དུ་མྱེད་པ་ཞེས་བྱ་བ་ཐེག་པ་ཆེན་པོའི་མདོ།

大乘無量壽宗要經　　(3—1)

GM.t.30193 ཚེ་དཔག་དུ་མྱེད་པ་ཞེས་བྱ་བ་ཐེག་པ་ཆེན་པོའི་མདོ།

大乘無量壽宗要經　　(3—2)

GM.t.30193　ཚེ་དཔག་ཏུ་མྱེད་པ་ཞེས་བྱ་བ་ཐེག་པ་ཆེན་པོའི་མདོ།
大乘無量壽宗要經　　（3—3）

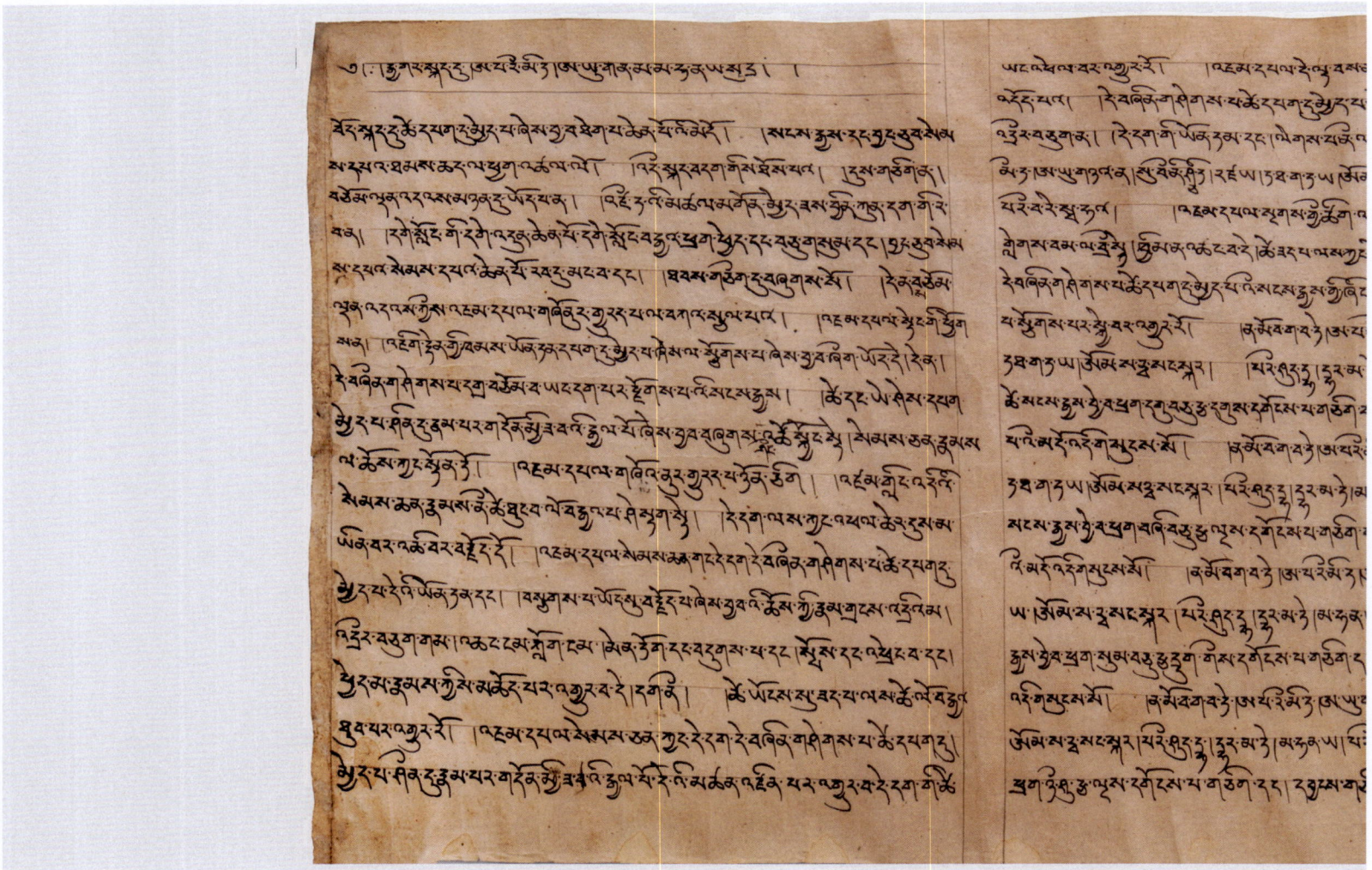

NNUM.t.015-1　ཚེ་དཔག་ཏུ་མྱེད་པ་ཞེས་བྱ་བ་ཐེག་པ་ཆེན་པོའི་མདོ།
大乘無量壽宗要經　　（4—1）

NNUM.t.015-1 ཚེ་དཔག་ཏུ་མྱེད་པ་ཞེས་བྱ་བ་ཐེག་པ་ཆེན་པོའི་མདོ།

大乘無量壽宗要經　　(4—2)

NNUM.t.015-1 ཚེ་དཔག་ཏུ་མྱེད་པ་ཞེས་བྱ་བ་ཐེག་པ་ཆེན་པོའི་མདོ།

大乘無量壽宗要經　　(4—3)

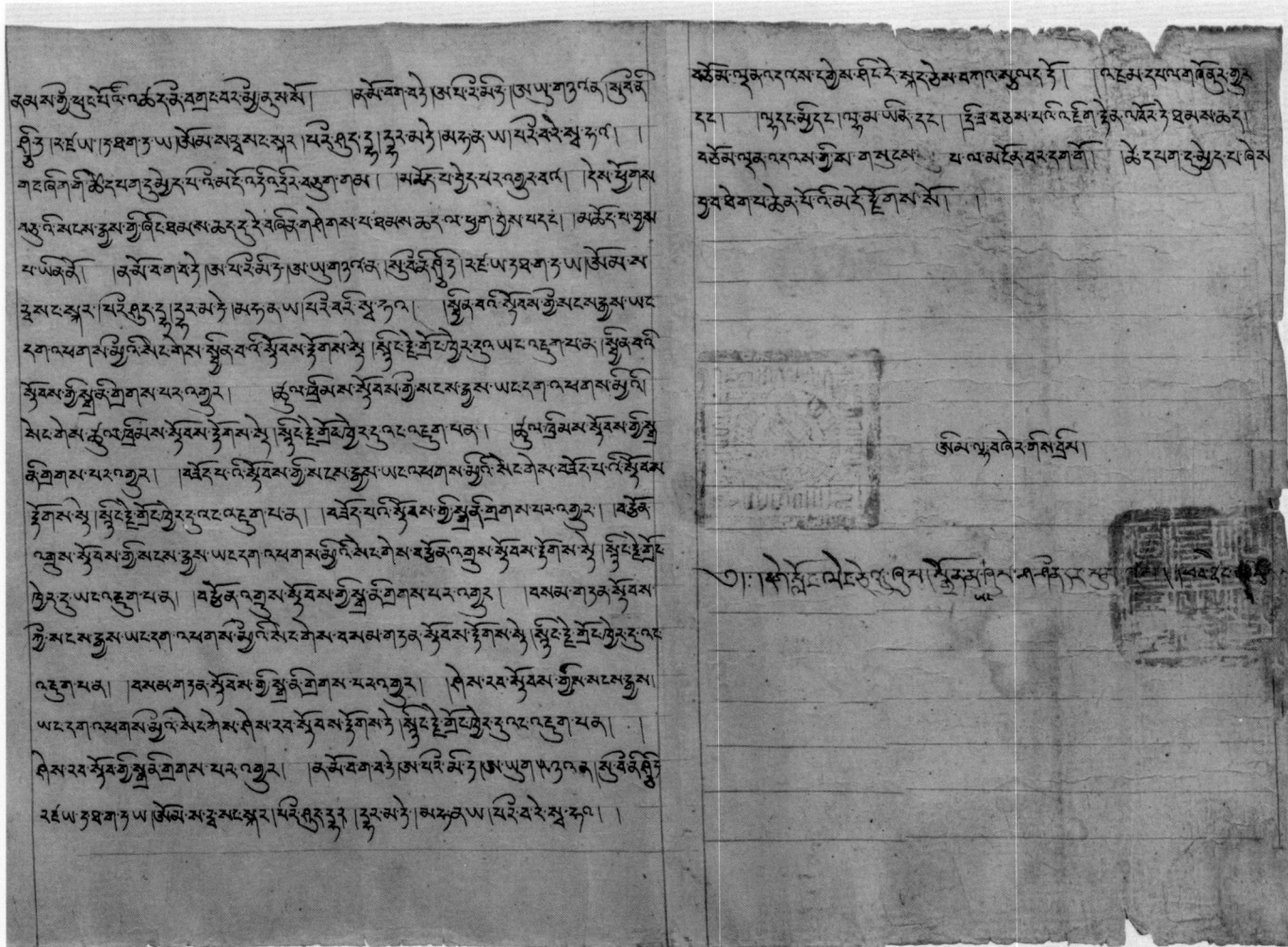

NNUM.t.015-1　ཚེ་དཔག་དུ་མྱེད་པ་ཞེས་བྱ་བ་ཐེག་པ་ཆེན་པོའི་མདོ།

大乘無量壽宗要經　　(4—4)

NNUM.t.015-2　ཚེ་དཔག་དུ་མྱེད་པ་ཞེས་བྱ་བ་ཐེག་པ་ཆེན་པོའི་མདོ།

大乘無量壽宗要經　　(6—1)

NNUM.t.015-2　ཆོ་དཔག་ཏུ་མྱེད་པ་ཞེས་བྱ་བ་ཐེག་པ་ཆེན་པོའི་མདོ།

大乘無量壽宗要經　　　(6—2)

NNUM.t.015-2　ཆོ་དཔག་ཏུ་མྱེད་པ་ཞེས་བྱ་བ་ཐེག་པ་ཆེན་པོའི་མདོ།

大乘無量壽宗要經　　　(6—3)

NNUM.t.015-2 ཚེ་དཔག་དུ་མྱེད་པ་ཞེས་བྱ་བ་ཐེག་པ་ཆེན་པོའི་མདོ།

大乘無量壽宗要經　　(6—4)

NNUM.t.015-2 ཚེ་དཔག་དུ་མྱེད་པ་ཞེས་བྱ་བ་ཐེག་པ་ཆེན་པོའི་མདོ།

大乘無量壽宗要經　　(6—5)

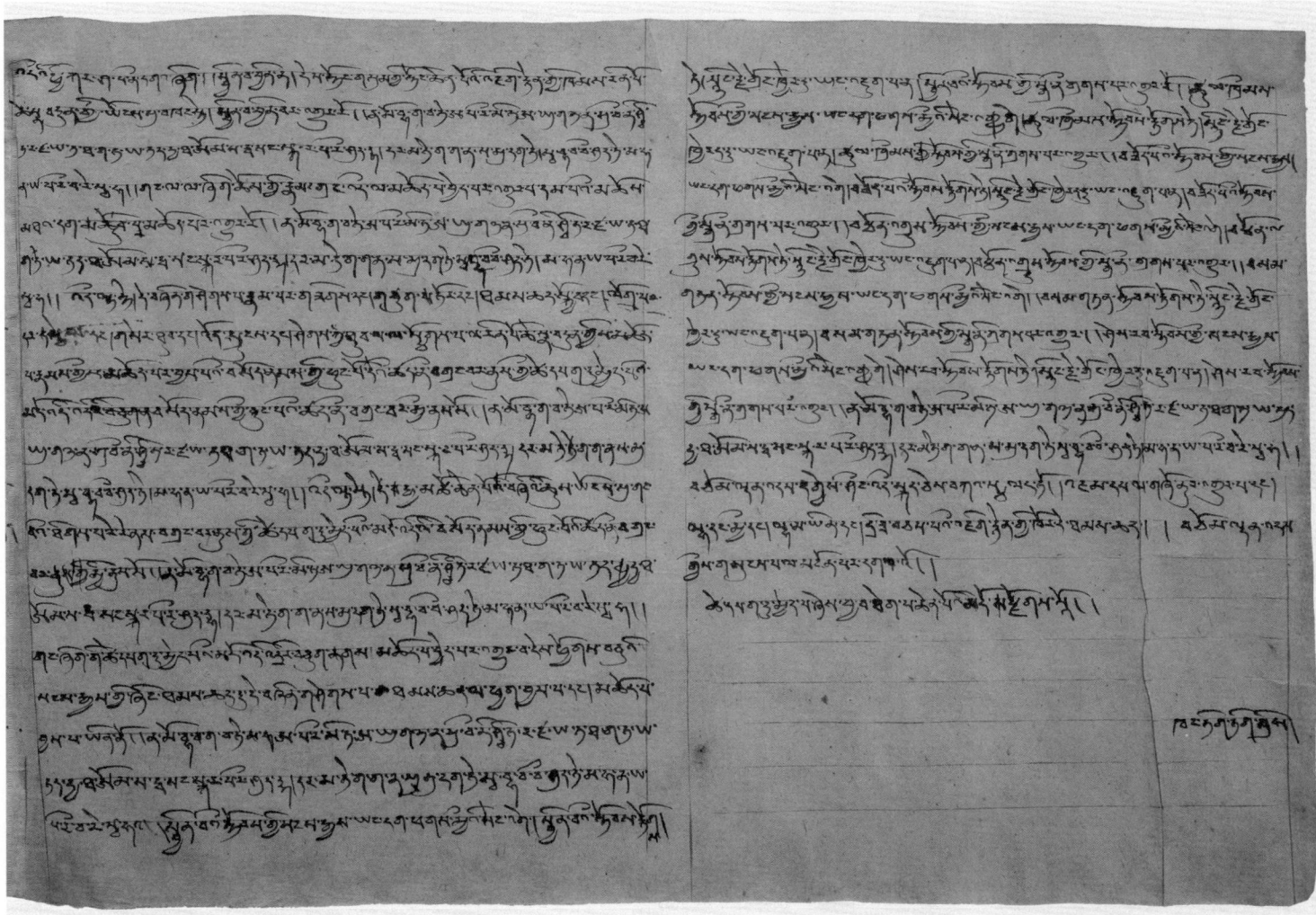

NNUM.t.015-2 ཚེ་དཔག་དུ་མྱེད་པ་ཞེས་བྱ་བ་ཐེག་པ་ཆེན་པོའི་མདོ།
大乘無量壽宗要經 (6—6)

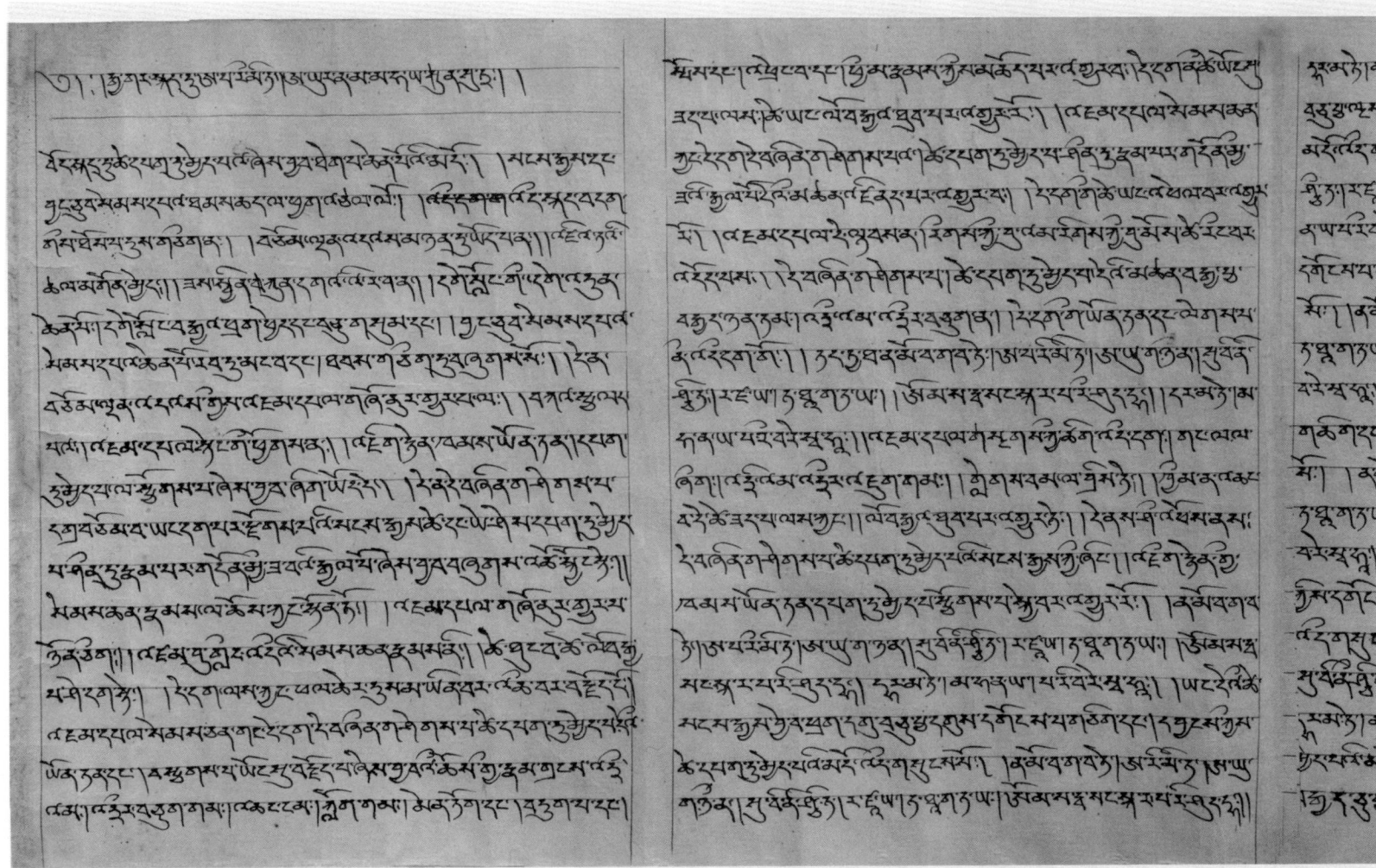

NNUM.t.015-3 ཚེ་དཔག་དུ་མྱེད་པ་ཞེས་བྱ་བ་ཐེག་པ་ཆེན་པོའི་མདོ།
大乘無量壽宗要經 (4—1)

NNUM.t.015-3 ཚེ་དཔག་དུ་མྱེད་པ་ཞེས་བྱ་བ་ཐེག་པ་ཆེན་པོའི་མདོ།
大乘無量壽宗要經　　(4—2)

NNUM.t.015-3 ཚེ་དཔག་དུ་མྱེད་པ་ཞེས་བྱ་བ་ཐེག་པ་ཆེན་པོའི་མདོ།
大乘無量壽宗要經　　(4—3)

NNUM.t.015-3 ཚེ་དཔག་ཏུ་མྱེད་པ་ཞེས་བྱ་བ་ཐེག་པ་ཆེན་པོའི་མདོ།

大乘無量壽宗要經　　(4—4)

NNUM.t.015-4 ཚེ་དཔག་ཏུ་མྱེད་པ་ཞེས་བྱ་བ་ཐེག་པ་ཆེན་པོའི་མདོ།

大乘無量壽宗要經　　(3—1)

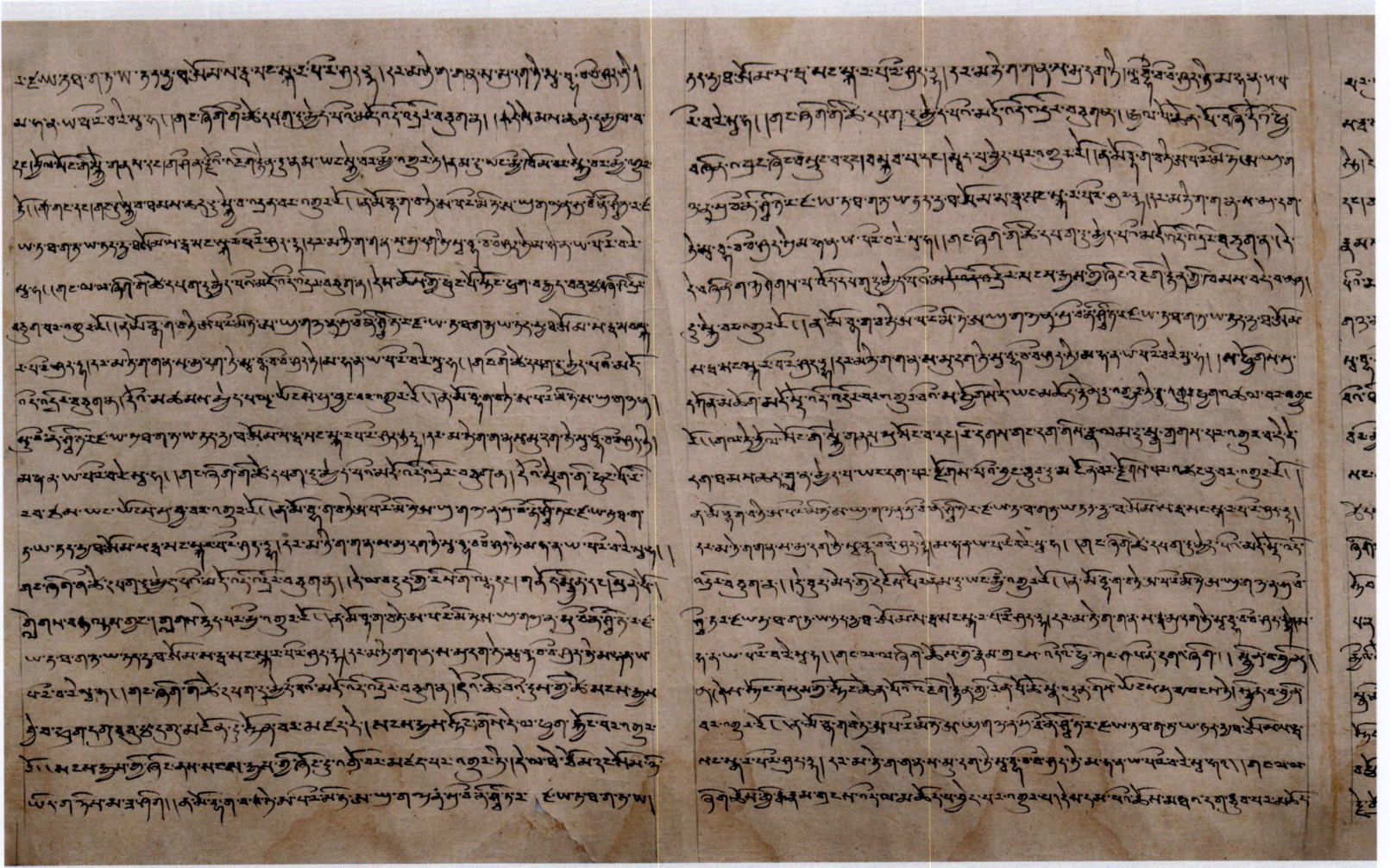

NNUM.t.015-4 ཚེ་དཔག་དུ་མྱེད་པ་ཞེས་བྱ་བ་ཐེག་པ་ཆེན་པོའི་མདོ།

大乘無量壽宗要經　　(3—2)

NNUM.t.015-4 ཚེ་དཔག་དུ་མྱེད་པ་ཞེས་བྱ་བ་ཐེག་པ་ཆེན་པོའི་མདོ།

大乘無量壽宗要經　　(3—3)

NNUM.t.015-5　ཚེ་དཔག་དུ་མྱེད་པ་ཞེས་བྱ་བ་ཐེག་པ་ཆེན་པོའི་མདོ།

大乘無量壽宗要經

NNUM.t.015-6 (R-V) ཤེས་རབ་ཀྱི་ཕ་རོལ་ཏུ་ཕྱིན་པ་སྟོང་ཕྲག་བརྒྱ་པ།

十萬般若波羅蜜多經

NUNL.t.-1 ཚེ་དཔག་ཏུ་མྱེད་པ་ཞེས་བྱ་བ་ཐེག་པ་ཆེན་པོའི་མདོ།

大乘無量壽宗要經　　(3—1)

NUNL.t.-1 ཚེ་དཔག་ཏུ་མྱེད་པ་ཞེས་བྱ་བ་ཐེག་པ་ཆེན་པོའི་མདོ།

大乘無量壽宗要經　　(3—2)

NUNL.t.-1 ཚེ་དཔག་དུ་མྱེད་པ་ཞེས་བྱ་བ་ཐེག་པ་ཆེན་པོའི་མདོ།
大乘無量壽宗要經　　(3—3)

NUNL.t.-2 ཚེ་དཔག་དུ་མྱེད་པ་ཞེས་བྱ་བ་ཐེག་པ་ཆེན་པོའི་མདོ།
大乘無量壽宗要經　　(3—1)

NUNL.t.-2　ཚེ་དཔག་ཏུ་མྱེད་པ་ཞེས་བྱ་བ་ཐེག་པ་ཆེན་པོའི་མདོ།

大乘無量壽宗要經　　(3—2)

NUNL.t.-2　ཚེ་དཔག་ཏུ་མྱེད་པ་ཞེས་བྱ་བ་ཐེག་པ་ཆེན་པོའི་མདོ།

大乘無量壽宗要經　　(3—3)

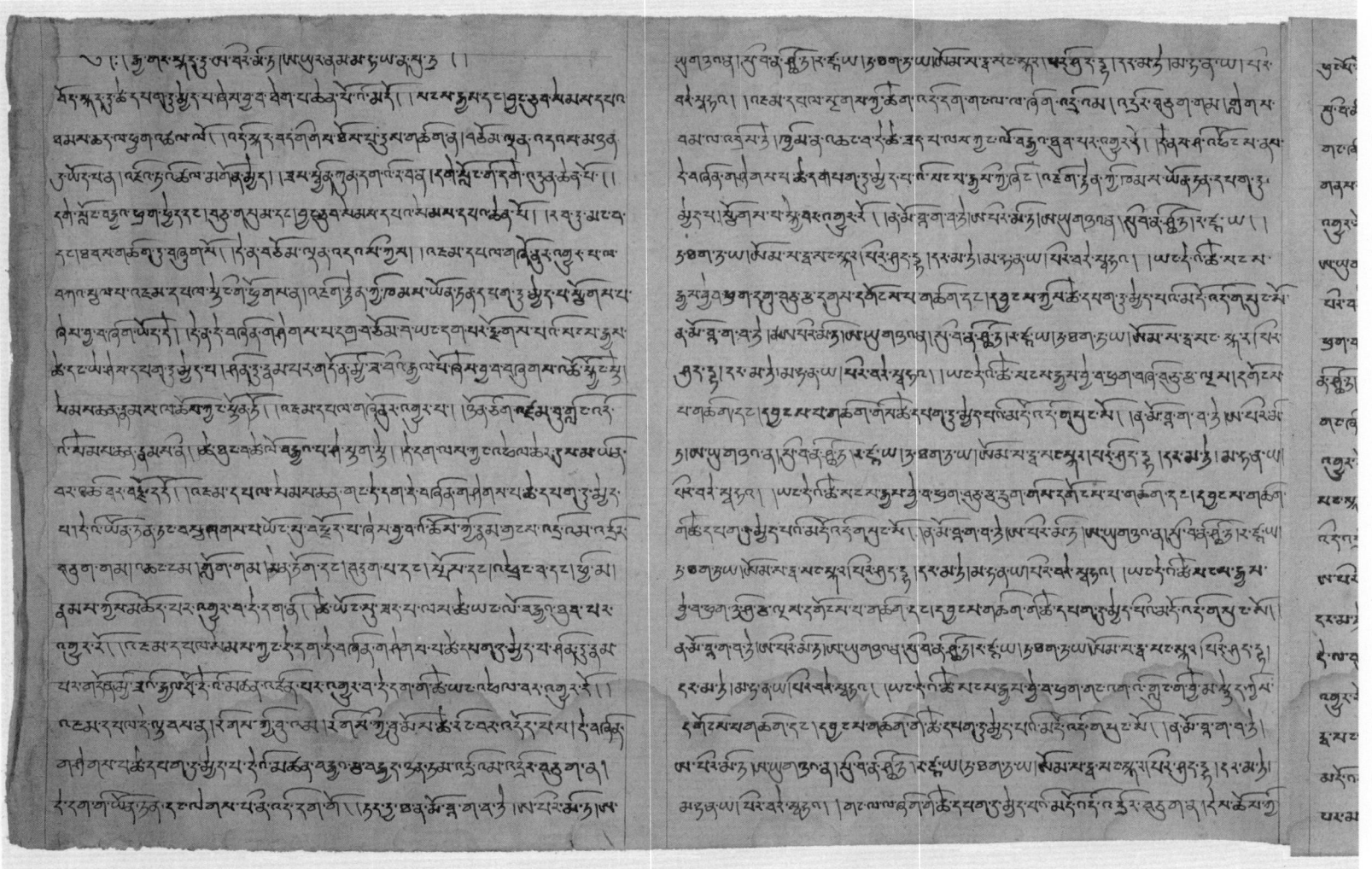

NUNL.t.-3 ཚེ་དཔག་ཏུ་མྱེད་པ་ཞེས་བྱ་བ་ཐེག་པ་ཆེན་པོའི་མདོ།

大乘無量壽宗要經　　(3—1)

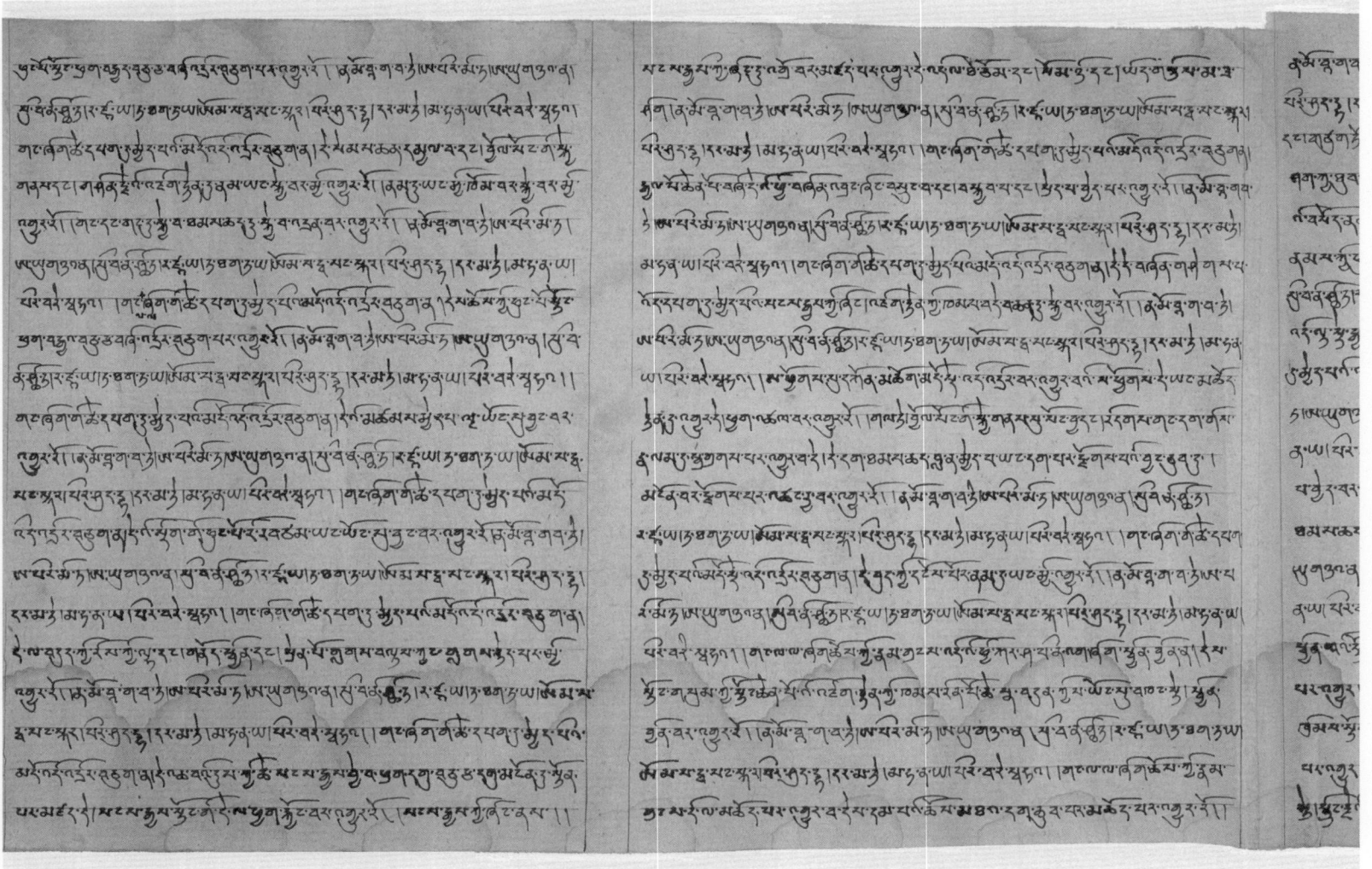

NUNL.t.-3 ཚེ་དཔག་ཏུ་མྱེད་པ་ཞེས་བྱ་བ་ཐེག་པ་ཆེན་པོའི་མདོ།

大乘無量壽宗要經　　(3—2)

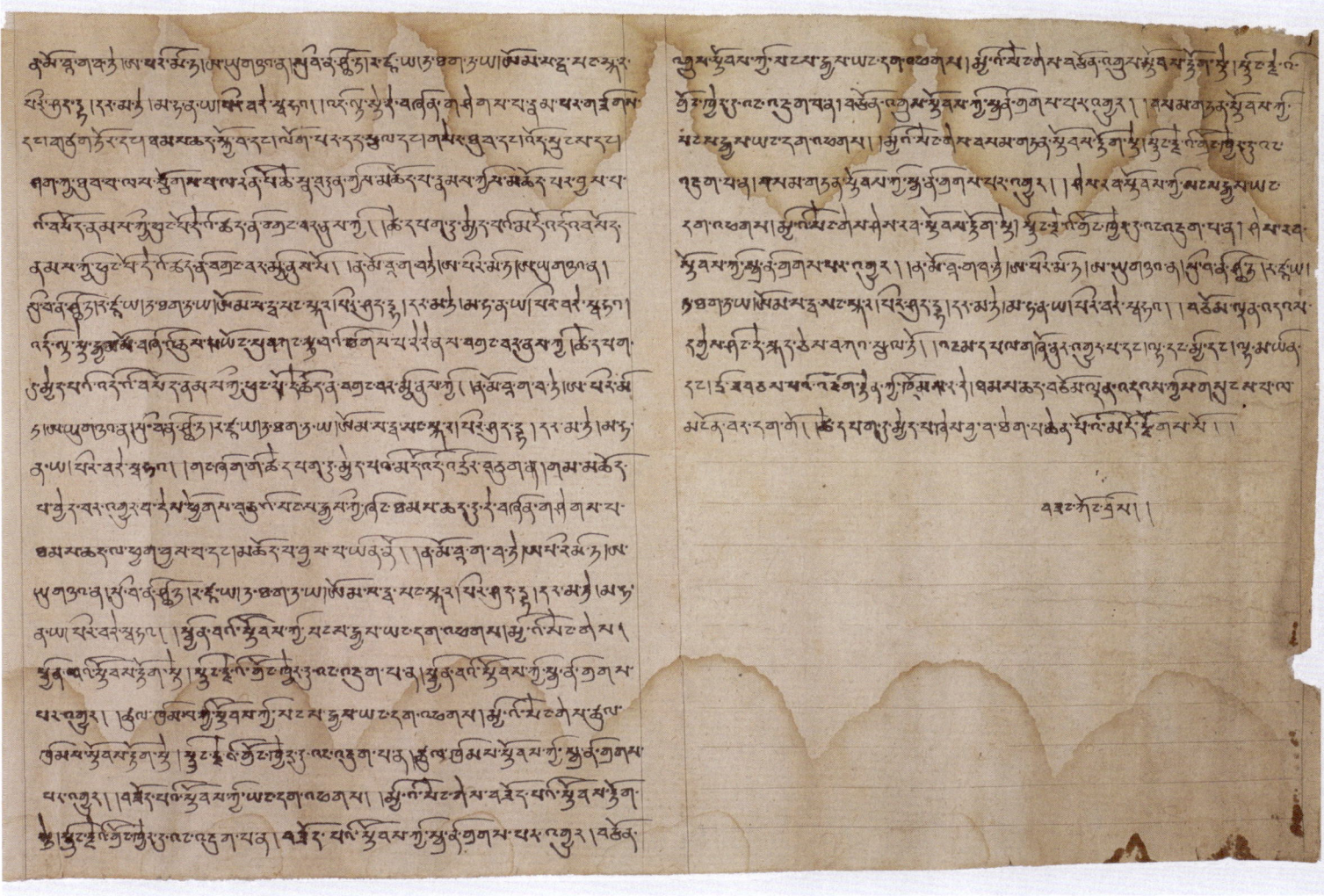

NUNL.t.-3 ཚེ་དཔག་ཏུ་མྱེད་པ་ཞེས་བྱ་བ་ཐེག་པ་ཆེན་པོའི་མདོ།

大乘無量壽宗要經　　(3—3)

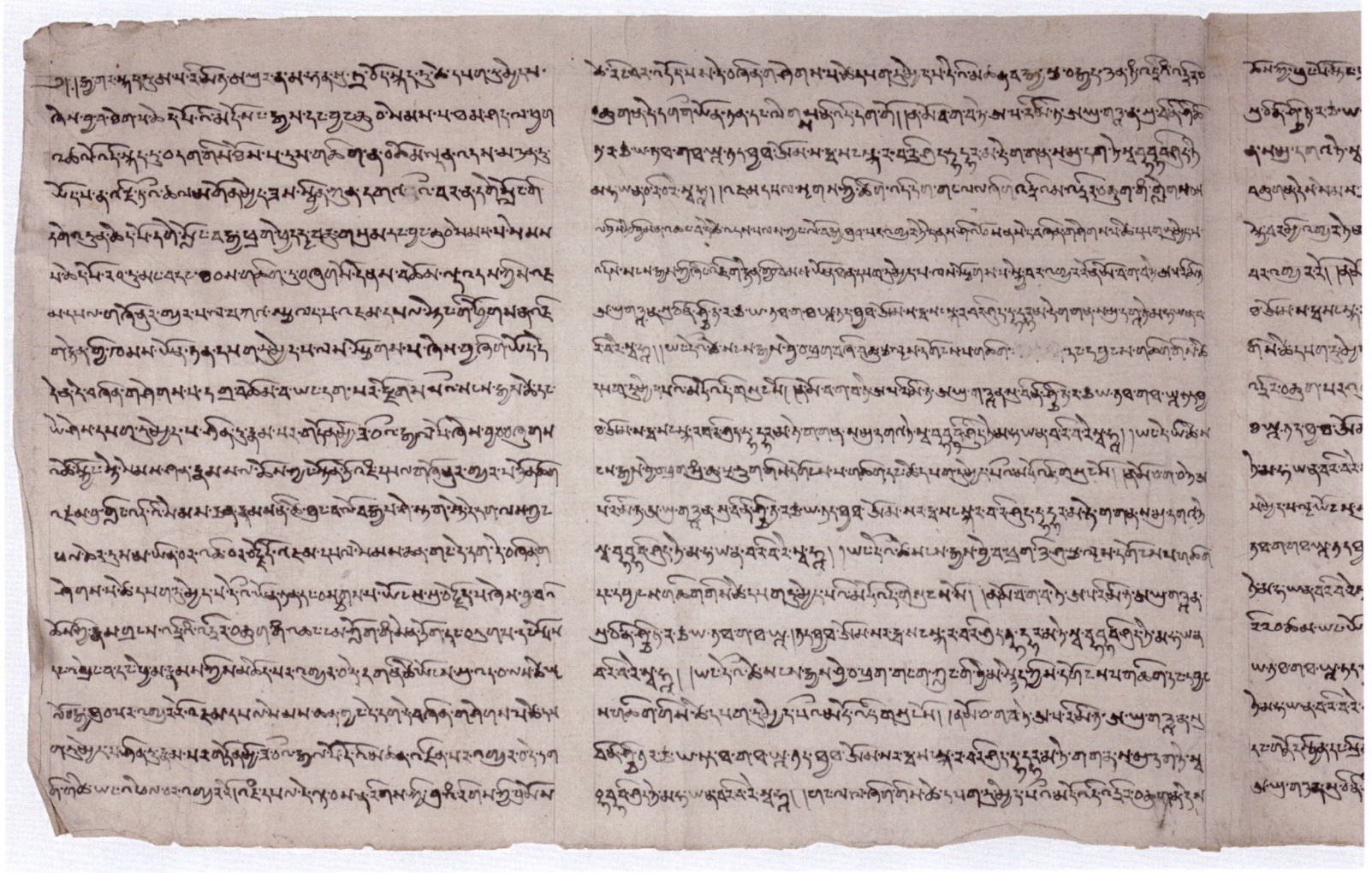

JB.t.01 ཚེ་དཔག་ཏུ་མྱེད་པ་ཞེས་བྱ་བ་ཐེག་པ་ཆེན་པོའི་མདོ།

大乘無量壽宗要經　　(3—1)

JB.t.01 ཚེ་དཔག་དུ་མྱེད་པ་ཞེས་བྱ་བ་ཐེག་པ་ཆེན་པོའི་མདོ།

大乘無量壽宗要經 (3—2)

JB.t.01 ཚེ་དཔག་དུ་མྱེད་པ་ཞེས་བྱ་བ་ཐེག་པ་ཆེན་པོའི་མདོ།

大乘無量壽宗要經 (3—3)

JB.t.02　ཚེ་དཔག་དུ་མྱེད་པ་ཞེས་བྱ་བ་ཐེག་པ་ཆེན་པོའི་མདོ།

大乘無量壽宗要經　　　(3—1)

JB.t.02　ཚེ་དཔག་དུ་མྱེད་པ་ཞེས་བྱ་བ་ཐེག་པ་ཆེན་པོའི་མདོ།

大乘無量壽宗要經　　　(3—2)

JB.t.02 ཚེ་དཔག་དུ་མྱེད་པ་ཞེས་བྱ་བ་ཐེག་པ་ཆེན་པོའི་མདོ།

大乘無量壽宗要經　　　(3—3)

JB.t.03 ཚེ་དཔག་དུ་མྱེད་པ་ཞེས་བྱ་བ་ཐེག་པ་ཆེན་པོའི་མདོ།

大乘無量壽宗要經　　　(4—1)

JB.t.03　ཚེ་དཔག་དུ་མྱེད་པ་ཞེས་བྱ་བ་ཐེག་པ་ཆེན་པོའི་མདོ།

大乘無量壽宗要經　　(4—2)

JB.t.03　ཚེ་དཔག་དུ་མྱེད་པ་ཞེས་བྱ་བ་ཐེག་པ་ཆེན་པོའི་མདོ།

大乘無量壽宗要經　　(4—3)

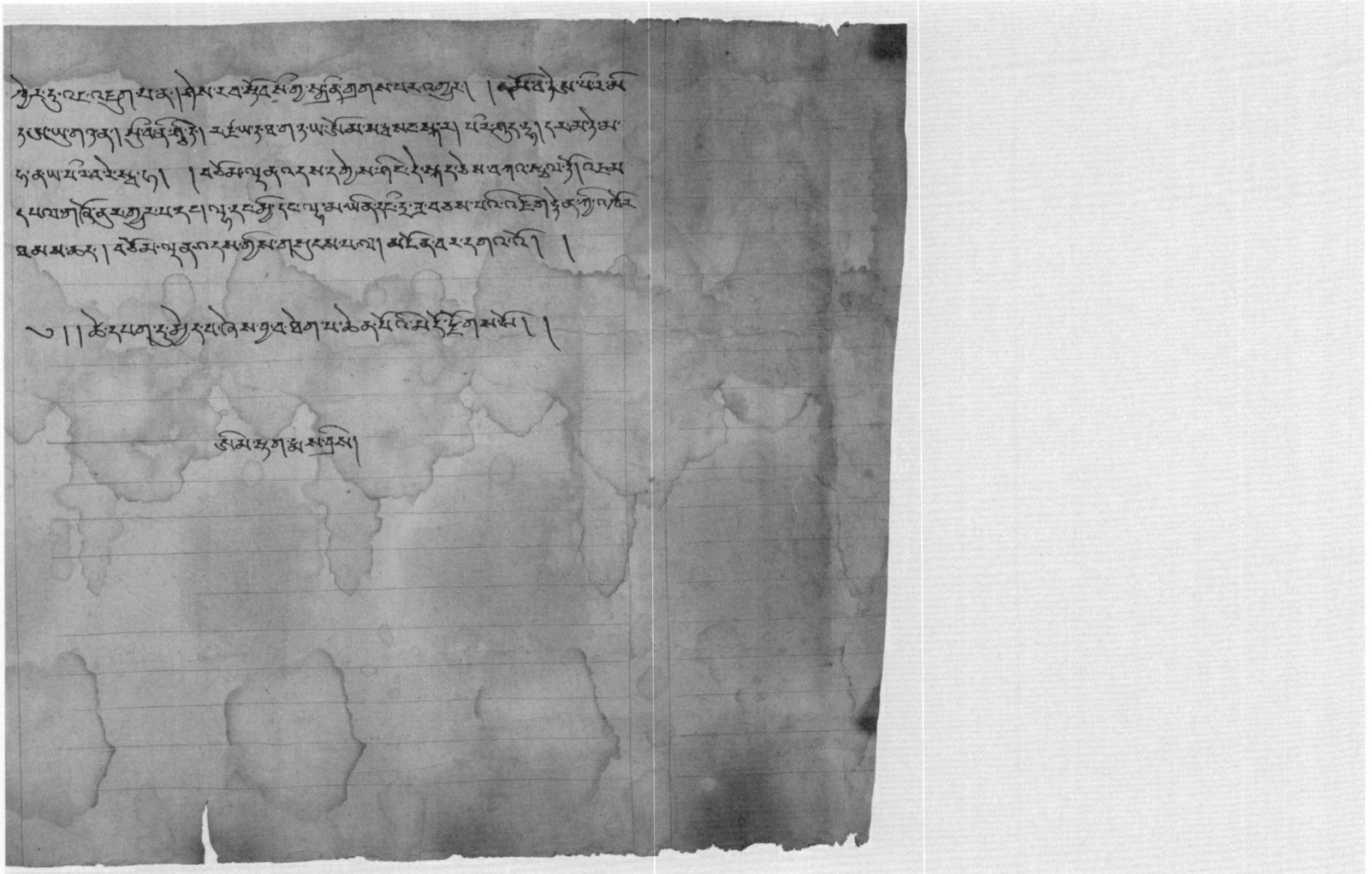

JB.t.03 ཚེ་དཔག་དུ་མྱེད་པ་ཞེས་བྱ་བ་ཐེག་པ་ཆེན་པོའི་མདོ།

大乘無量壽宗要經　　(4—4)

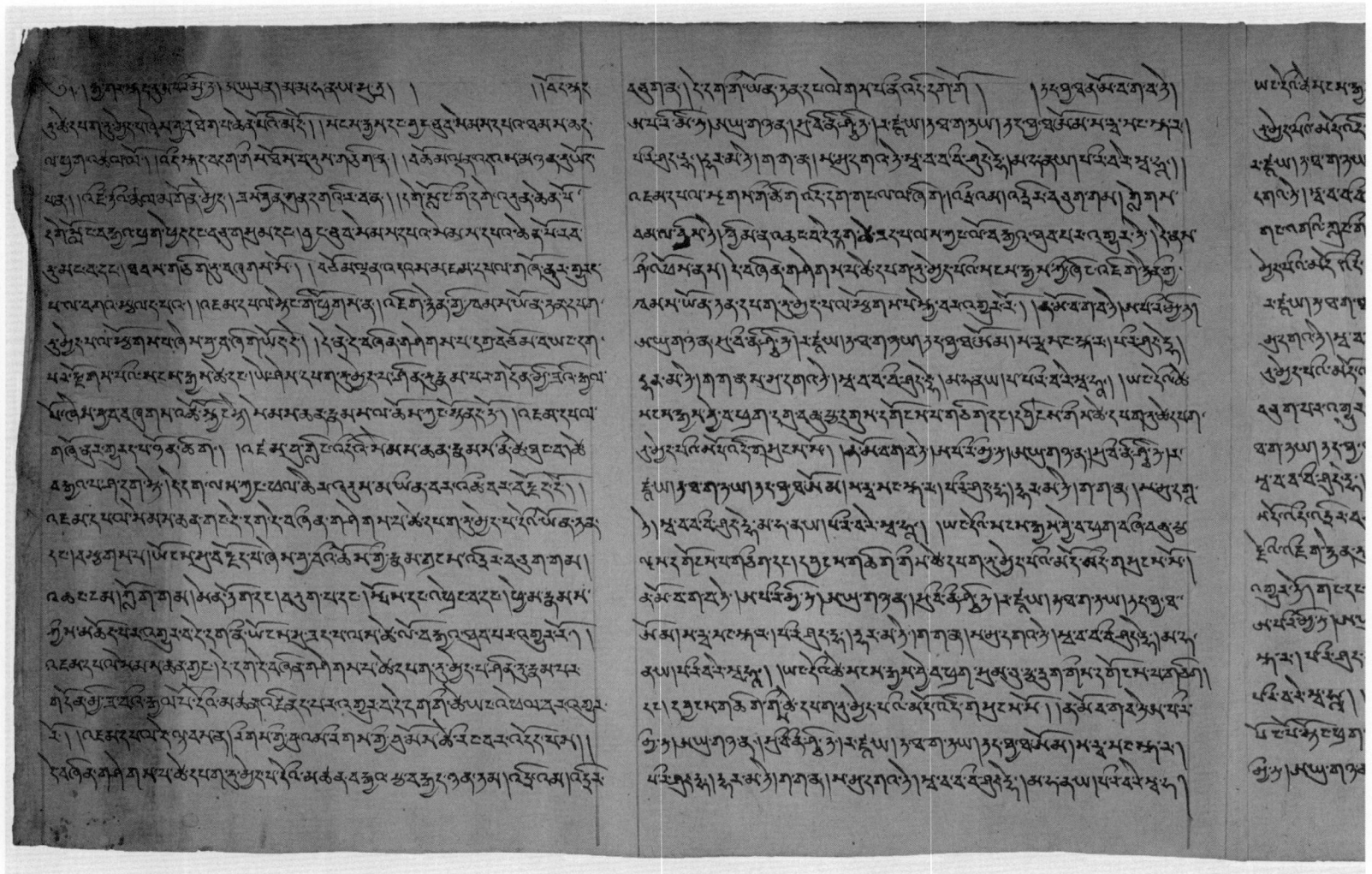

JB.t.04 ཚེ་དཔག་དུ་མྱེད་པ་ཞེས་བྱ་བ་ཐེག་པ་ཆེན་པོའི་མདོ།

大乘無量壽宗要經　　(9—1)

JB.t.04　ཚེ་དཔག་དུ་མྱེད་པ་ཞེས་བྱ་བ་ཐེག་པ་ཆེན་པོའི་མདོ།
大乘無量壽宗要經　　(9—2)

JB.t.04　ཚེ་དཔག་དུ་མྱེད་པ་ཞེས་བྱ་བ་ཐེག་པ་ཆེན་པོའི་མདོ།
大乘無量壽宗要經　　(9—3)

JB.t.04 ཚེ་དཔག་དུ་མྱེད་པ་ཞེས་བྱ་བ་ཐེག་པ་ཆེན་པོའི་མདོ།

大乘無量壽宗要經 (9—4)

JB.t.04 ཚེ་དཔག་དུ་མྱེད་པ་ཞེས་བྱ་བ་ཐེག་པ་ཆེན་པོའི་མདོ།

大乘無量壽宗要經 (9—5)

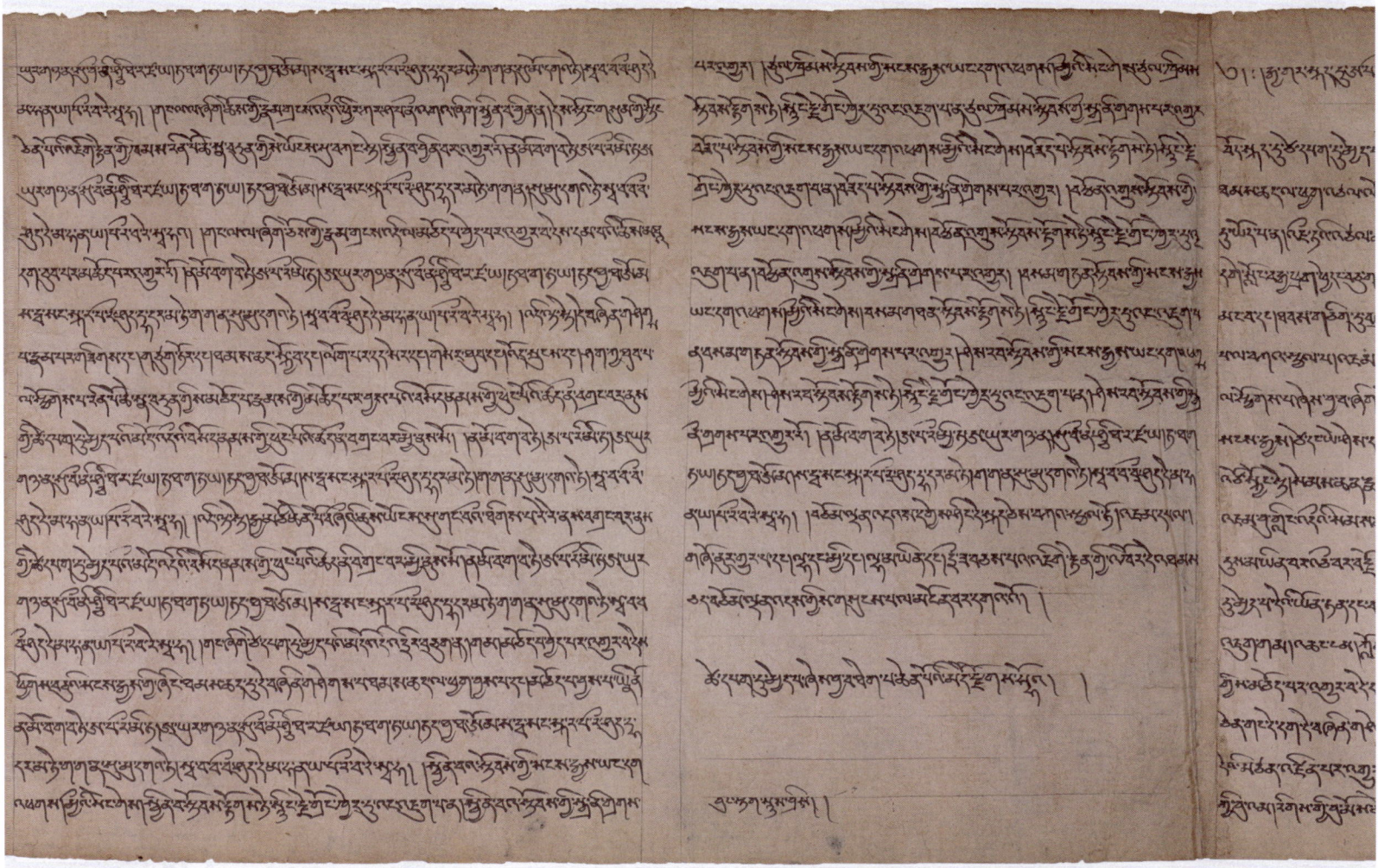

JB.t.04 ཚེ་དཔག་ཏུ་མྱེད་པ་ཞེས་བྱ་བ་ཐེག་པ་ཆེན་པོའི་མདོ།

大乘無量壽宗要經　　(9—6)

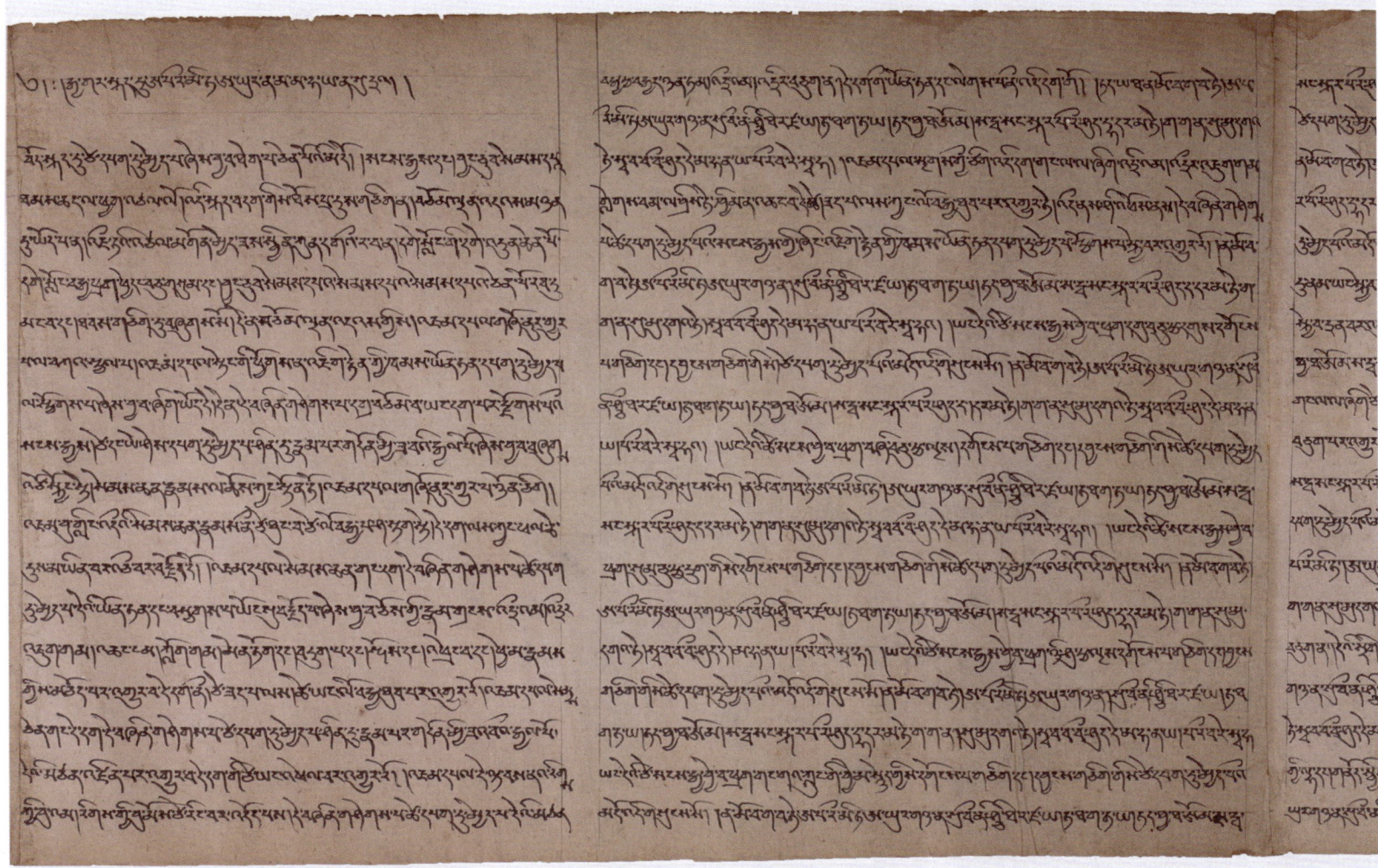

JB.t.04 ཚེ་དཔག་ཏུ་མྱེད་པ་ཞེས་བྱ་བ་ཐེག་པ་ཆེན་པོའི་མདོ།

大乘無量壽宗要經　　(9—7)

JB.t.04 ཚེ་དཔག་ཏུ་མྱེད་པ་ཞེས་བྱ་བ་ཐེག་པ་ཆེན་པོའི་མདོ།

大乘無量壽宗要經　　　(9—8)

JB.t.04 ཚེ་དཔག་ཏུ་མྱེད་པ་ཞེས་བྱ་བ་ཐེག་པ་ཆེན་པོའི་མདོ།

大乘無量壽宗要經　　　(9—9)

JB.t.05 ཚེ་དཔག་དུ་མྱེད་པ་ཞེས་བྱ་བ་ཐེག་པ་ཆེན་པོའི་མདོ།

大乘無量壽宗要經 　　(12—1)

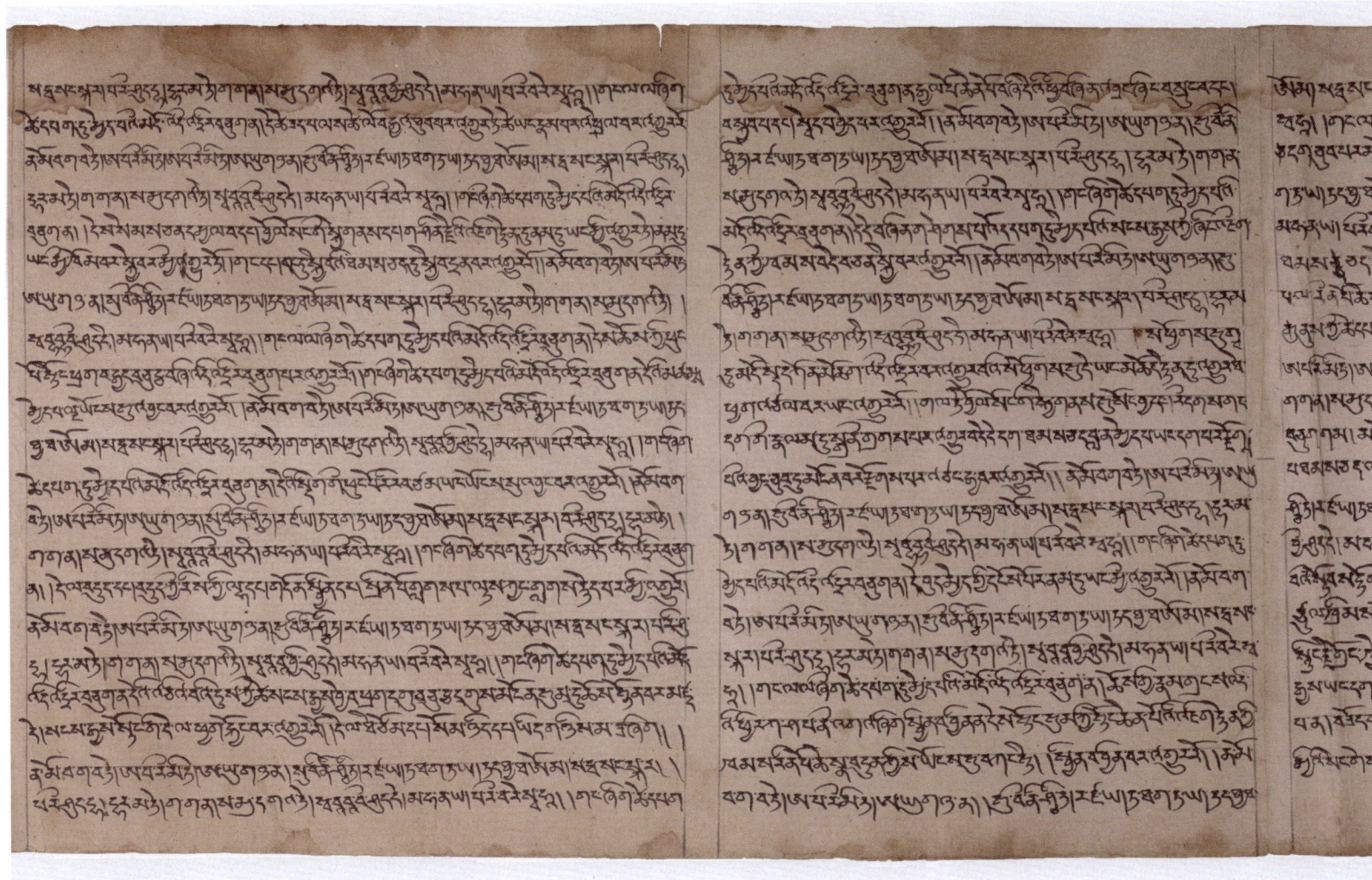

JB.t.05 ཚེ་དཔག་དུ་མྱེད་པ་ཞེས་བྱ་བ་ཐེག་པ་ཆེན་པོའི་མདོ།

大乘無量壽宗要經 　　(12—2)

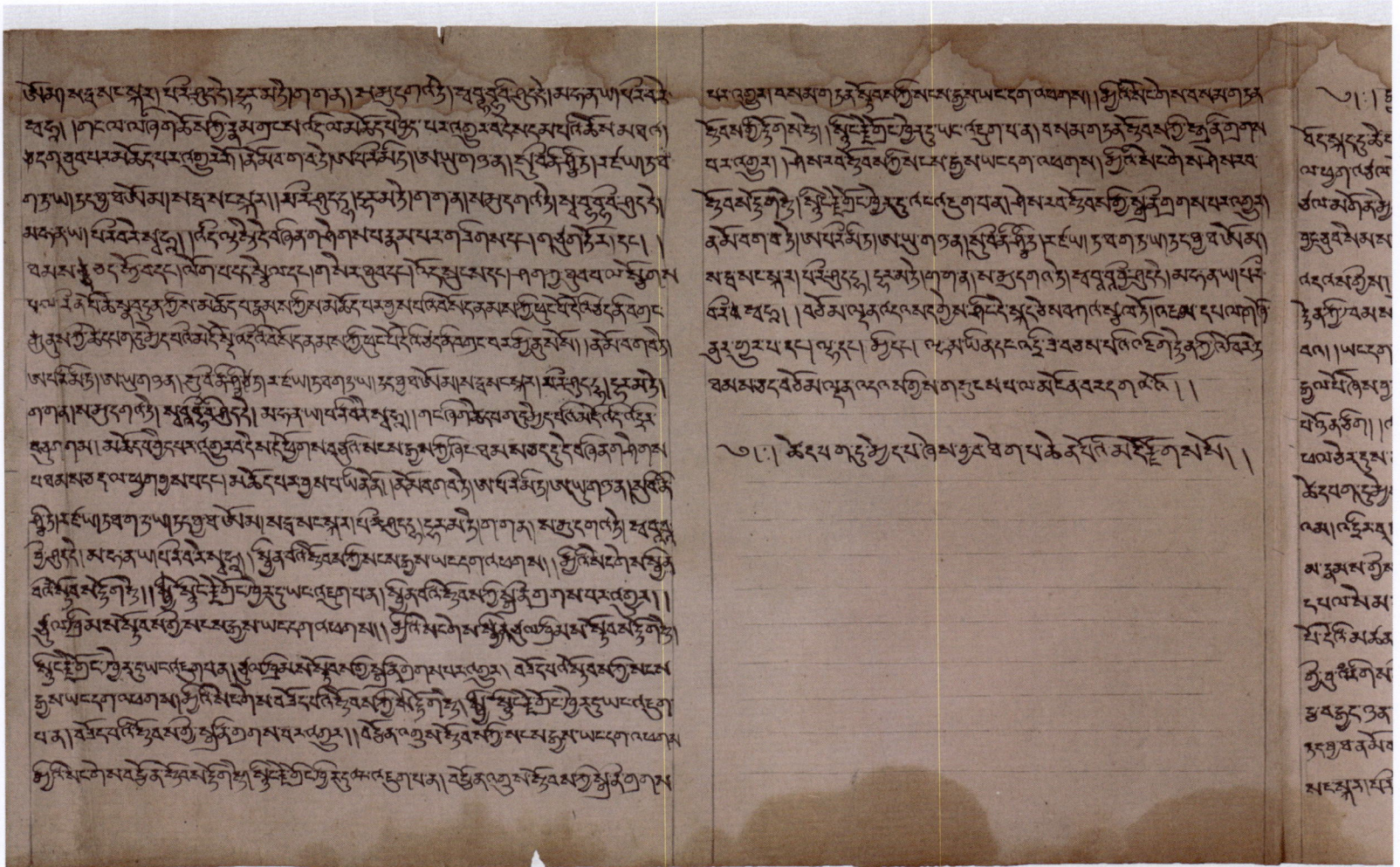

JB.t.05 ཚེ་དཔག་ཏུ་མྱེད་པ་ཞེས་བྱ་བ་ཐེག་པ་ཆེན་པོའི་མདོ།

大乘無量壽宗要經　　(12—3)

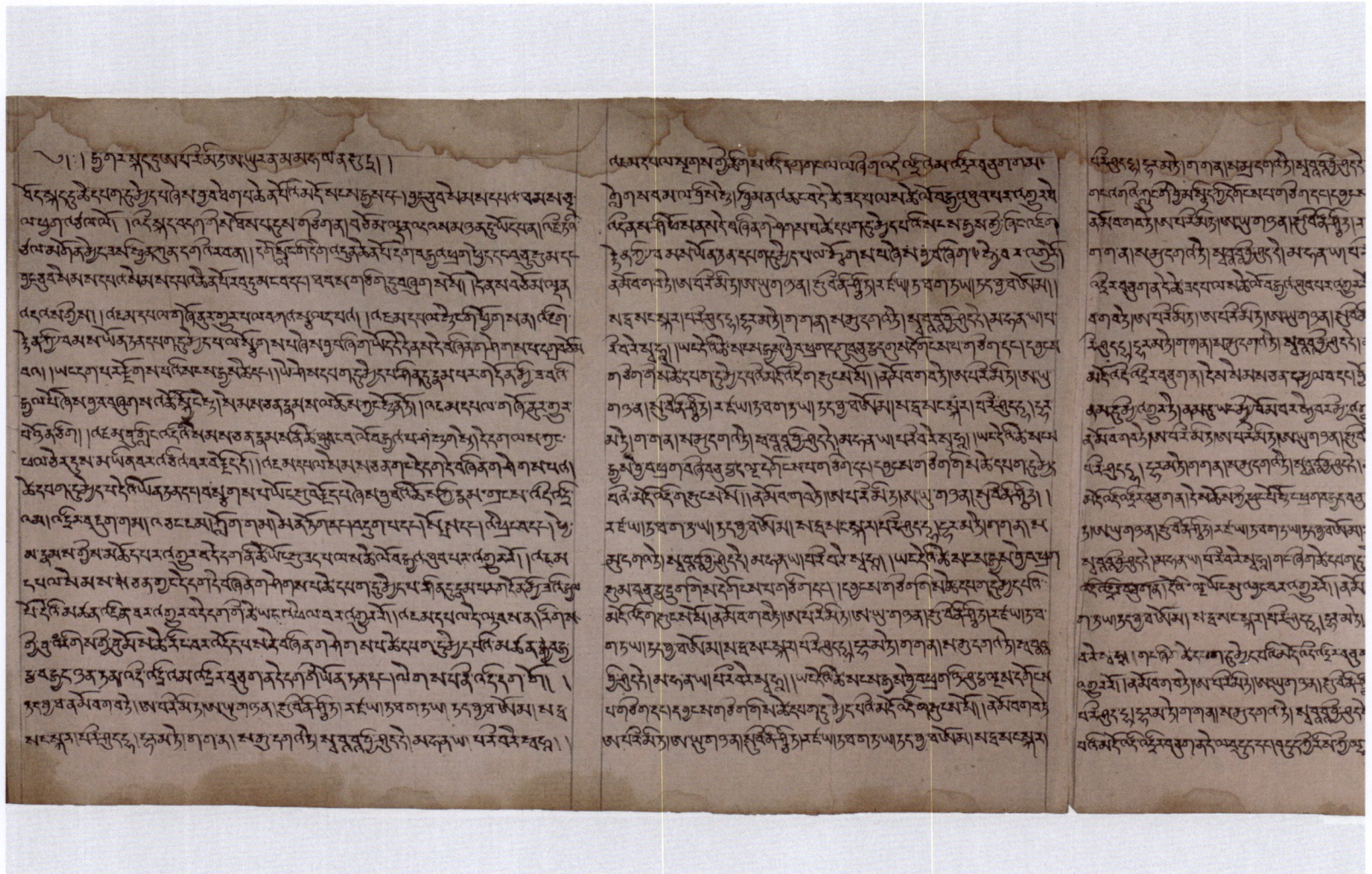

JB.t.05 ཚེ་དཔག་ཏུ་མྱེད་པ་ཞེས་བྱ་བ་ཐེག་པ་ཆེན་པོའི་མདོ།

大乘無量壽宗要經　　(12—4)

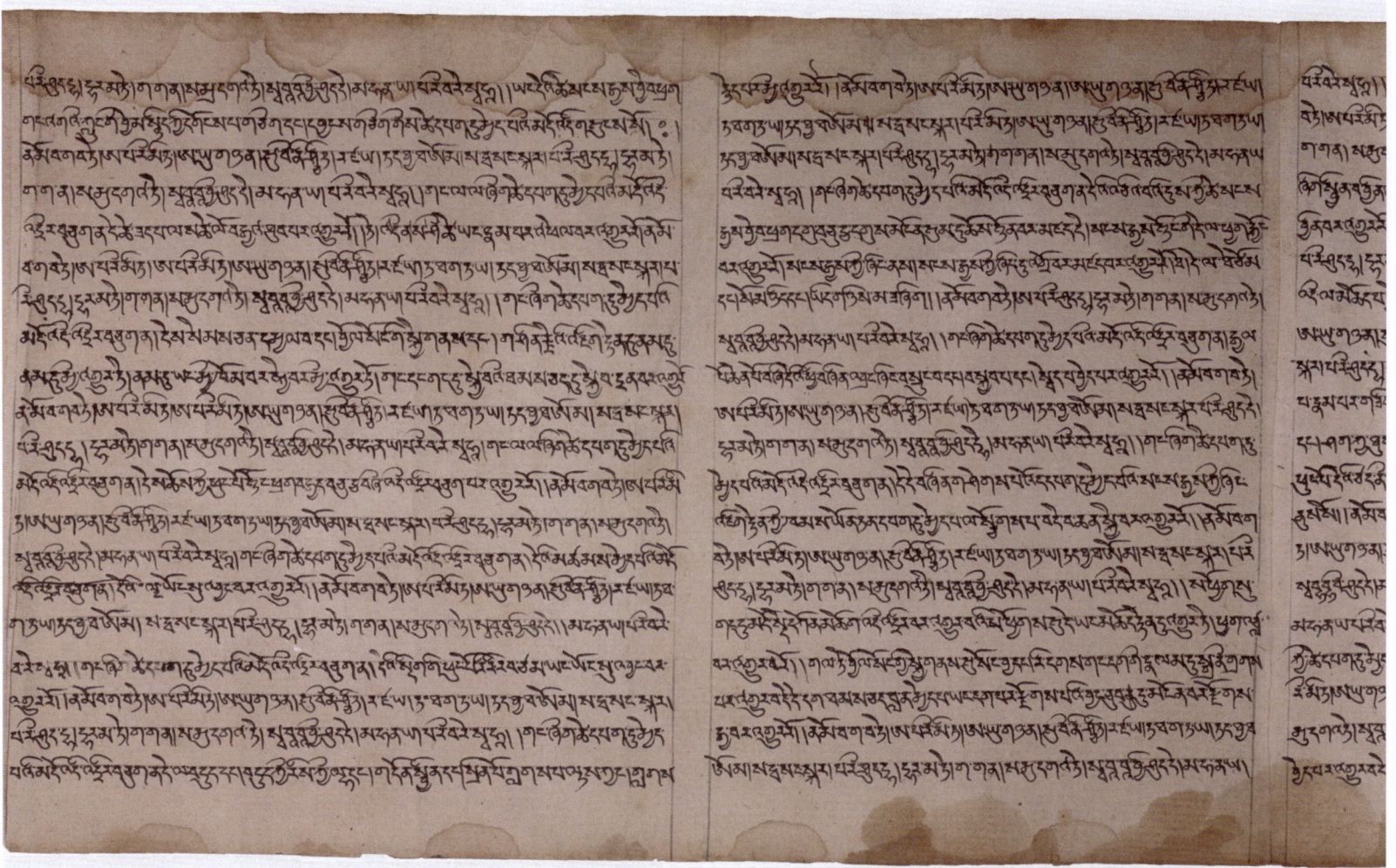

JB.t.05 ཚེ་དཔག་དུ་མྱེད་པ་ཞེས་བྱ་བ་ཐེག་པ་ཆེན་པོའི་མདོ།
大乘無量壽宗要經　　(12—5)

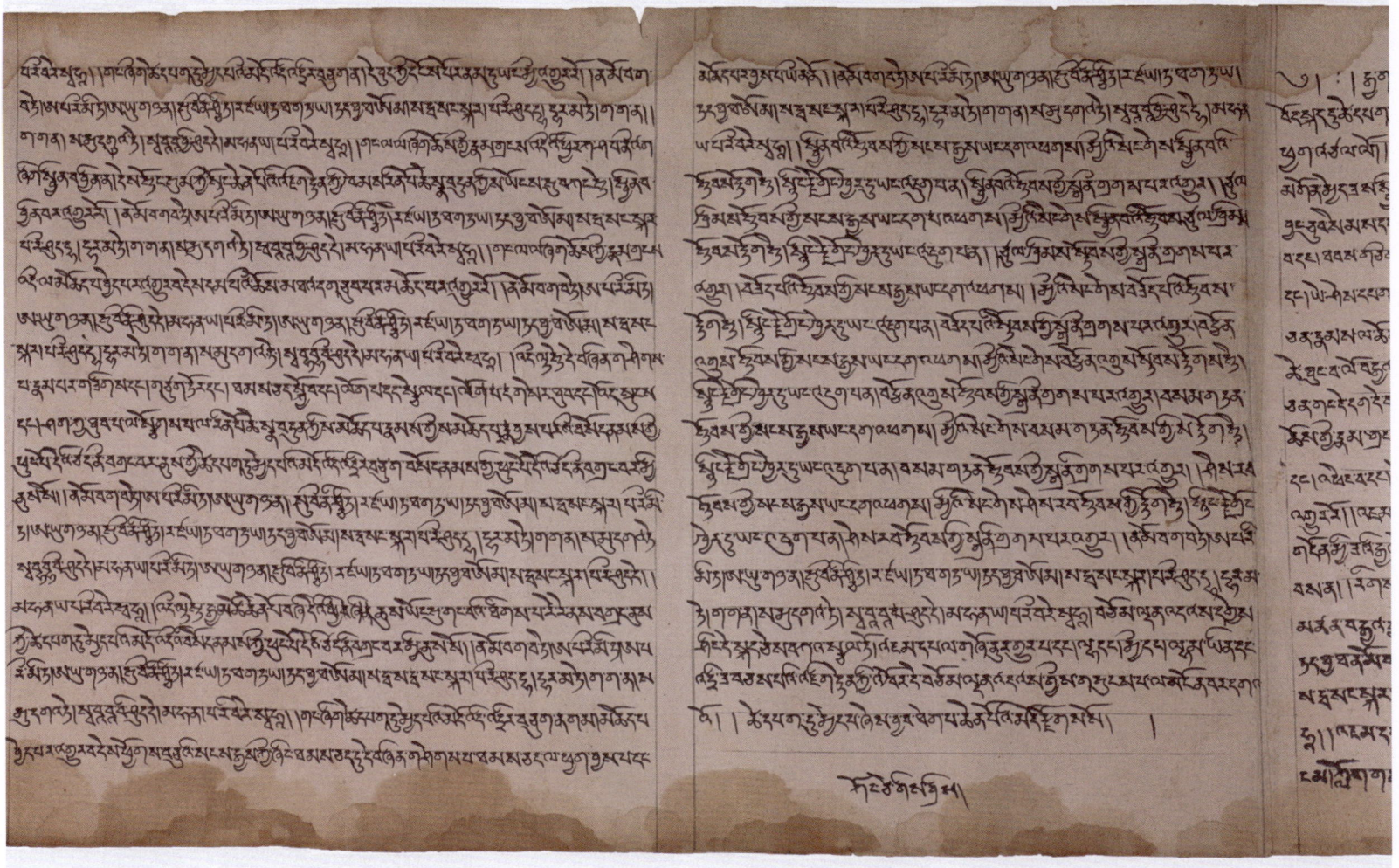

JB.t.05 ཚེ་དཔག་དུ་མྱེད་པ་ཞེས་བྱ་བ་ཐེག་པ་ཆེན་པོའི་མདོ།
大乘無量壽宗要經　　(12—6)

JB.t.05 ཚེ་དཔག་དུ་མྱེད་པ་ཞེས་བྱ་བ་ཐེག་པ་ཆེན་པོའི་མདོ།
大乘無量壽宗要經　　(12—7)

JB.t.05 ཚེ་དཔག་དུ་མྱེད་པ་ཞེས་བྱ་བ་ཐེག་པ་ཆེན་པོའི་མདོ།
大乘無量壽宗要經　　(12—8)

JB.t.05 ཚེ་དཔག་ཏུ་མྱེད་པ་ཞེས་བྱ་བ་ཐེག་པ་ཆེན་པོའི་མདོ།

大乘無量壽宗要經　　(12—9)

JB.t.05 ཚེ་དཔག་ཏུ་མྱེད་པ་ཞེས་བྱ་བ་ཐེག་པ་ཆེན་པོའི་མདོ།

大乘無量壽宗要經　　(12—10)

JB.t.05 ཚེ་དཔག་དུ་མྱེད་པ་ཞེས་བྱ་བ་ཐེག་པ་ཆེན་པོའི་མདོ

大乘無量壽宗要經　　(12—11)

JB.t.05 ཚེ་དཔག་དུ་མྱེད་པ་ཞེས་བྱ་བ་ཐེག་པ་ཆེན་པོའི་མདོ

大乘無量壽宗要經　　(12—12)

126

JB.t.06 ཚེ་དཔག་དུ་མྱེད་པ་ཞེས་བྱ་བ་ཐེག་པ་ཆེན་པོའི་མདོ།
大乘無量壽宗要經　　（4—1）

JB.t.06 ཚེ་དཔག་དུ་མྱེད་པ་ཞེས་བྱ་བ་ཐེག་པ་ཆེན་པོའི་མདོ།
大乘無量壽宗要經　　（4—2）

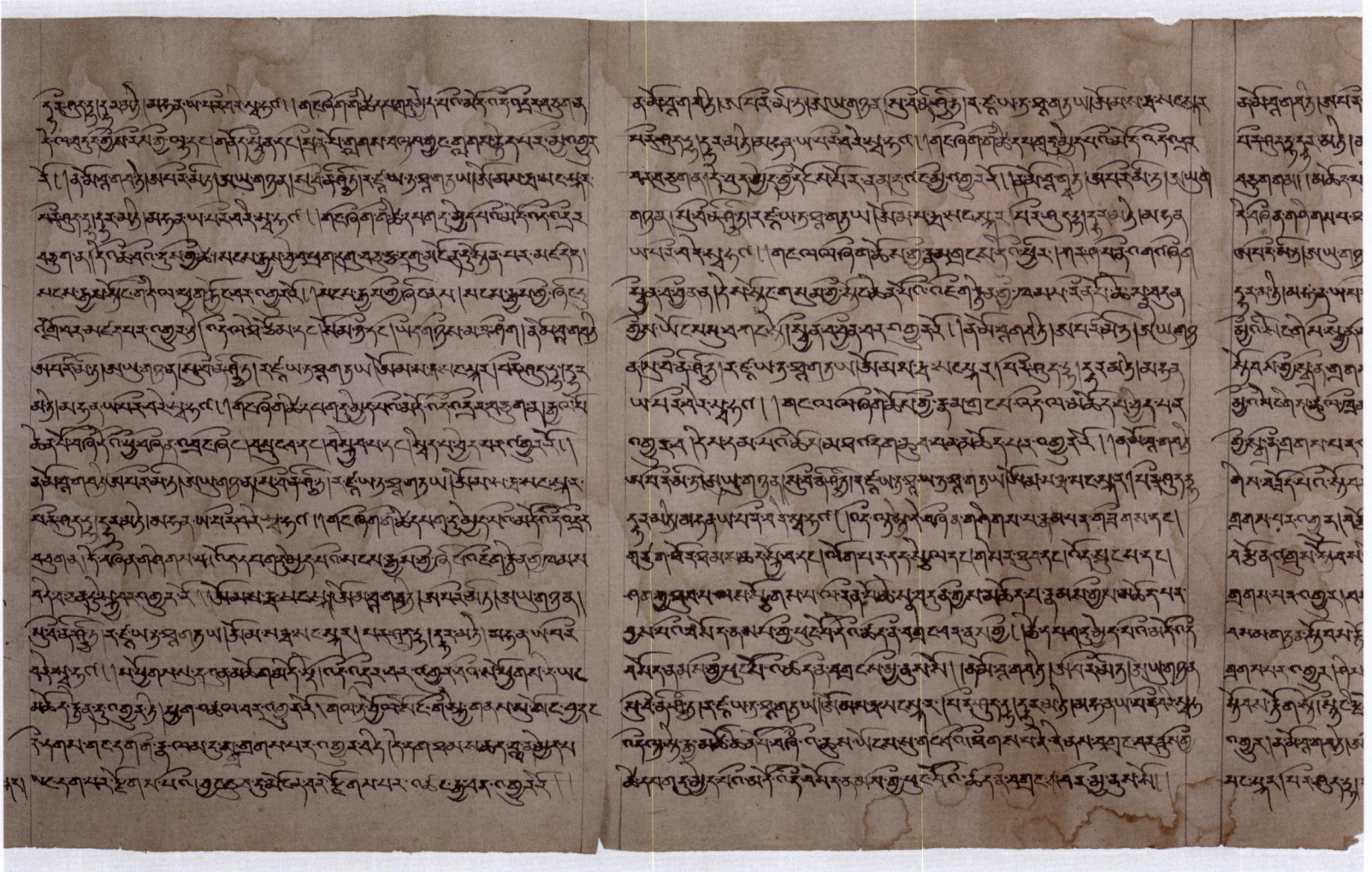

JB.t.06 ཚེ་དཔག་དུ་མྱེད་པ་ཞེས་བྱ་བ་ཐེག་པ་ཆེན་པོའི་མདོ།

大乘無量壽宗要經　　(4—3)

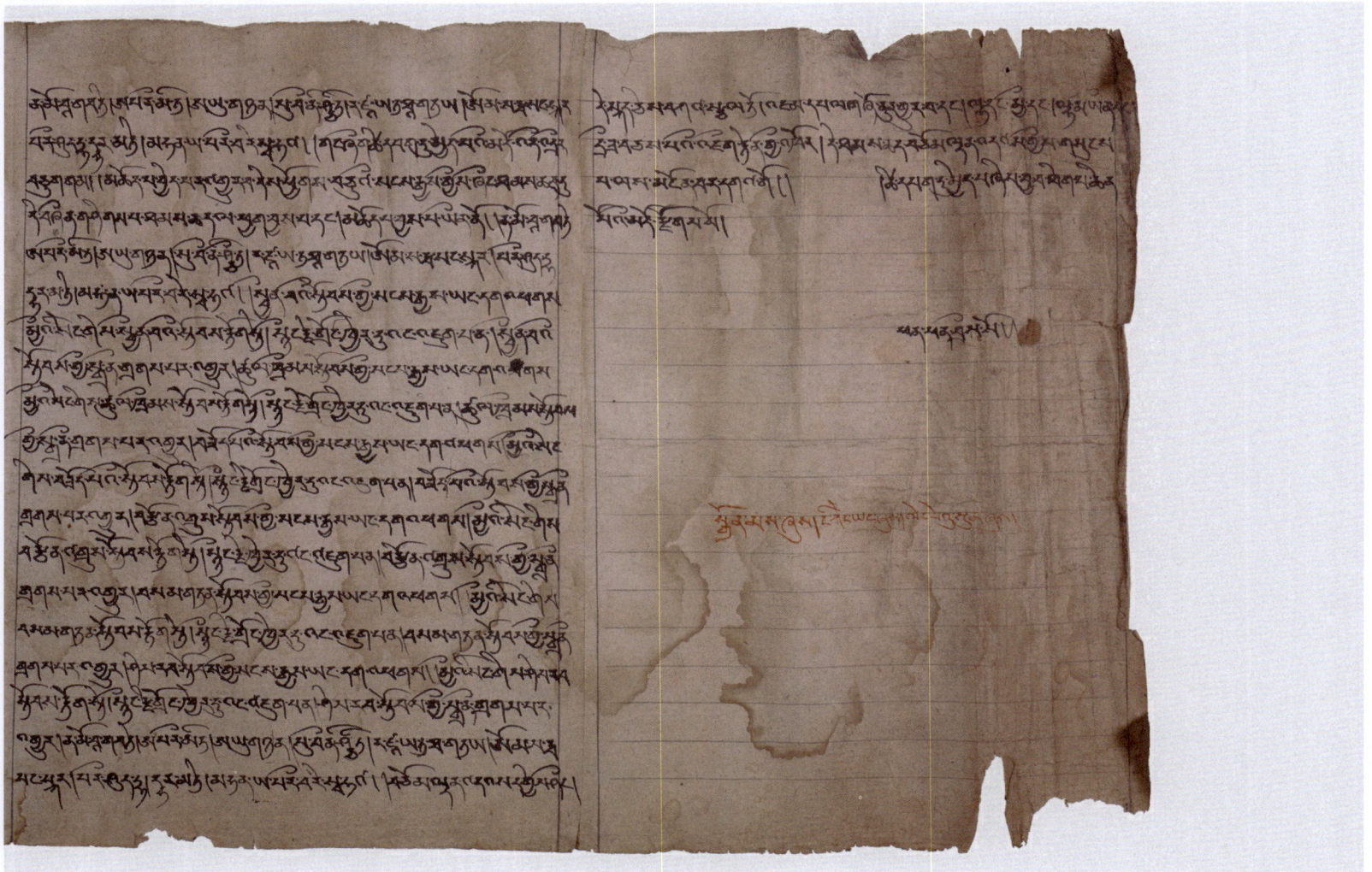

JB.t.06 ཚེ་དཔག་དུ་མྱེད་པ་ཞེས་བྱ་བ་ཐེག་པ་ཆེན་པོའི་མདོ།

大乘無量壽宗要經　　(4—4)

128

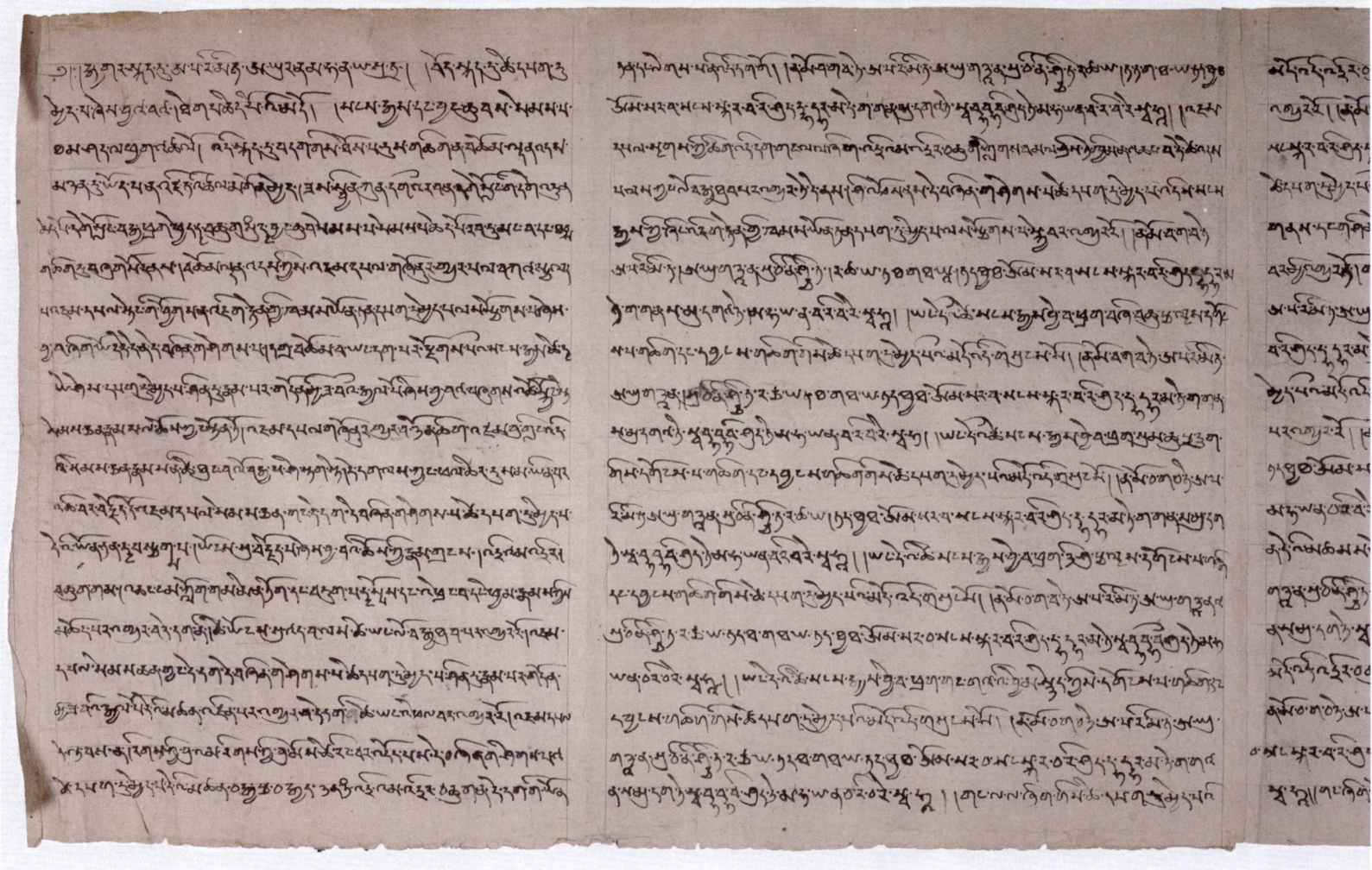

JB.t.07 ཚེ་དཔག་དུ་མྱེད་པ་ཞེས་བྱ་བ་ཐེག་པ་ཆེན་པོའི་མདོ།

大乘無量壽宗要經　　(3—1)

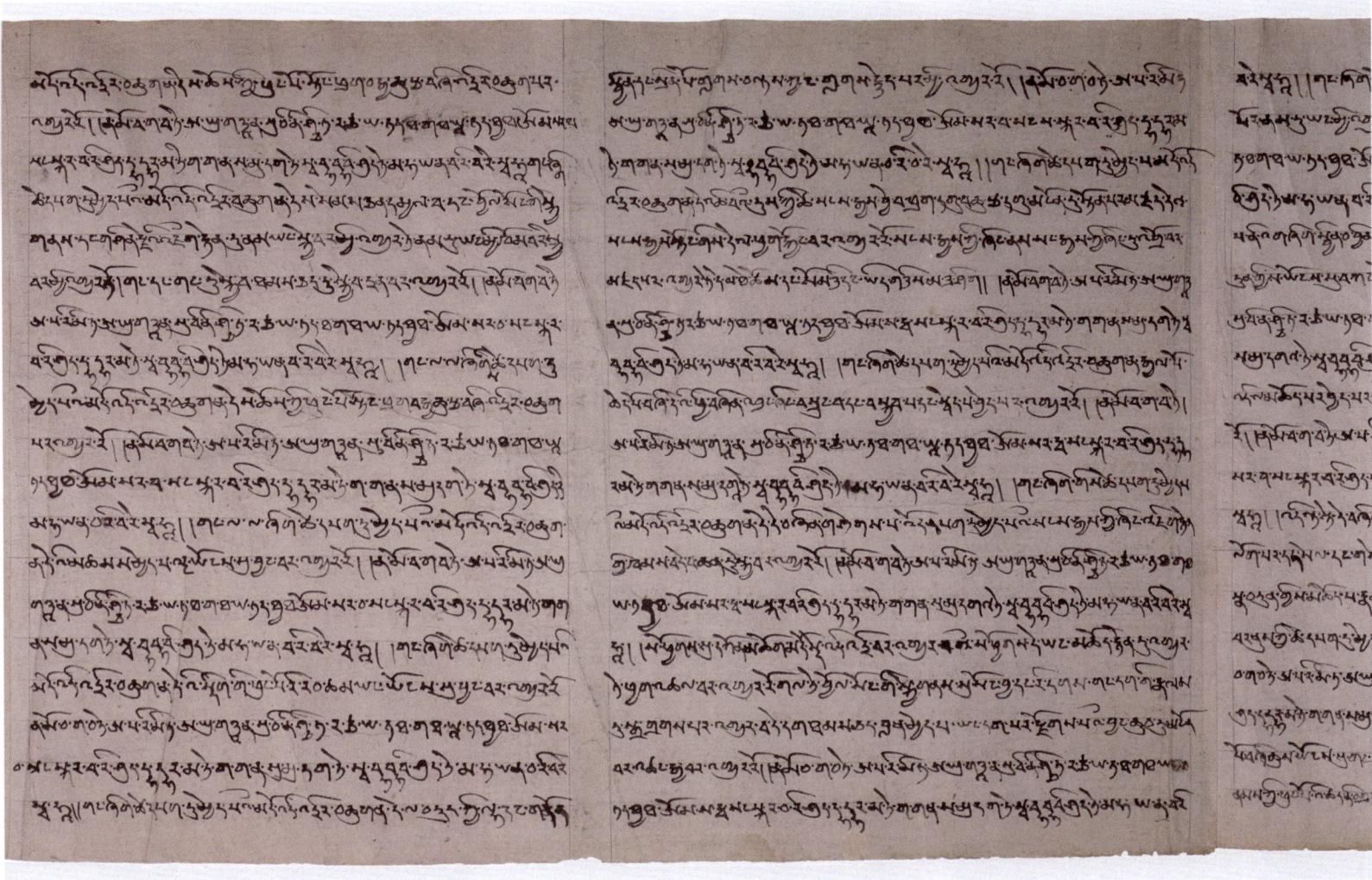

JB.t.07 ཚེ་དཔག་དུ་མྱེད་པ་ཞེས་བྱ་བ་ཐེག་པ་ཆེན་པོའི་མདོ།

大乘無量壽宗要經　　(3—2)

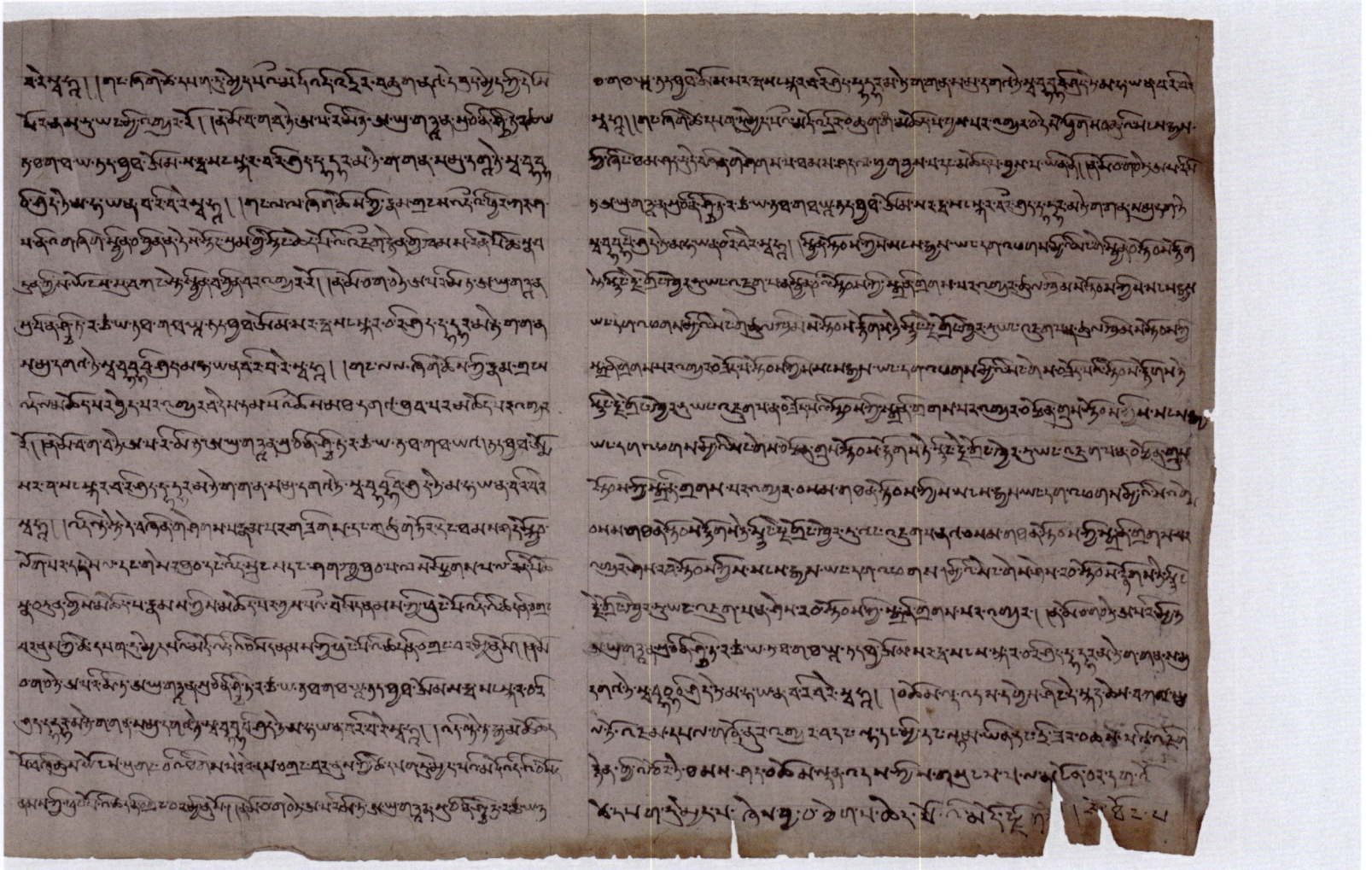

JB.t.07　ཚེ་དཔག་དུ་མྱེད་པ་ཞེས་བྱ་བ་ཐེག་པ་ཆེན་པོའི་མདོ།
　　　大乘無量壽宗要經　　（3—3）

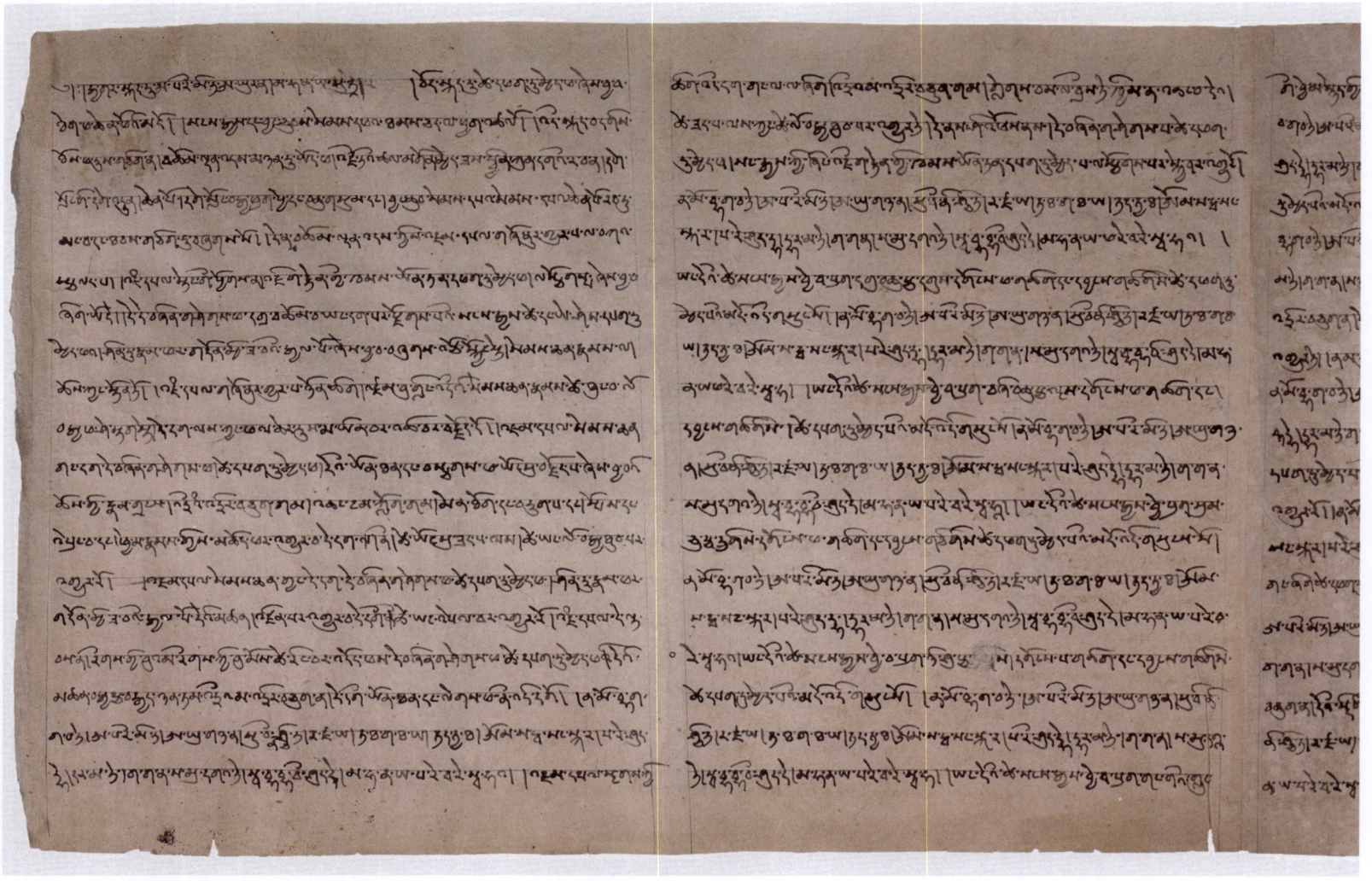

JB.t.08　ཚེ་དཔག་དུ་མྱེད་པ་ཞེས་བྱ་བ་ཐེག་པ་ཆེན་པོའི་མདོ།
　　　大乘無量壽宗要經　　（3—1）

JB.t.08 ཚེ་དཔག་ཏུ་མྱེད་པ་ཞེས་བྱ་བ་ཐེག་པ་ཆེན་པོའི་མདོ།

大乘無量壽宗要經　　(3—2)

JB.t.08 ཚེ་དཔག་ཏུ་མྱེད་པ་ཞེས་བྱ་བ་ཐེག་པ་ཆེན་པོའི་མདོ།

大乘無量壽宗要經　　(3—3)

JB.t.09 ཚེ་དཔག་དུ་མྱེད་པ་ཞེས་བྱ་བ་ཐེག་པ་ཆེན་པོའི་མདོ།

大乘無量壽宗要經　　(6—1)

JB.t.09 ཚེ་དཔག་དུ་མྱེད་པ་ཞེས་བྱ་བ་ཐེག་པ་ཆེན་པོའི་མདོ།

大乘無量壽宗要經　　(6—2)

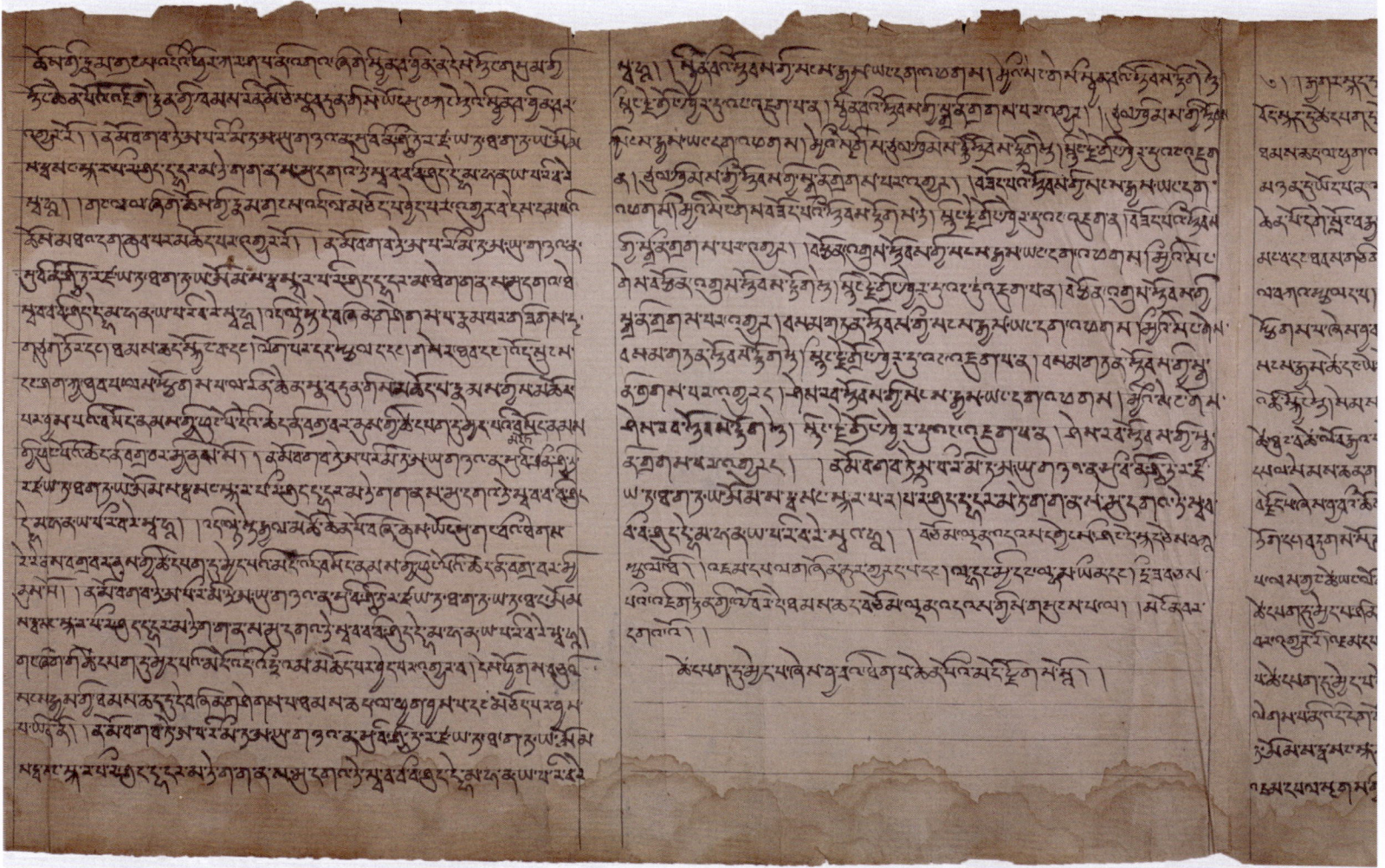

JB.t.09　ཚེ་དཔག་དུ་མྱེད་པ་ཞེས་བྱ་བ་ཐེག་པ་ཆེན་པོའི་མདོ།

大乘無量壽宗要經　　(6—3)

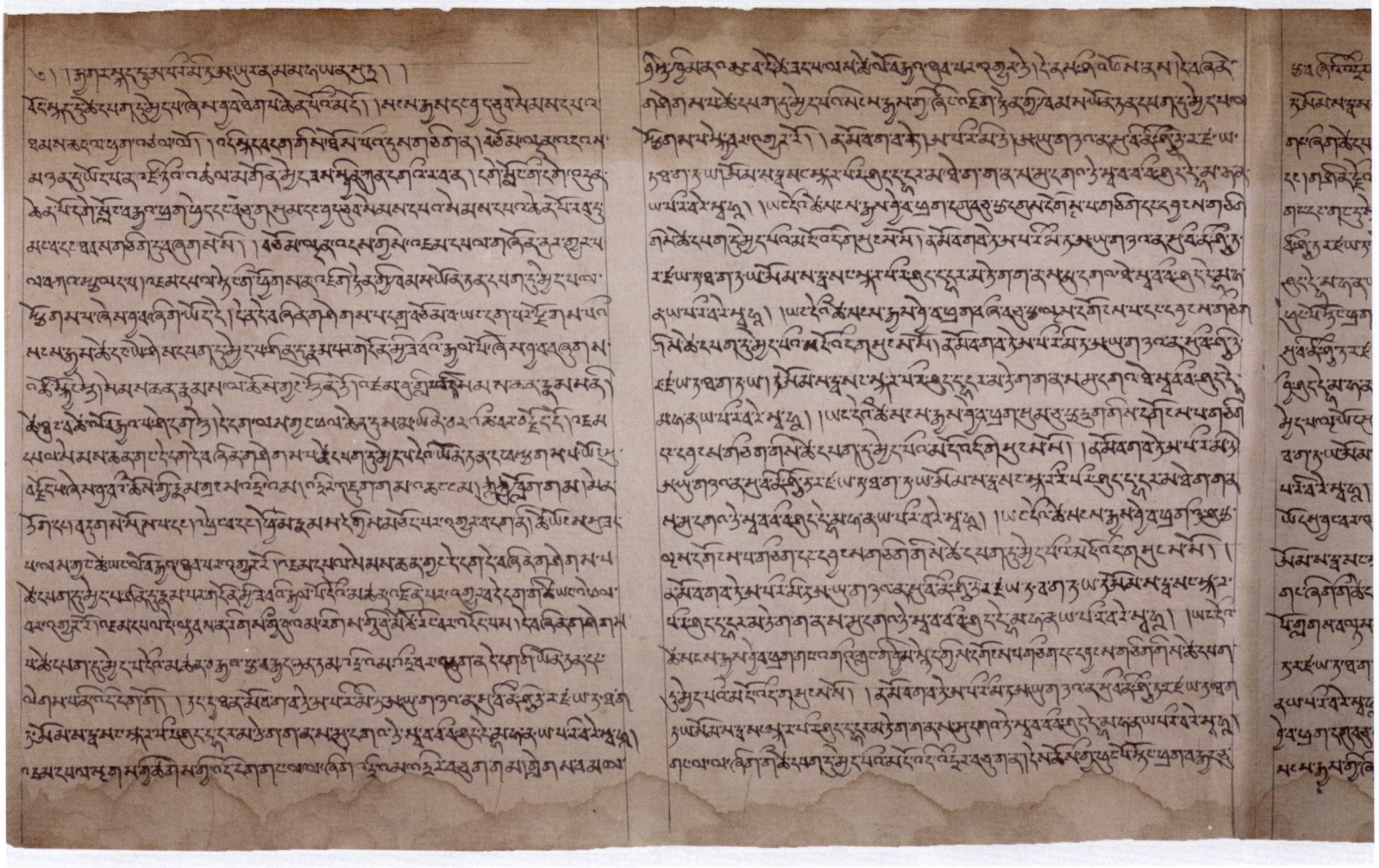

JB.t.09　ཚེ་དཔག་དུ་མྱེད་པ་ཞེས་བྱ་བ་ཐེག་པ་ཆེན་པོའི་མདོ།

大乘無量壽宗要經　　(6—4)

JB.t.09　ཚེ་དཔག་དུ་མྱེད་པ་ཞེས་བྱ་བ་ཐེག་པ་ཆེན་པོའི་མདོ།

大乘無量壽宗要經　　(6—5)

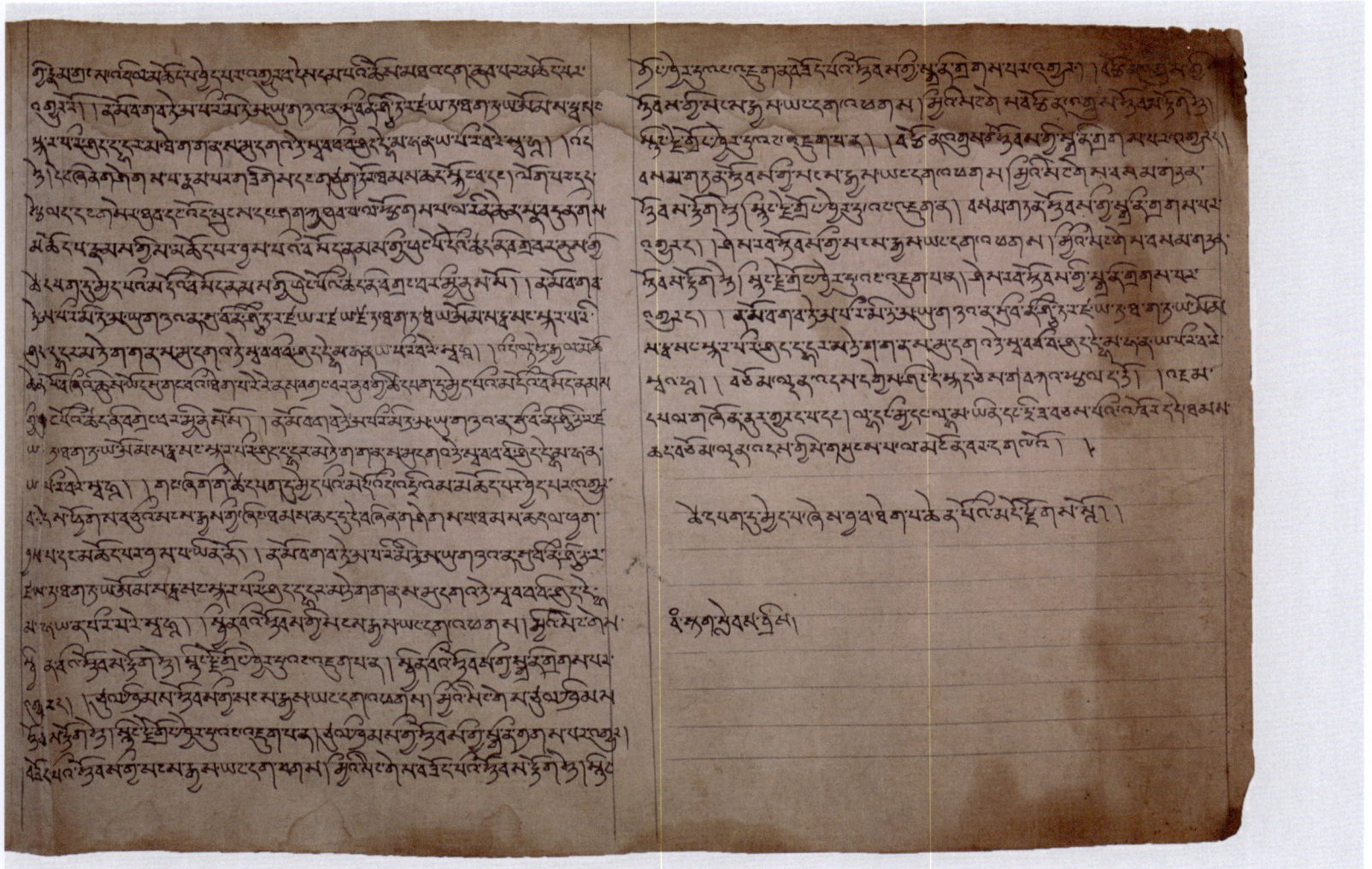

JB.t.09　ཚེ་དཔག་དུ་མྱེད་པ་ཞེས་བྱ་བ་ཐེག་པ་ཆེན་པོའི་མདོ།

大乘無量壽宗要經　　(6—6)

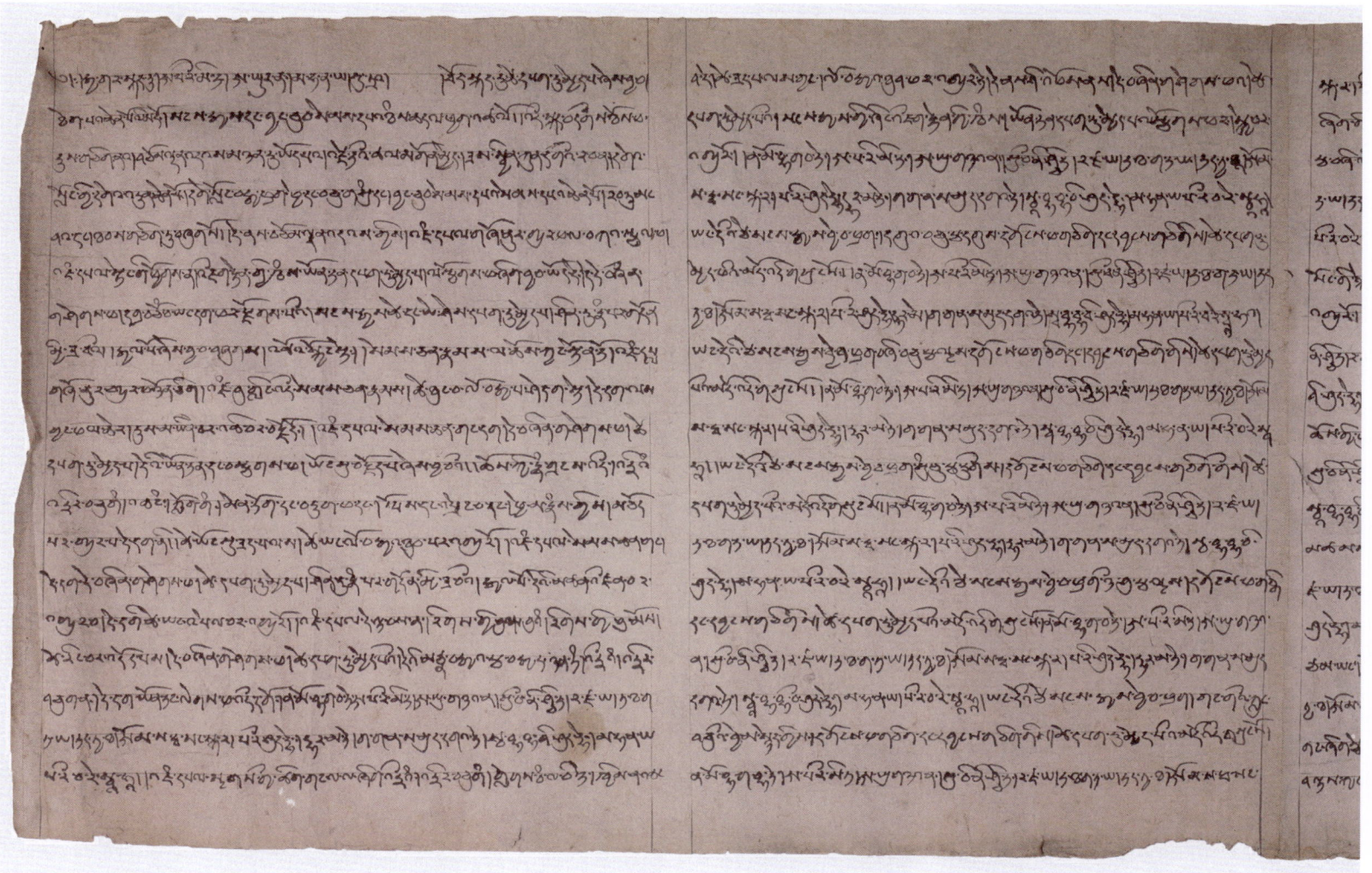

JB.t.10 ཚེ་དཔག་དུ་མྱེད་པ་ཞེས་བྱ་བ་ཐེག་པ་ཆེན་པོའི་མདོ།
大乘無量壽宗要經　　(3—1)

JB.t.10 ཚེ་དཔག་དུ་མྱེད་པ་ཞེས་བྱ་བ་ཐེག་པ་ཆེན་པོའི་མདོ།
大乘無量壽宗要經　　(3—2)

JB.t.10　ཚེ་དཔག་དུ་མྱིད་པ་ཞེས་བྱ་བ་ཐེག་པ་ཆེན་པོའི་མདོ།
大乘無量壽宗要經　　（3—3）

JB.t.11　ཚེ་དཔག་དུ་མྱིད་པ་ཞེས་བྱ་བ་ཐེག་པ་ཆེན་པོའི་མདོ།
大乘無量壽宗要經　　（4—1）

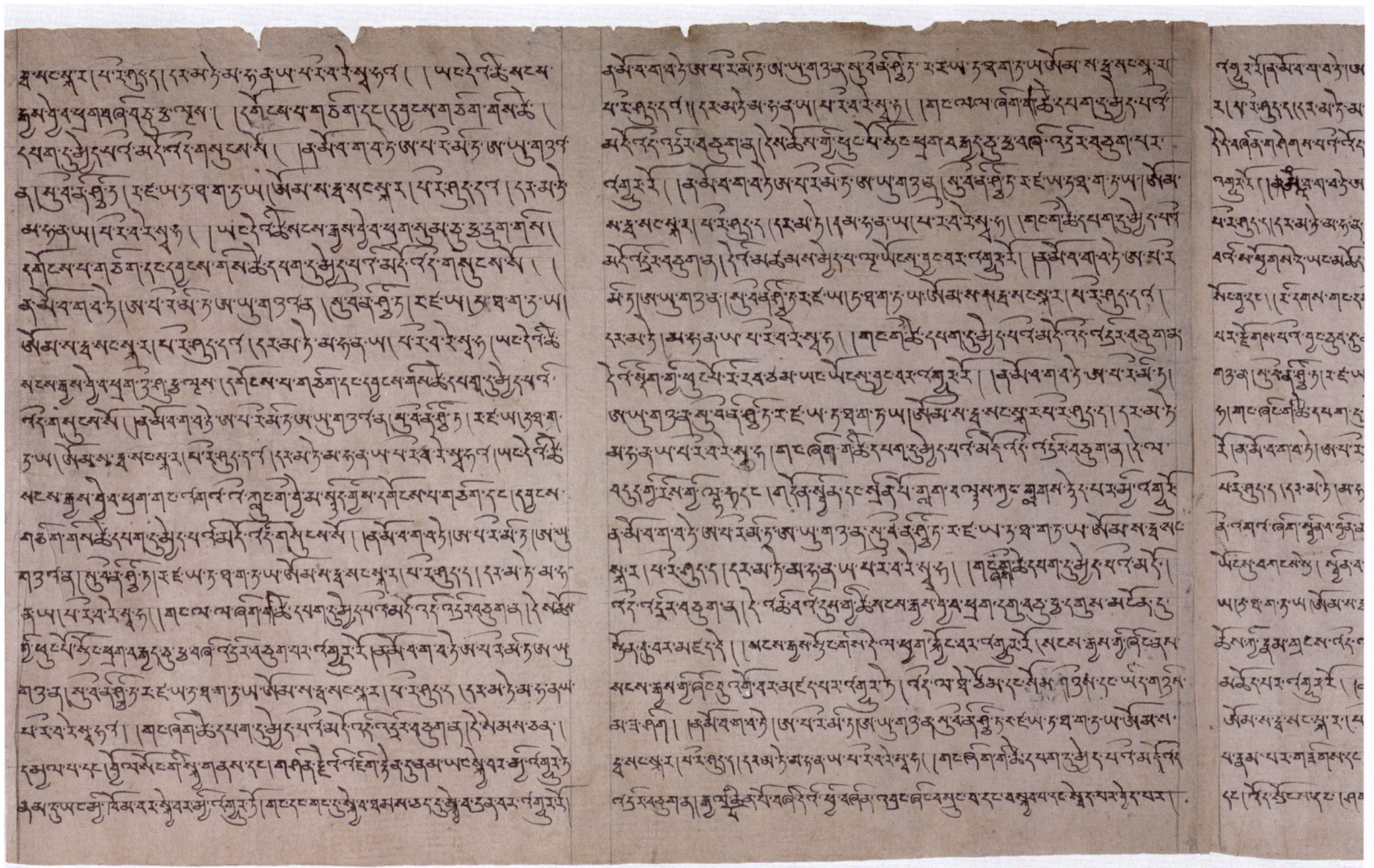

JB.t.11　ཚེ་དཔག་དུ་མྱེད་པ་ཞེས་བྱ་བ་ཐེག་པ་ཆེན་པོའི་མདོ།

大乘無量壽宗要經　　(4—2)

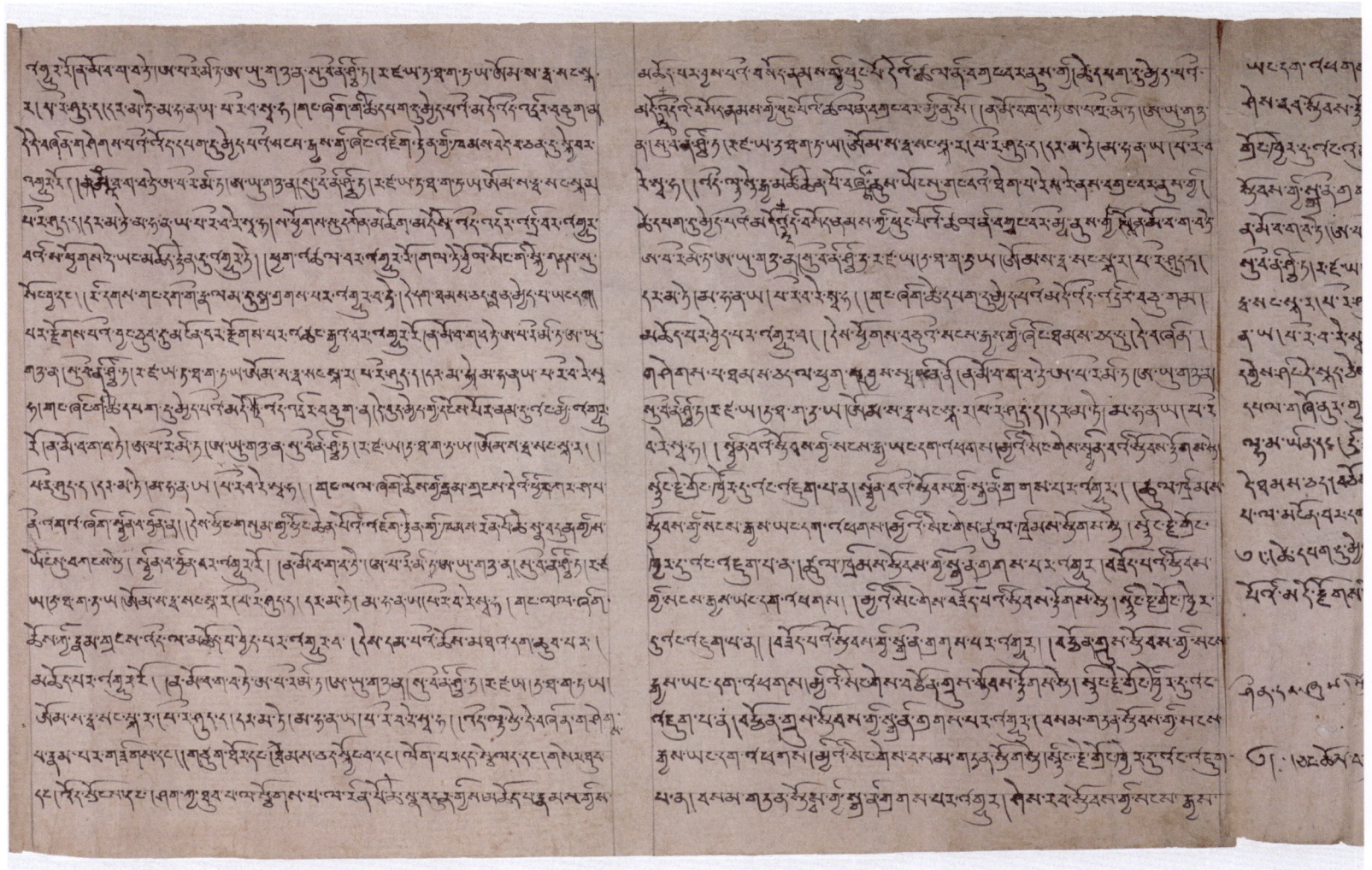

JB.t.11　ཚེ་དཔག་དུ་མྱེད་པ་ཞེས་བྱ་བ་ཐེག་པ་ཆེན་པོའི་མདོ།

大乘無量壽宗要經　　(4—3)

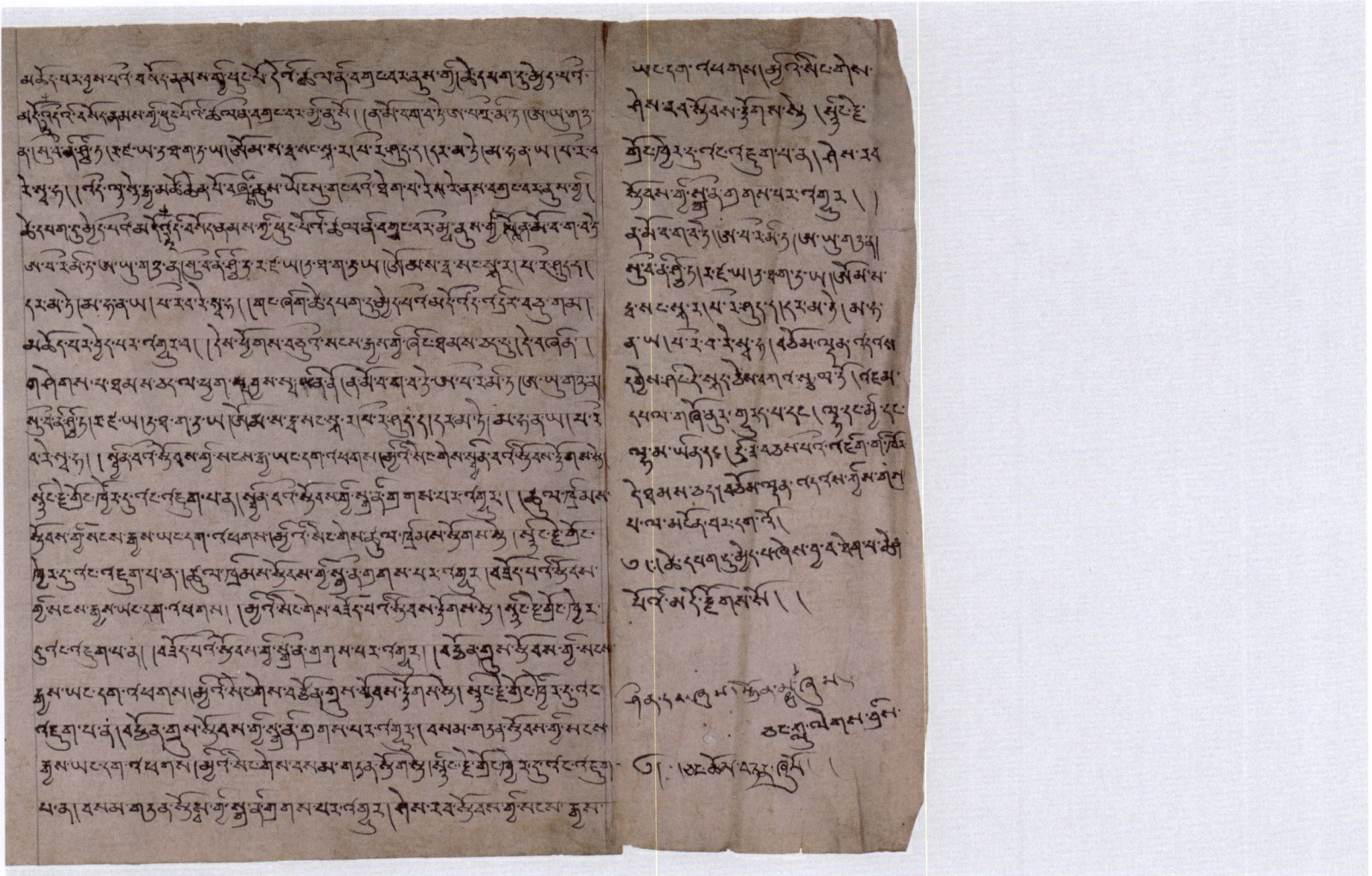

JB.t.11 ཚེ་དཔག་ཏུ་མྱེད་པ་ཞེས་བྱ་བ་ཐེག་པ་ཆེན་པོའི་མདོ
大乘無量壽宗要經　　(4—4)

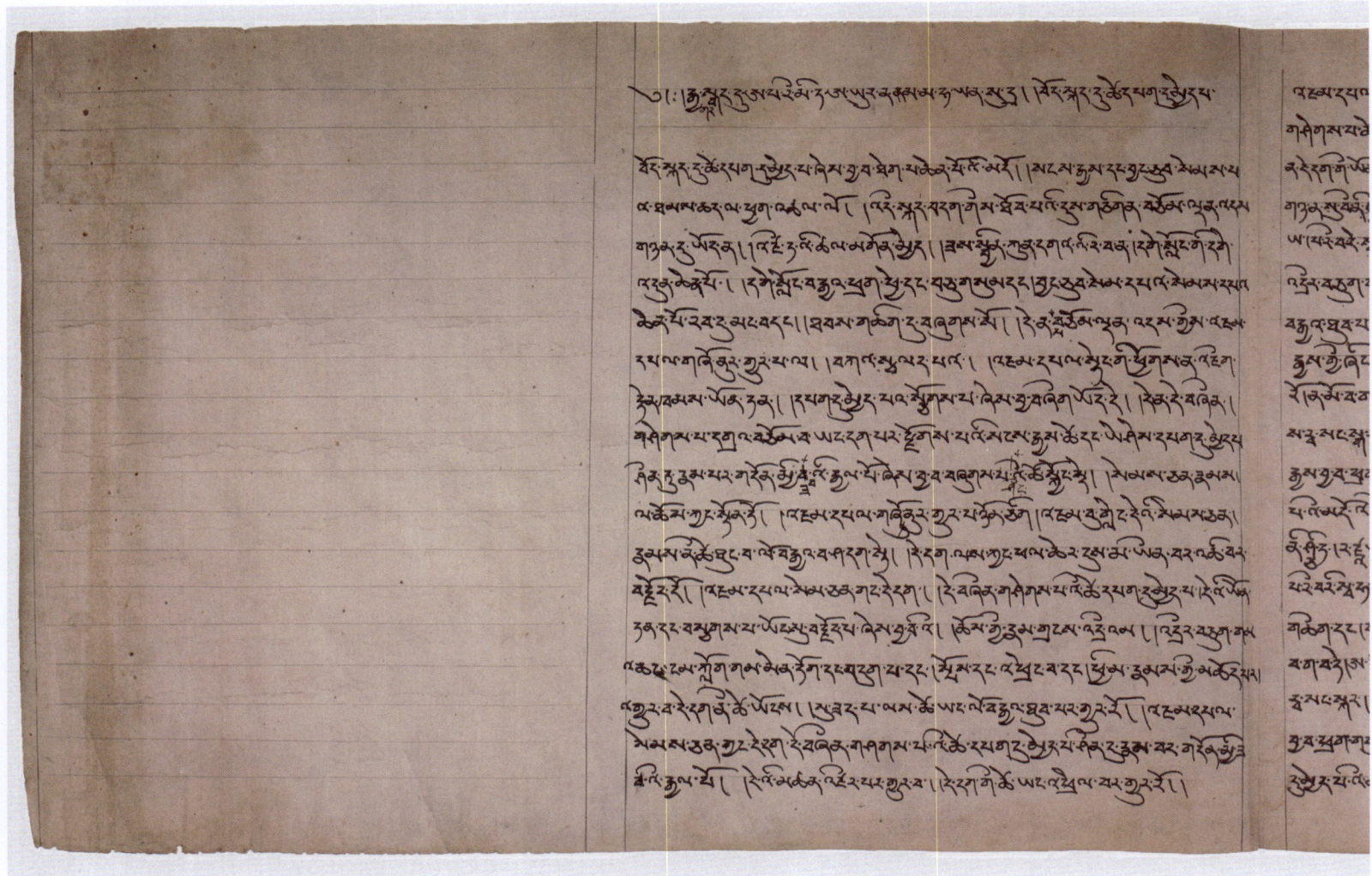

JB.t.12 ཚེ་དཔག་ཏུ་མྱེད་པ་ཞེས་བྱ་བ་ཐེག་པ་ཆེན་པོའི་མདོ
大乘無量壽宗要經　　(4—1)

JB.t.12　ཚེ་དཔག་ཏུ་མྱེད་པ་ཞེས་བྱ་བ་ཐེག་པ་ཆེན་པོའི་མདོ།

大乘無量壽宗要經　　　(4—2)

JB.t.12　ཚེ་དཔག་ཏུ་མྱེད་པ་ཞེས་བྱ་བ་ཐེག་པ་ཆེན་པོའི་མདོ།

大乘無量壽宗要經　　　(4—3)

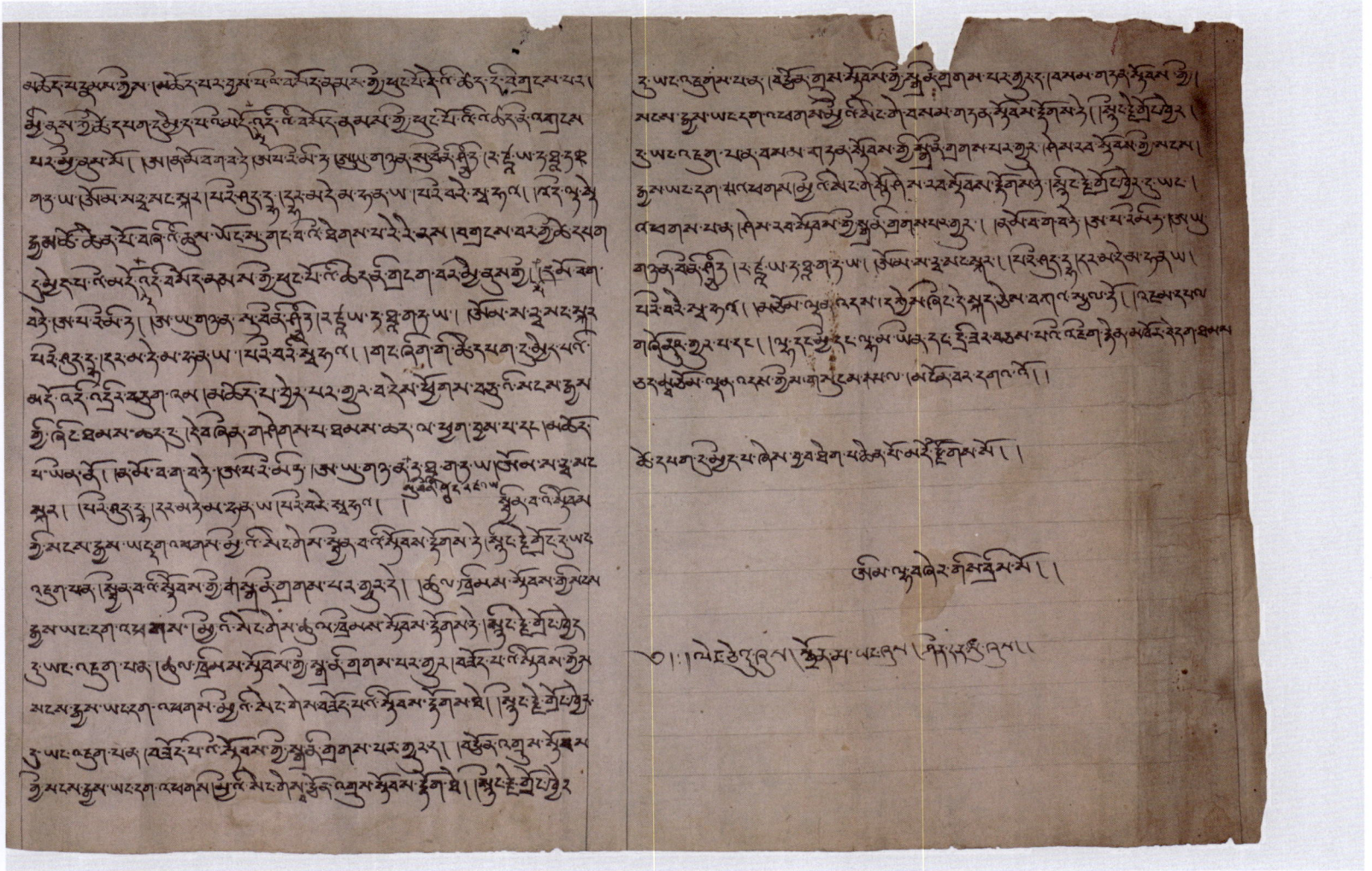

JB.t.12 ཚེ་དཔག་ཏུ་མྱེད་པ་ཞེས་བྱ་བ་ཐེག་པ་ཆེན་པོའི་མདོ

大乘無量壽宗要經　　(4—4)

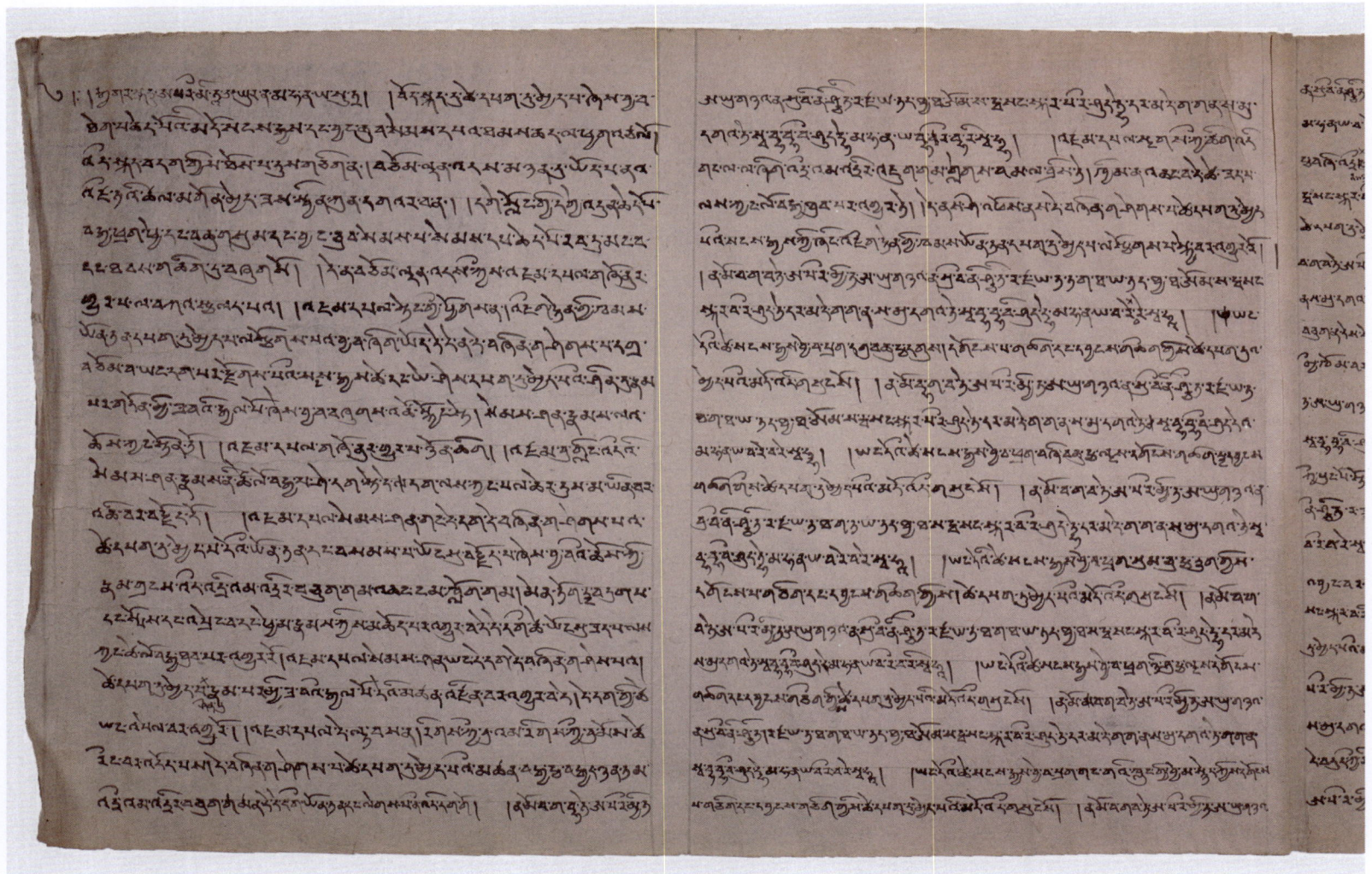

JB.t.13 ཚེ་དཔག་ཏུ་མྱེད་པ་ཞེས་བྱ་བ་ཐེག་པ་ཆེན་པོའི་མདོ

大乘無量壽宗要經　　(3—1)

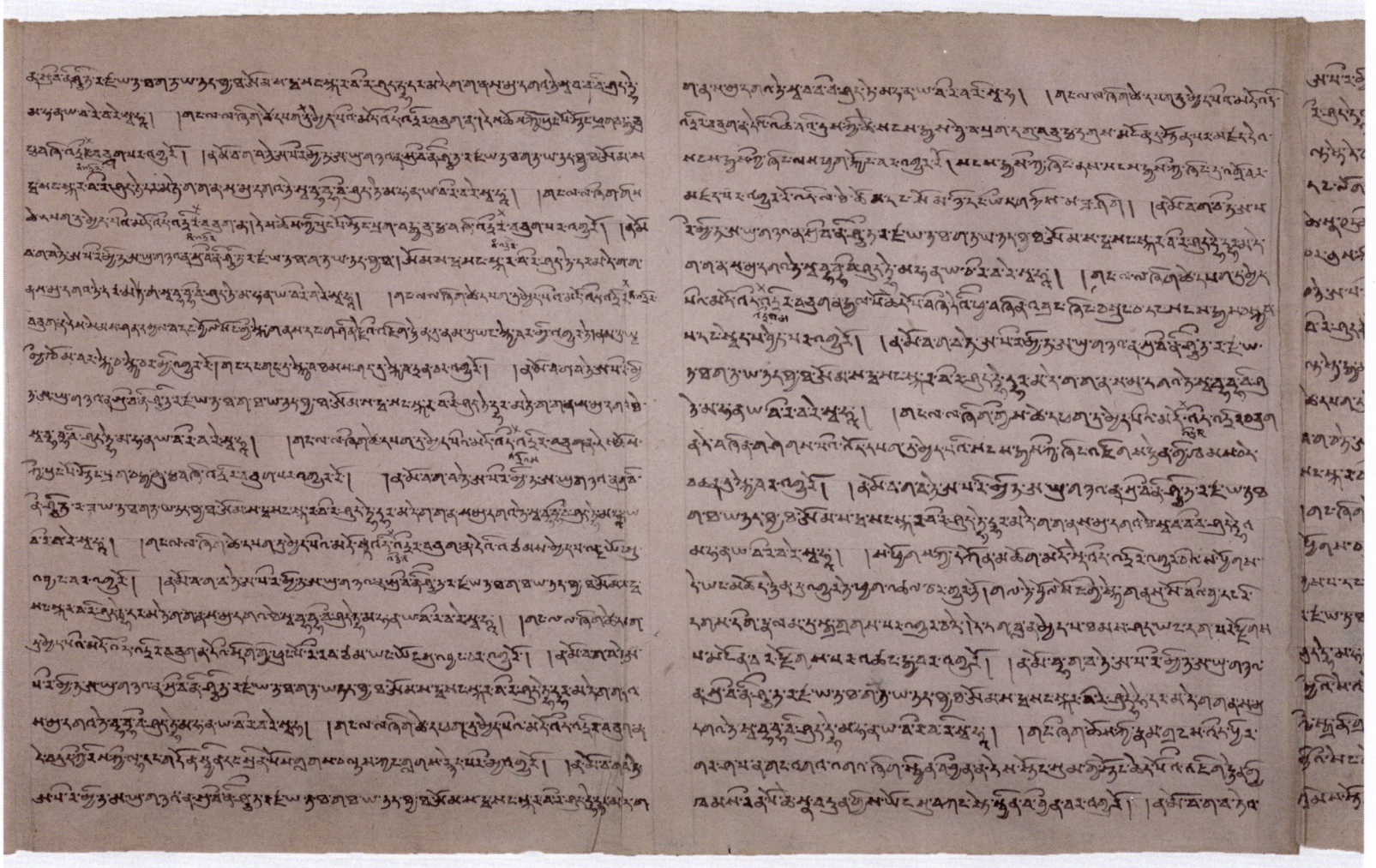

JB.t.13 ཚེ་དཔག་དུ་མྱེད་པ་ཞེས་བྱ་བ་ཐེག་པ་ཆེན་པོའི་མདོ།
大乘無量壽宗要經　　(3—2)

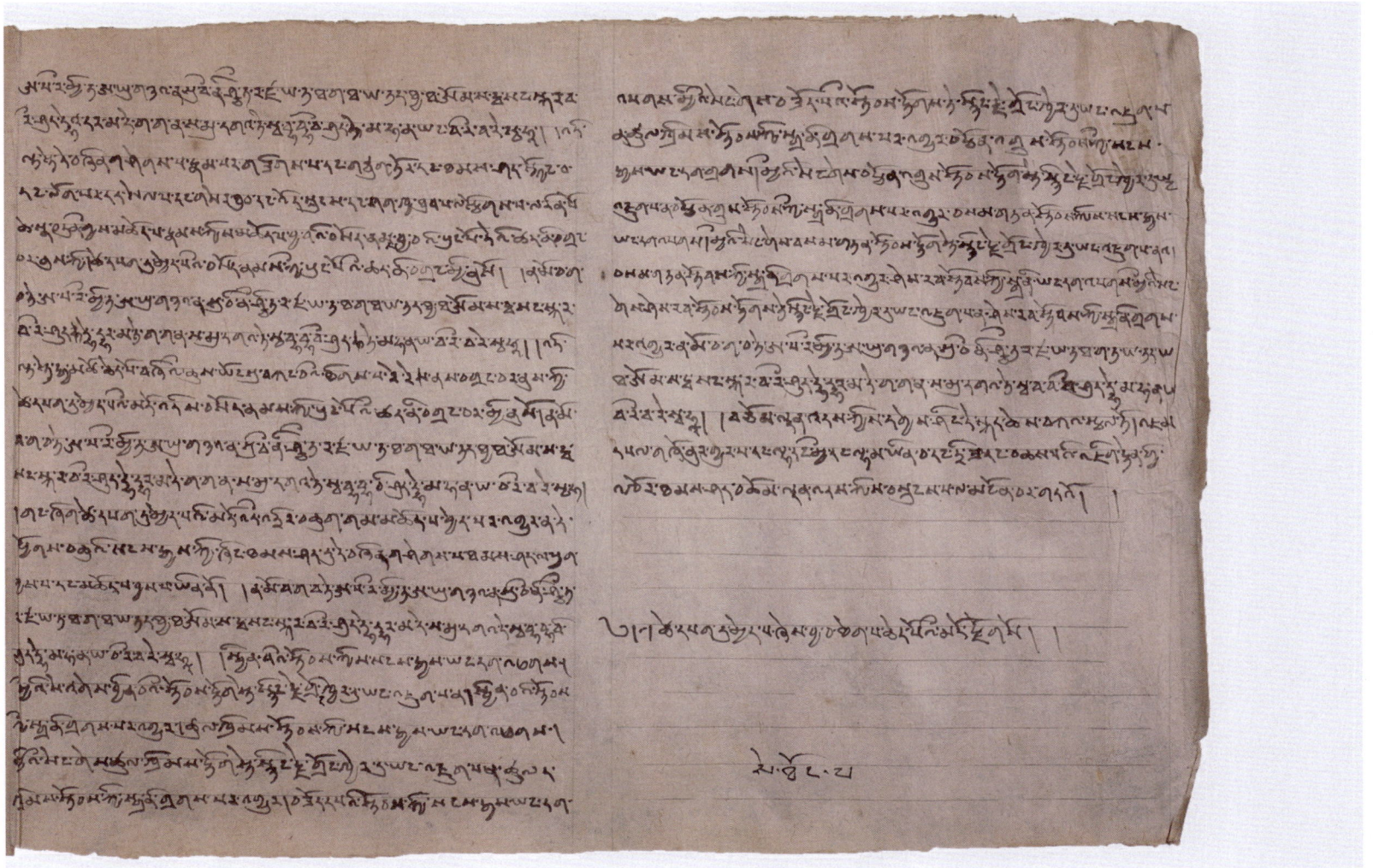

JB.t.13 ཚེ་དཔག་དུ་མྱེད་པ་ཞེས་བྱ་བ་ཐེག་པ་ཆེན་པོའི་མདོ།
大乘無量壽宗要經　　(3—3)

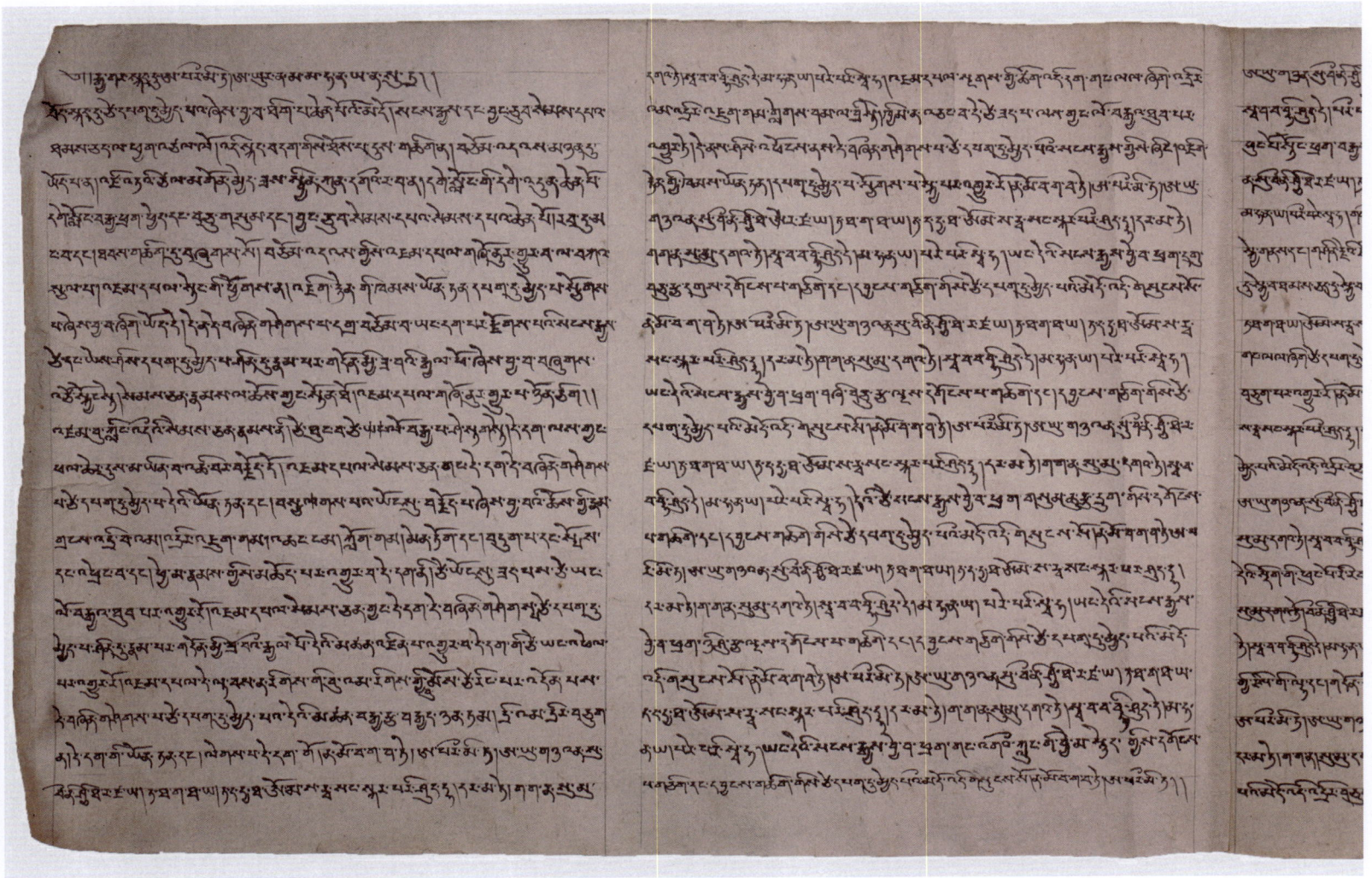

JB.t.14 ཚེ་དཔག་ཏུ་མྱེད་པ་ཞེས་བྱ་བ་ཐེག་པ་ཆེན་པོའི་མདོ།

大乘無量壽宗要經　　(3—1)

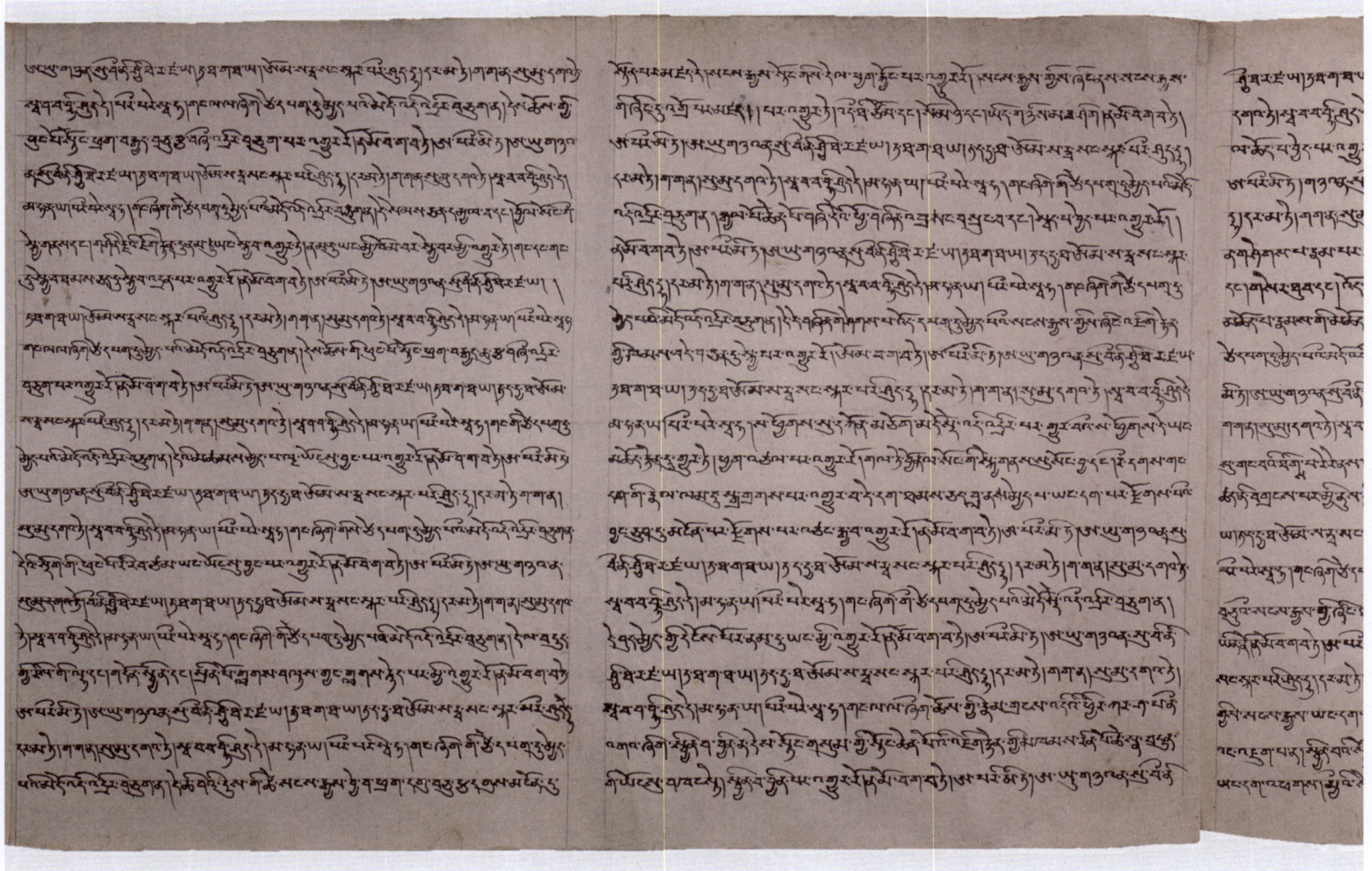

JB.t.14 ཚེ་དཔག་ཏུ་མྱེད་པ་ཞེས་བྱ་བ་ཐེག་པ་ཆེན་པོའི་མདོ།

大乘無量壽宗要經　　(3—2)

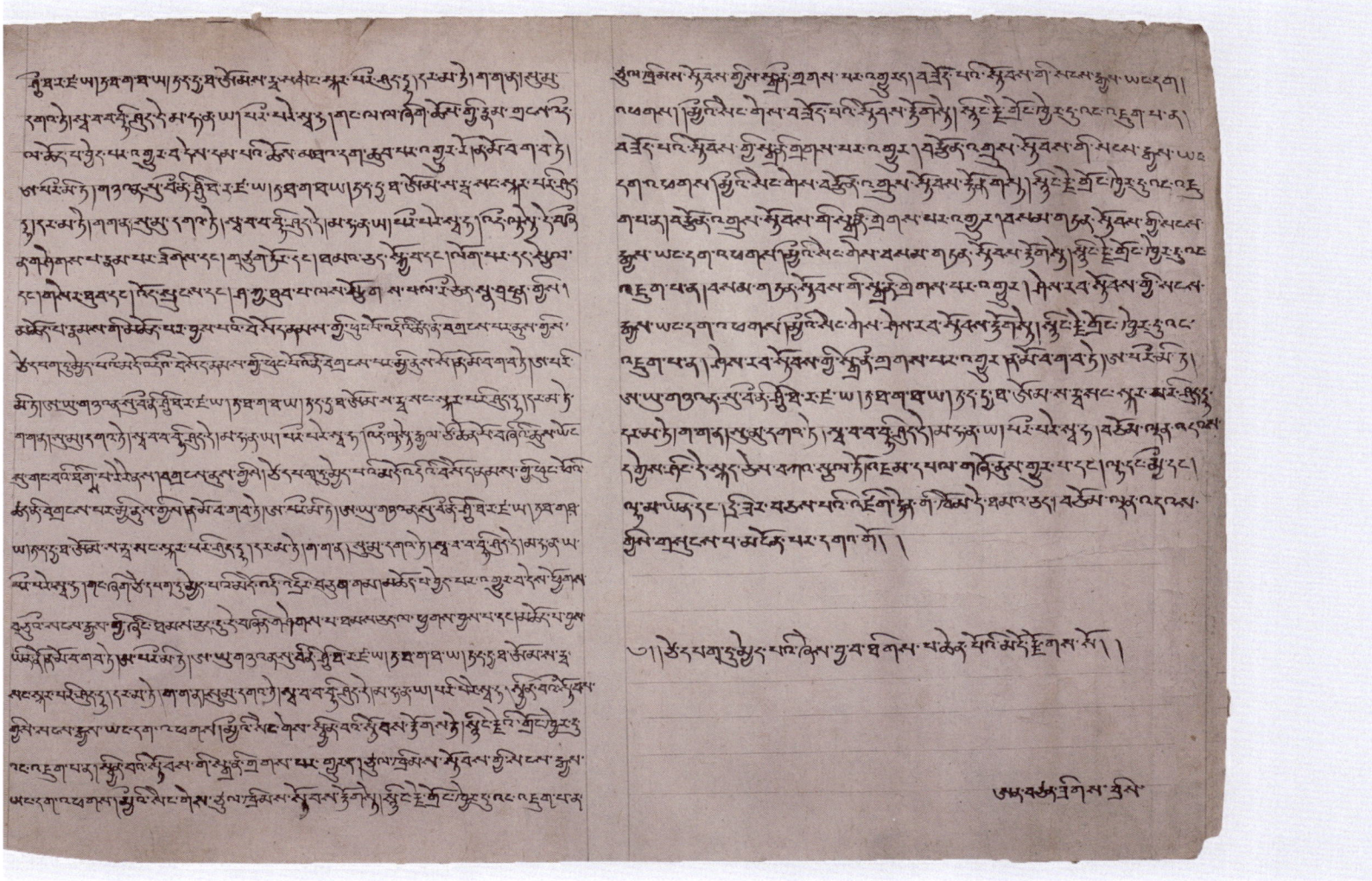

JB.t.14　ཚེ་དཔག་དུ་མྱེད་པ་ཞེས་བྱ་བ་ཐེག་པ་ཆེན་པོའི་མདོ།

大乘無量壽宗要經　　(3—3)

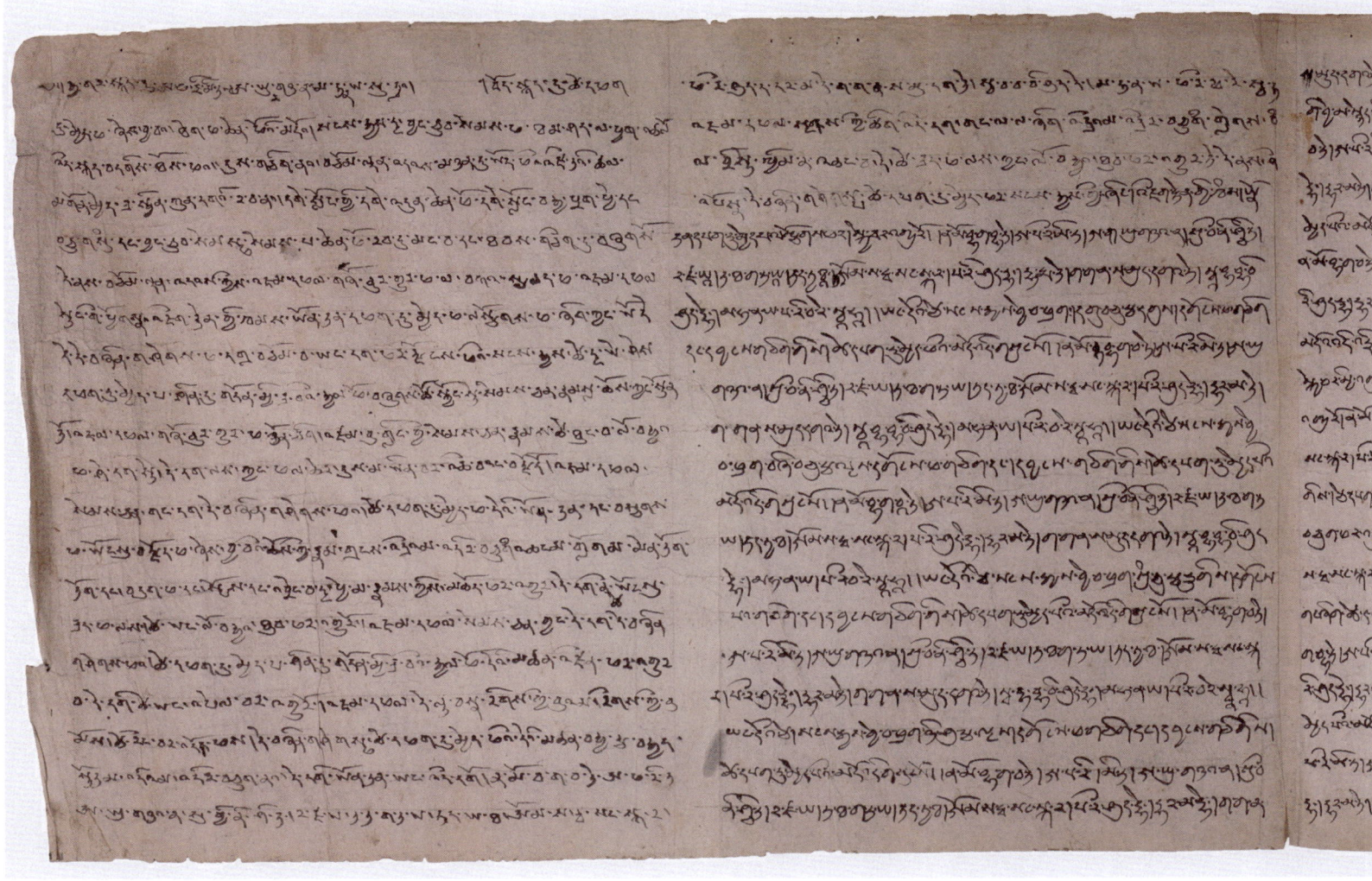

JB.t.15　ཚེ་དཔག་དུ་མྱེད་པ་ཞེས་བྱ་བ་ཐེག་པ་ཆེན་པོའི་མདོ།

大乘無量壽宗要經　　(3—1)

JB.t.15 ཚེ་དཔག་དུ་མྱེད་པ་ཞེས་བྱ་བ་ཐེག་པ་ཆེན་པོའི་མདོ།

大乘無量壽宗要經　　　(3—2)

JB.t.15 ཚེ་དཔག་དུ་མྱེད་པ་ཞེས་བྱ་བ་ཐེག་པ་ཆེན་པོའི་མདོ།

大乘無量壽宗要經　　　(3—3)

JB.t.16　ཚེ་དཔག་ཏུ་མྱེད་པ་ཞེས་བྱ་བ་ཐེག་པ་ཆེན་པོའི་མདོ།
大乘無量壽宗要經　　(3—1)

JB.t.16　ཚེ་དཔག་ཏུ་མྱེད་པ་ཞེས་བྱ་བ་ཐེག་པ་ཆེན་པོའི་མདོ།
大乘無量壽宗要經　　(3—2)

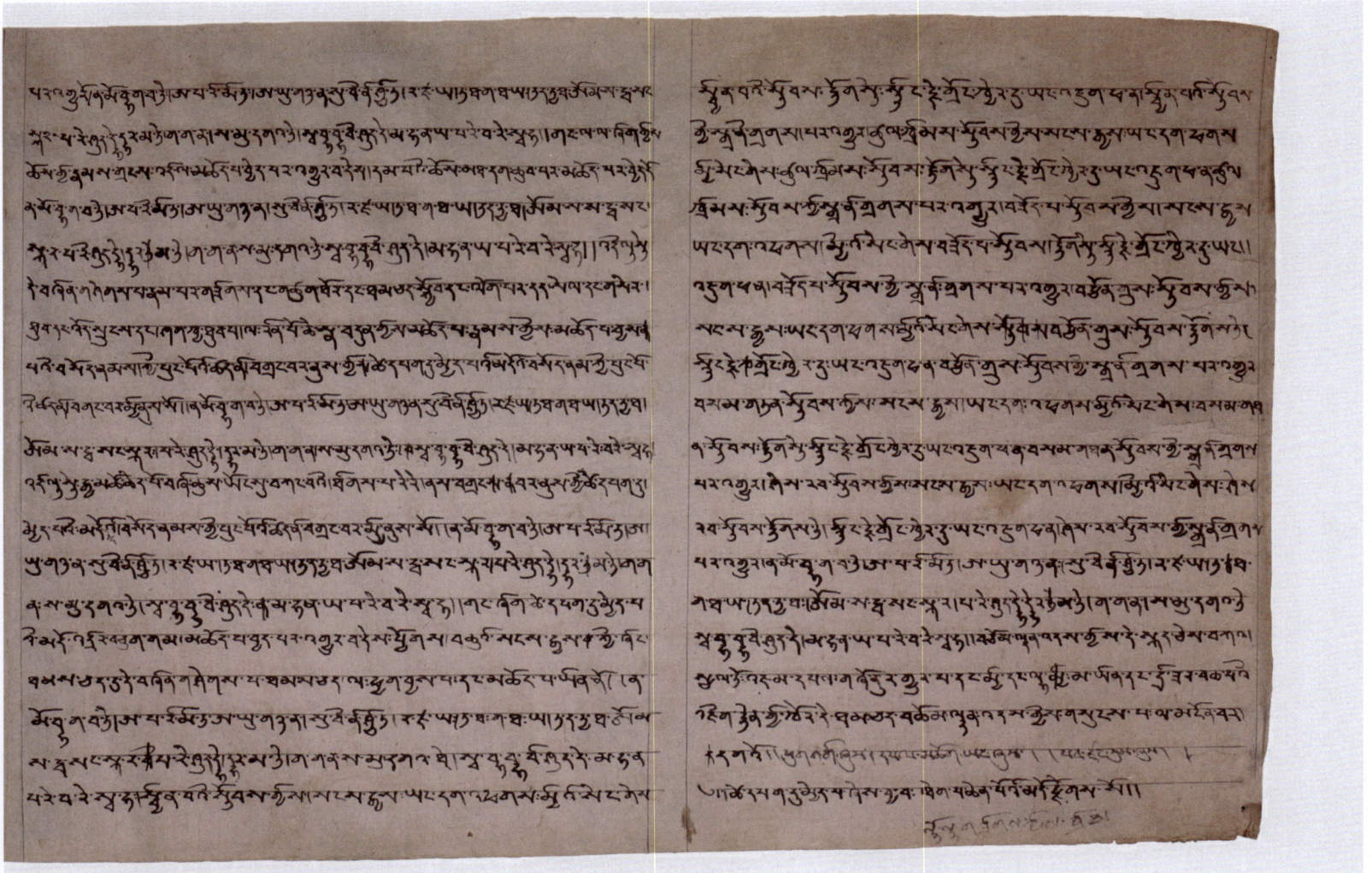

JB.t.16 ཚེ་དཔག་དུ་མྱེད་པ་ཞེས་བྱ་བ་ཐེག་པ་ཆེན་པོའི་མདོ།
大乘無量壽宗要經　　(3—3)

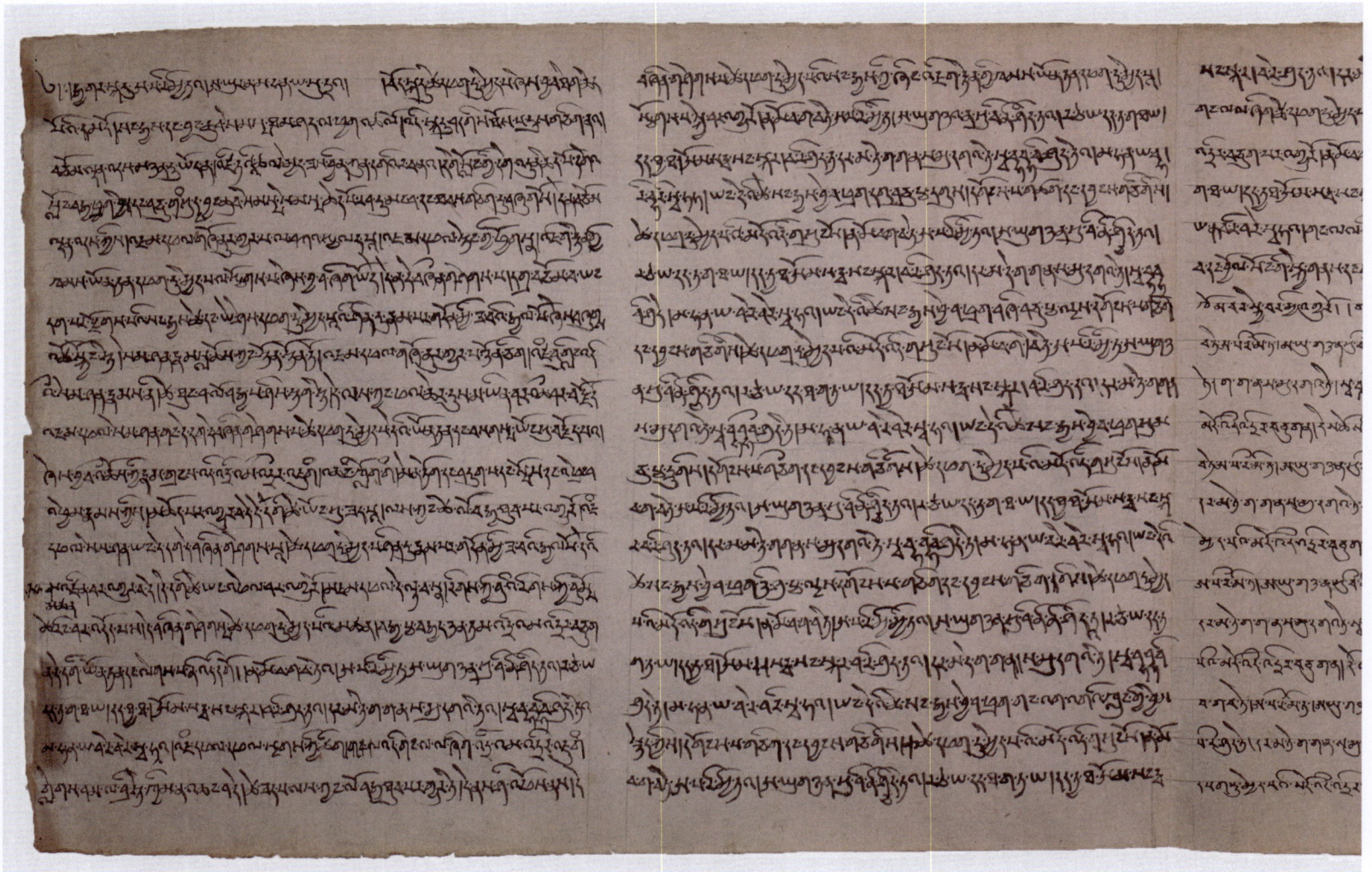

JB.t.17 ཚེ་དཔག་དུ་མྱེད་པ་ཞེས་བྱ་བ་ཐེག་པ་ཆེན་པོའི་མདོ།
大乘無量壽宗要經　　(3—1)

JB.t.17　ཚེ་དཔག་དུ་མྱེད་པ་ཞེས་བྱ་བ་ཐེག་པ་ཆེན་པོའི་མདོ།

大乘無量壽宗要經　　(3—2)

JB.t.17　ཚེ་དཔག་དུ་མྱེད་པ་ཞེས་བྱ་བ་ཐེག་པ་ཆེན་པོའི་མདོ།

大乘無量壽宗要經　　(3—3)

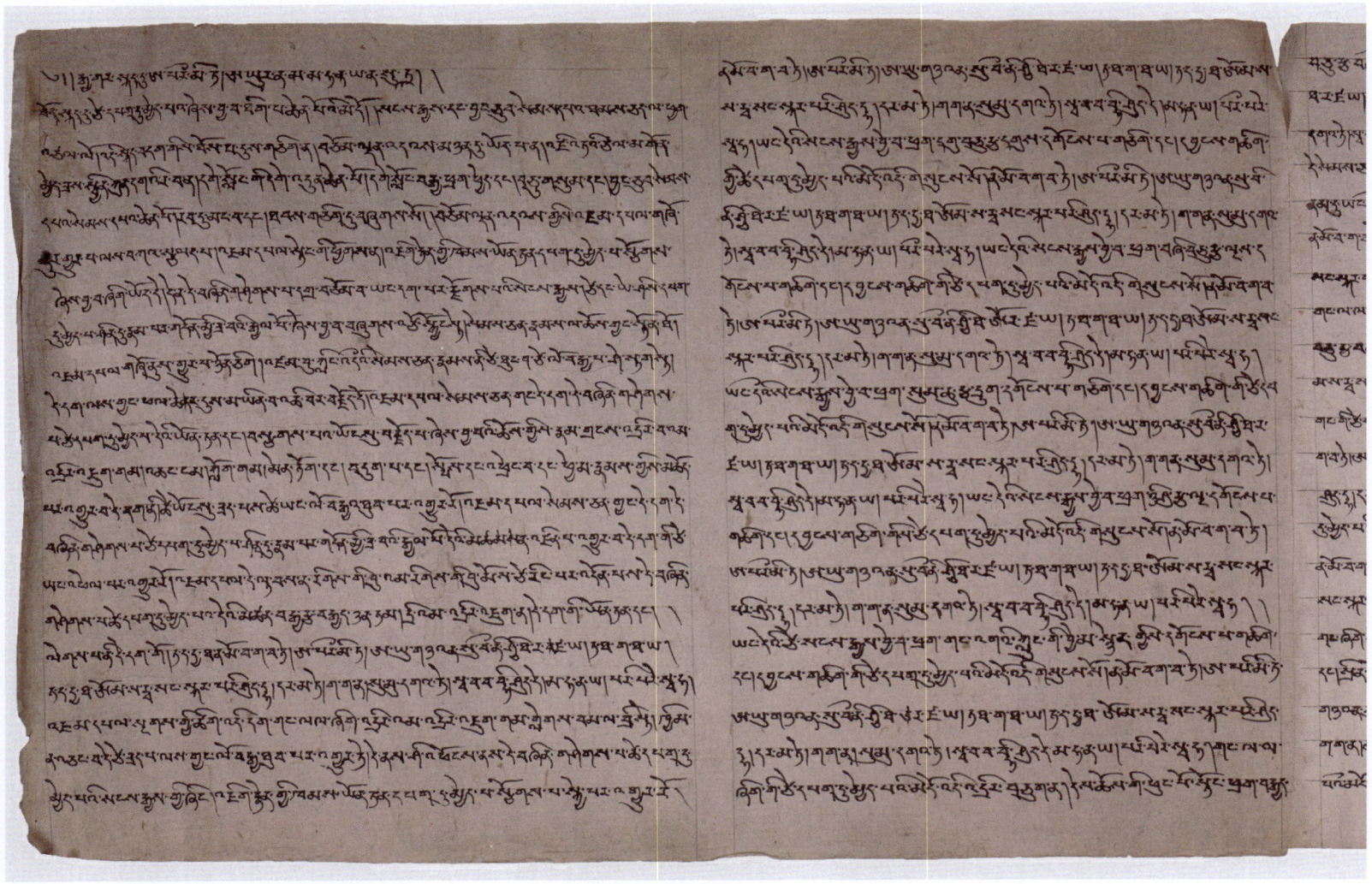

JB.t.18 ཚེ་དཔག་དུ་མྱེད་པ་ཞེས་བྱ་བ་ཐེག་པ་ཆེན་པོའི་མདོ།

大乘無量壽宗要經　　(3—1)

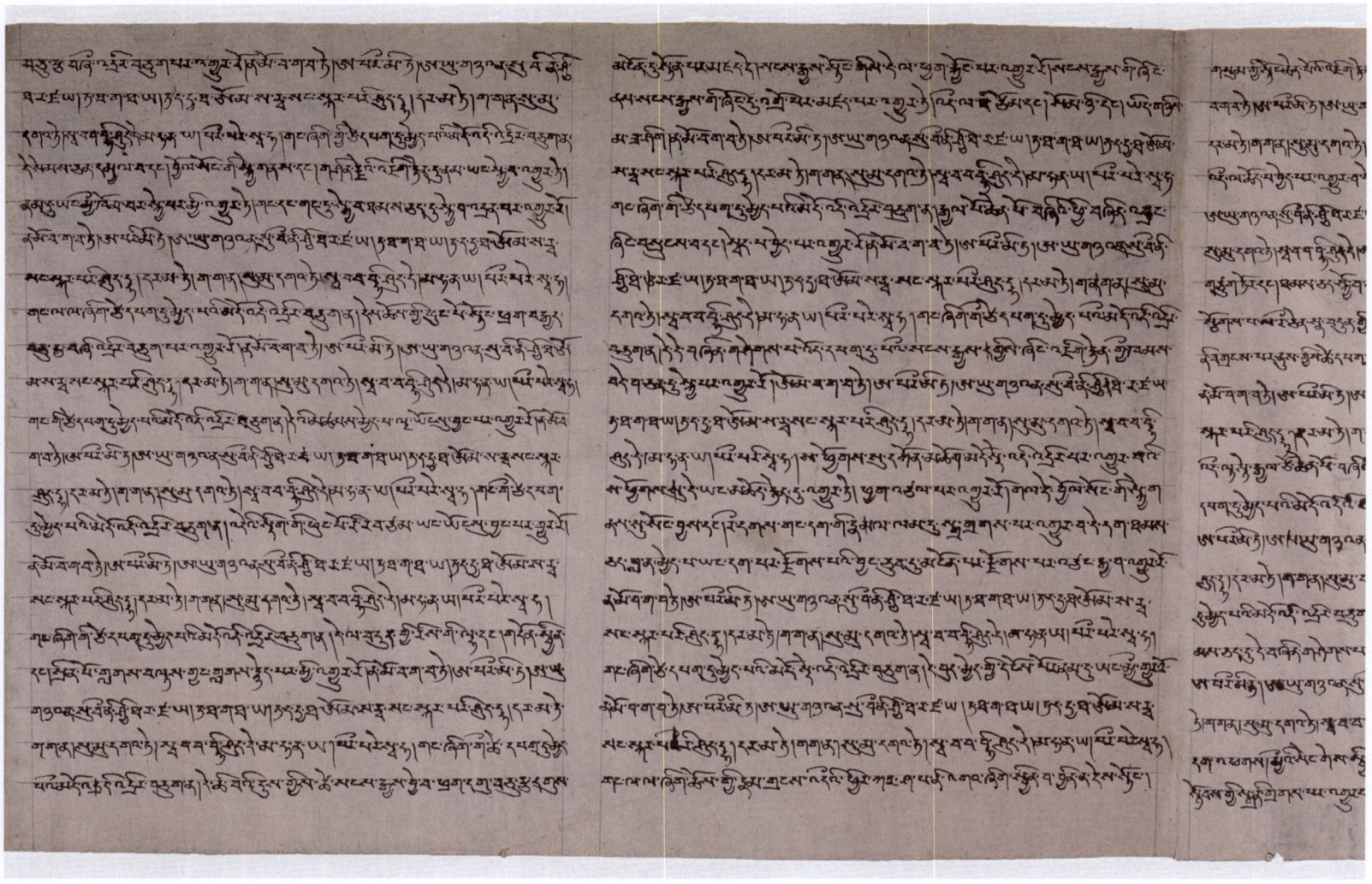

JB.t.18 ཚེ་དཔག་དུ་མྱེད་པ་ཞེས་བྱ་བ་ཐེག་པ་ཆེན་པོའི་མདོ།

大乘無量壽宗要經　　(3—2)

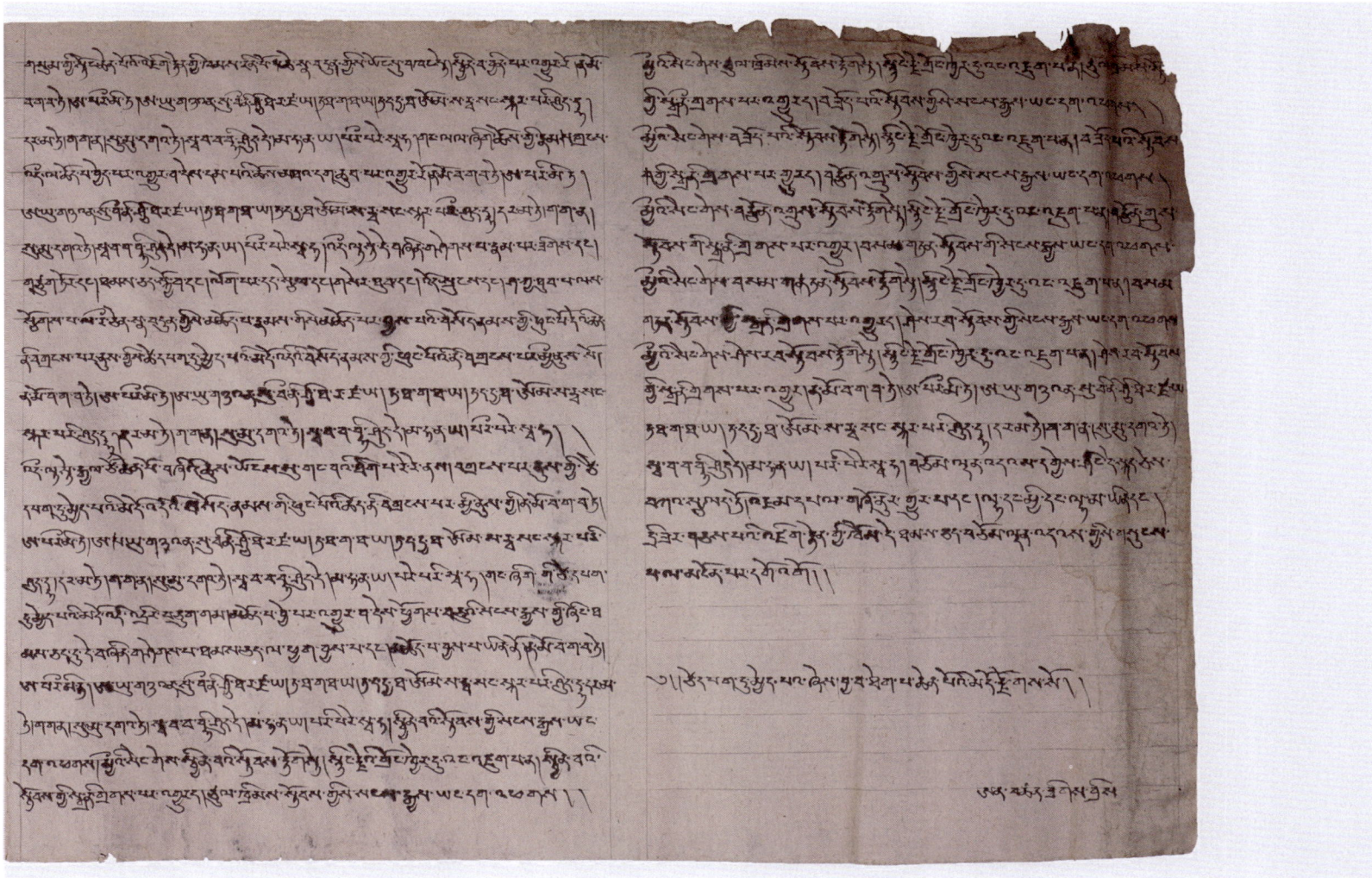

JB.t.18　ཚེ་དཔག་དུ་མྱེད་པ་ཞེས་བྱ་བ་ཐེག་པ་ཆེན་པོའི་མདོ།
大乘無量壽宗要經　　（3—3）

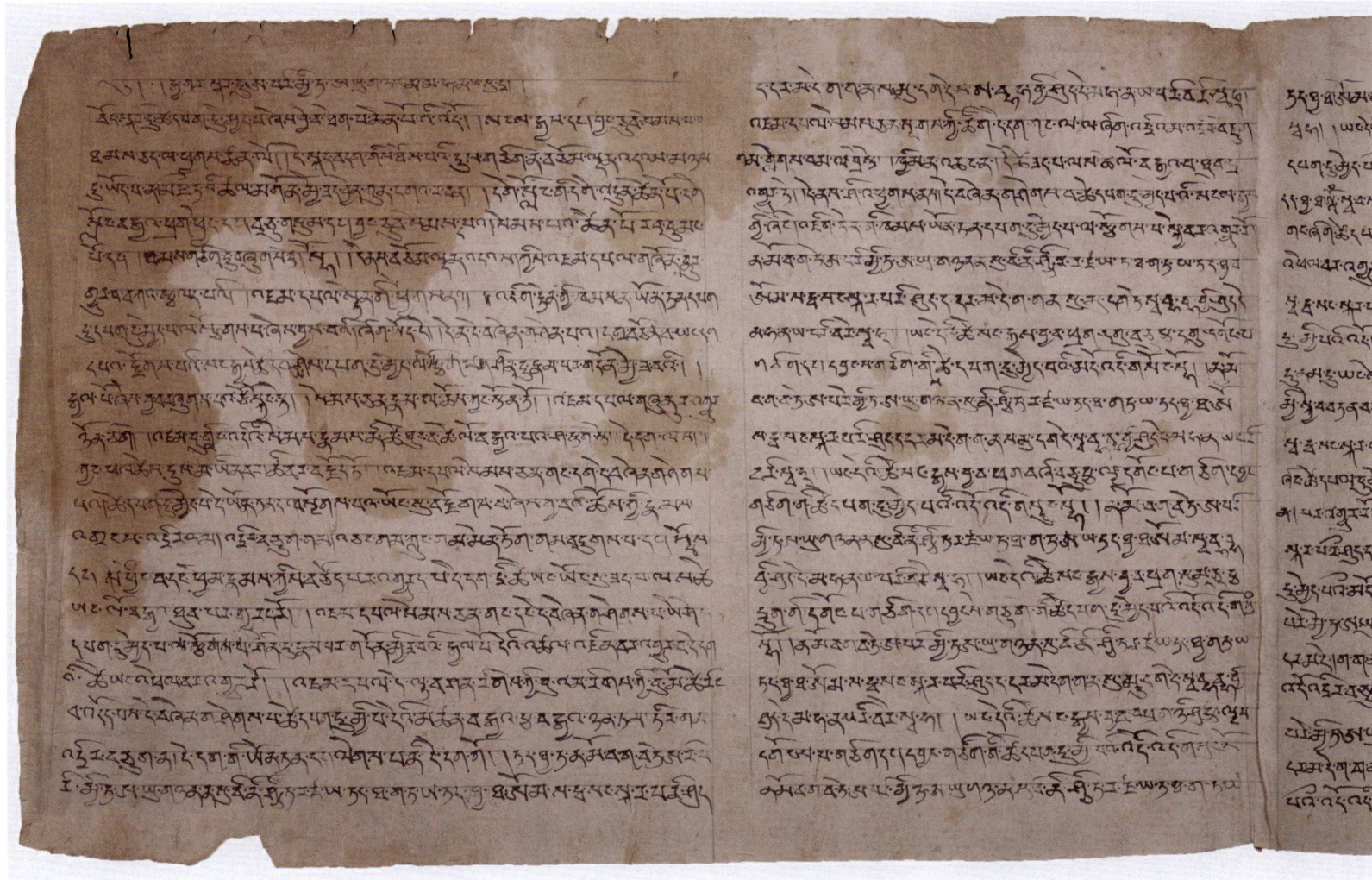

JB.t.19　ཚེ་དཔག་དུ་མྱེད་པ་ཞེས་བྱ་བ་ཐེག་པ་ཆེན་པོའི་མདོ།
大乘無量壽宗要經　　（3—1）

JB.t.19 ཚེ་དཔག་དུ་མྱེད་པ་ཞེས་བྱ་བ་ཐེག་པ་ཆེན་པོའི་མདོ།
大乘無量壽宗要經　　(3—2)

JB.t.19 ཚེ་དཔག་དུ་མྱེད་པ་ཞེས་བྱ་བ་ཐེག་པ་ཆེན་པོའི་མདོ།
大乘無量壽宗要經　　(3—3)

Dd.t.01 (R-V) ཤེས་རབ་ཀྱི་ཕ་རོལ་དུ་ཕྱིན་པ་སྟོང་ཕྲག་བརྒྱ་པ།

十萬頌般若波羅蜜多經

Dd.t.02 (R-V)　ཤེས་རབ་ཀྱི་ཕ་རོལ་ཏུ་ཕྱིན་པ་སྟོང་ཕྲག་བརྒྱ་པ་དུམ་བུ་བཞི་བམ་པོ་ཉི་ཤུ་བརྒྱད་དོ།

十萬頌般若波羅蜜多經第四卷第二十八品

Dd.t.03 (R-V) ཤེས་རབ་ཀྱི་ཕ་རོལ་དུ་ཕྱིན་པ་སྟོང་ཕྲག་བརྒྱ་པ།
十萬頌般若波羅蜜多經

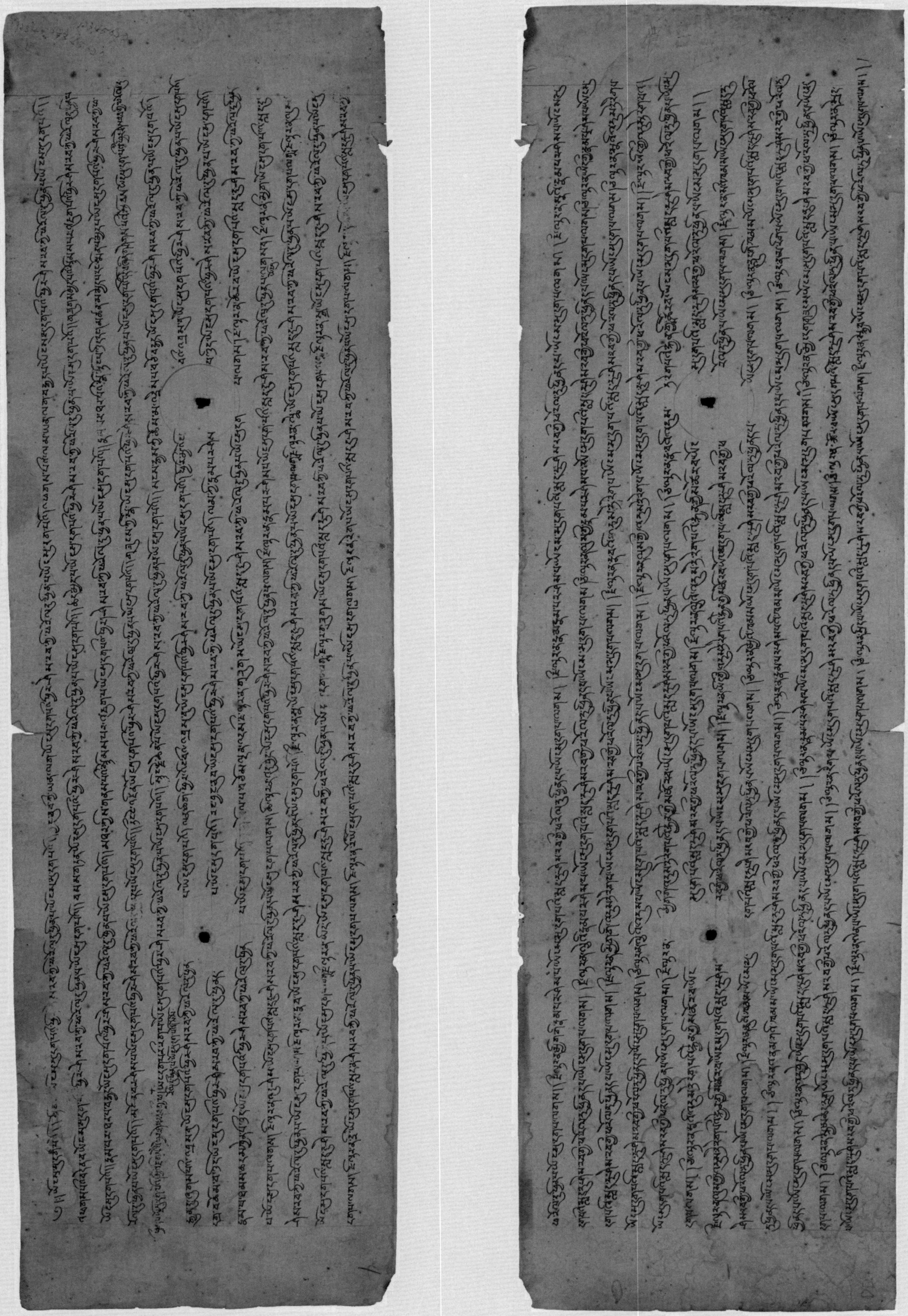

Dd.t.04 (R-V) ཤེས་རབ་ཀྱི་ཕ་རོལ་ཏུ་ཕྱིན་པ་སྟོང་ཕྲག་བརྒྱ་པ།
十萬頌般若波羅蜜多經

Dd.t.05 (R-V) ཤེས་རབ་ཀྱི་ཕ་རོལ་ཏུ་ཕྱིན་པ་སྟོང་ཕྲག་བརྒྱ་པ།
十萬頌般若波羅蜜多經

Dd.t.06 (R-V)   ཤེས་རབ་ཀྱི་ཕ་རོལ་དུ་ཕྱིན་པ་སྟོང་ཕྲག་བརྒྱ་པ།
十萬頌般若波羅蜜多經

156

Dd.t.07 (R-V)　ཤེས་རབ་ཀྱི་ཕ་རོལ་ཏུ་ཕྱིན་པ་སྟོང་ཕྲག་བརྒྱ་པ།
十萬頌般若波羅蜜多經

Dd.t.08 (R-V) ཤེས་རབ་ཀྱི་ཕ་རོལ་དུ་ཕྱིན་པ་སྟོང་ཕྲག་བརྒྱ་པ།

十萬頌般若波羅蜜多經

Dd.t.09 (R-V) ཤེས་རབ་ཀྱི་ཕ་རོལ་ཏུ་ཕྱིན་པ་སྟོང་ཕྲག་བརྒྱ་པ།

十萬頌般若波羅蜜多經

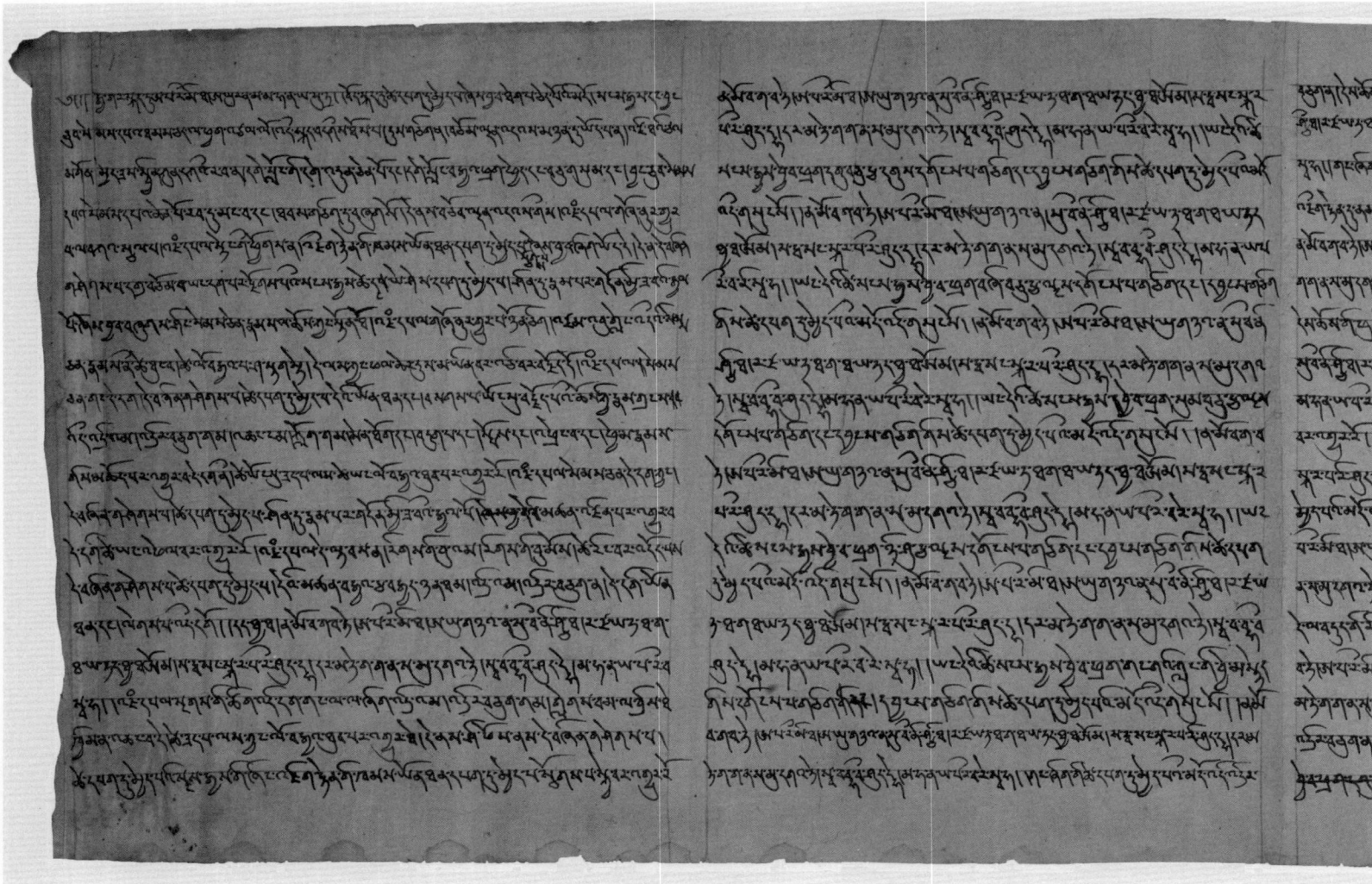

Dd.t.10 ཚེ་དཔག་དུ་མྱེད་པ་ཞེས་བྱ་བ་ཐེག་པ་ཆེན་པོའི་མདོ།
大乘無量壽宗要經　　(6—1)

Dd.t.10 ཚེ་དཔག་དུ་མྱེད་པ་ཞེས་བྱ་བ་ཐེག་པ་ཆེན་པོའི་མདོ།
大乘無量壽宗要經　　(6—2)

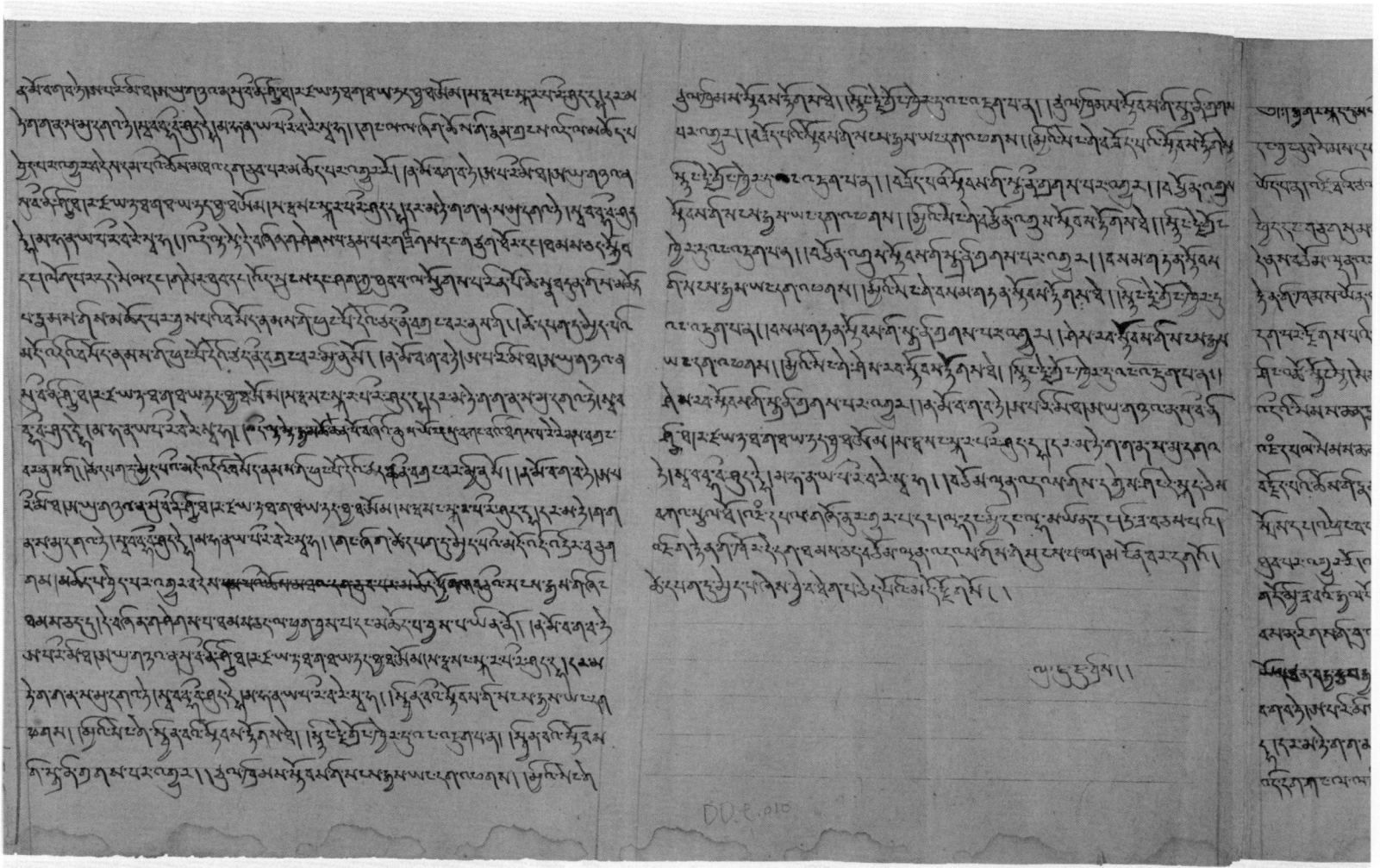

Dd.t.10 ཚེ་དཔག་ཏུ་མྱེད་པ་ཞེས་བྱ་བ་ཐེག་པ་ཆེན་པོའི་མདོ།
大乘無量壽宗要經　　(6—3)

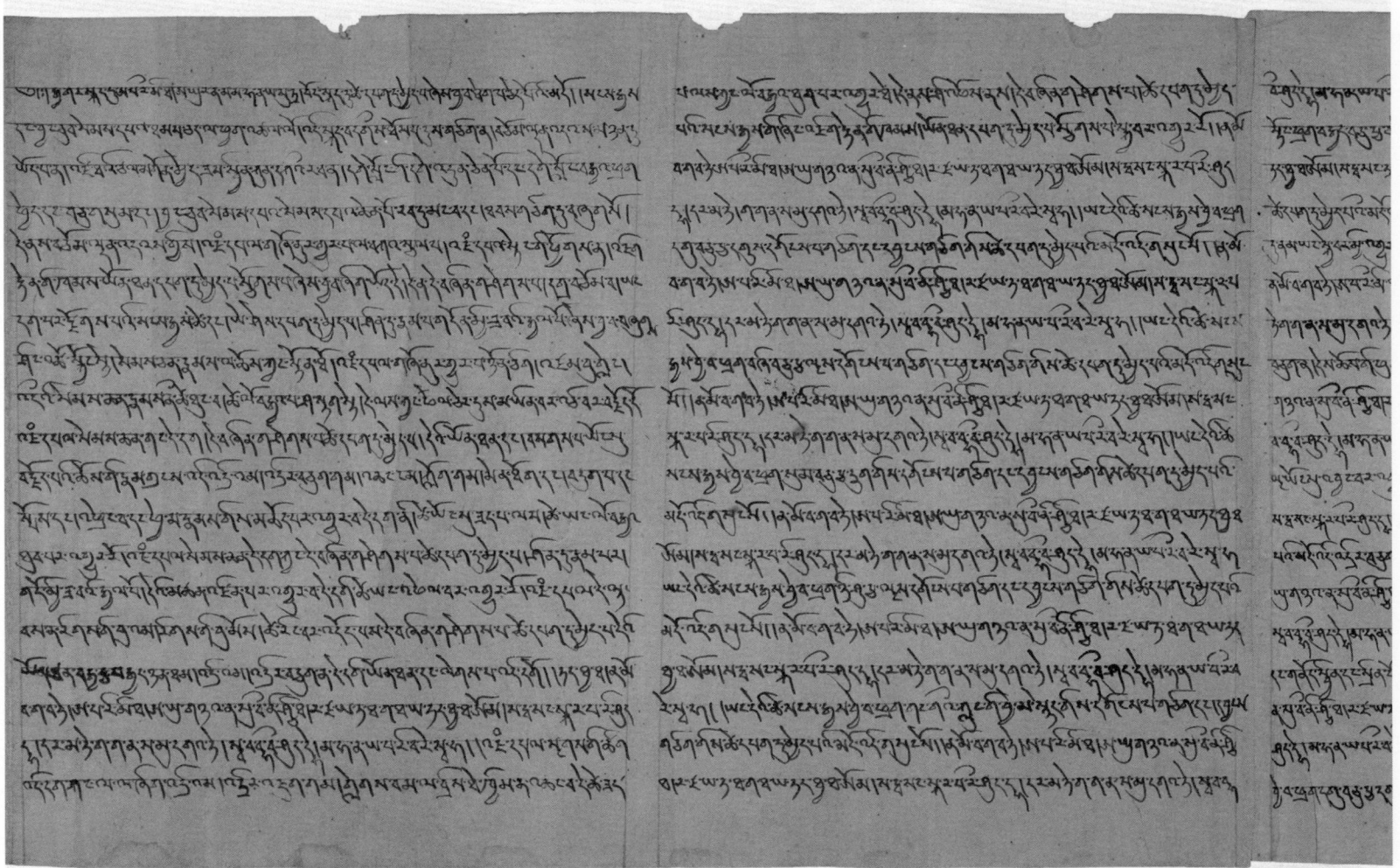

Dd.t.10 ཚེ་དཔག་ཏུ་མྱེད་པ་ཞེས་བྱ་བ་ཐེག་པ་ཆེན་པོའི་མདོ།
大乘無量壽宗要經　　(6—4)

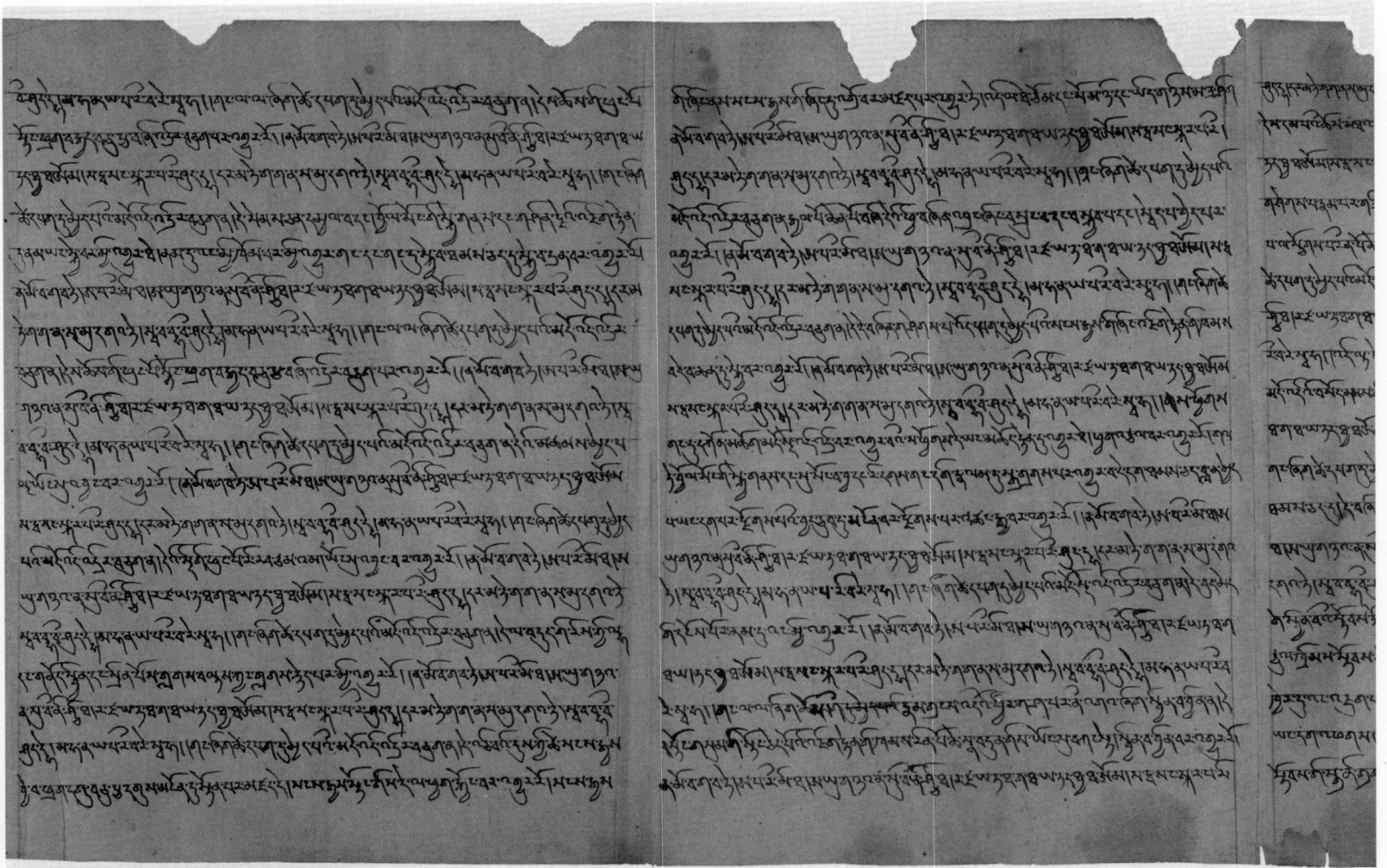

Dd.t.10 ཚེ་དཔག་དུ་མྱེད་པ་ཞེས་བྱ་བ་ཐེག་པ་ཆེན་པོའི་མདོ། །

大乘無量壽宗要經 (6—5)

Dd.t.10 ཚེ་དཔག་དུ་མྱེད་པ་ཞེས་བྱ་བ་ཐེག་པ་ཆེན་པོའི་མདོ། །

大乘無量壽宗要經 (6—6)

162

Dd.t.11R ཚེ་དཔག་དུ་མྱེད་པ་ཞེས་བྱ་བ་ཐེག་པ་ཆེན་པོའི་མདོ།

大乘無量壽宗要經　　(3—1)

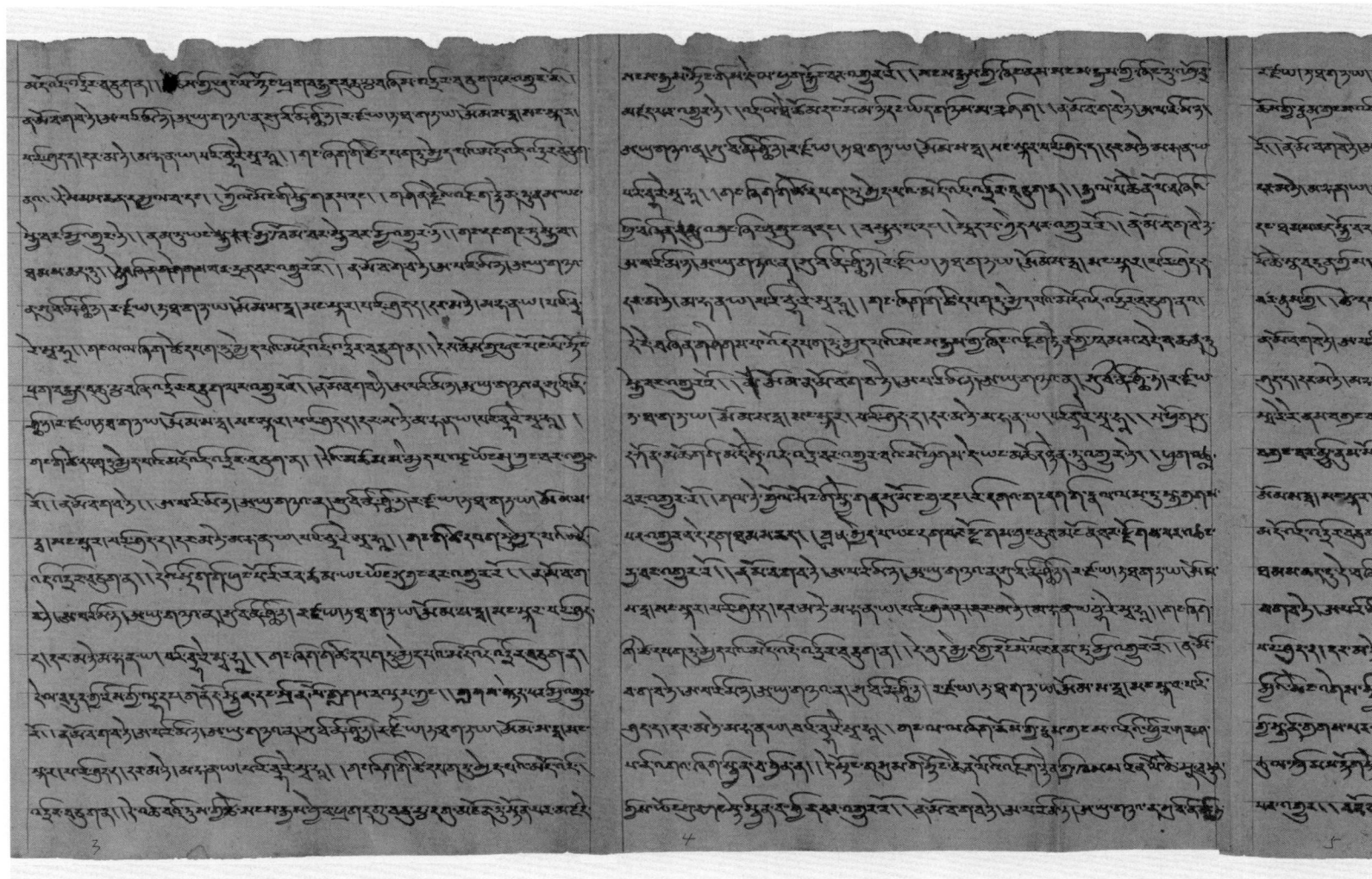

Dd.t.11R ཚེ་དཔག་དུ་མྱེད་པ་ཞེས་བྱ་བ་ཐེག་པ་ཆེན་པོའི་མདོ།

大乘無量壽宗要經　　(3—2)

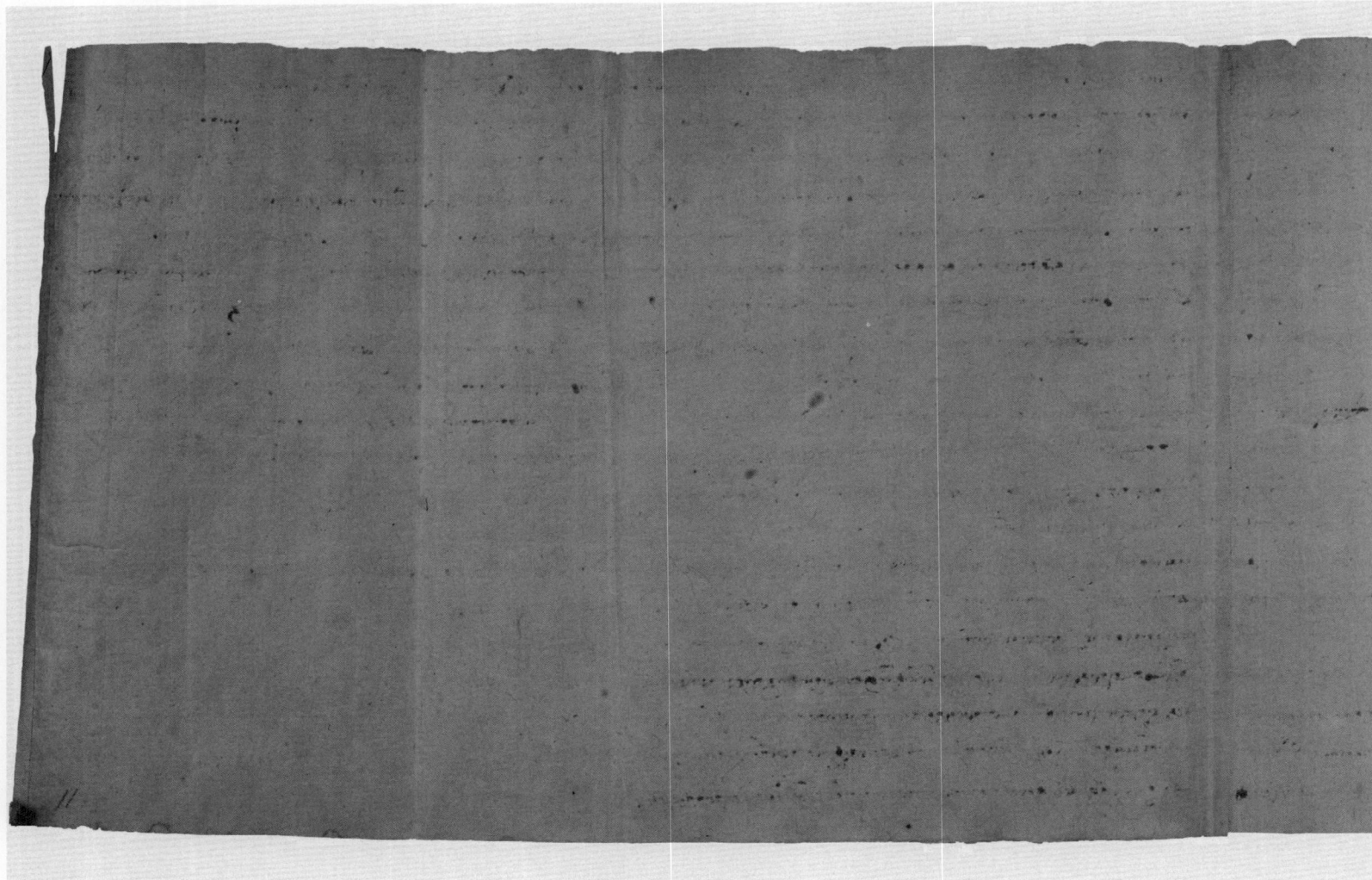

Dd.t.11R ཚེ་དཔག་དུ་མྱེད་པ་ཞེས་བྱ་བ་ཐེག་པ་ཆེན་པོའི་མདོ།
大乘無量壽宗要經　　　(3—3)

Dd.t.11V སྟོང་སློང་།
空白葉　　(2—1)

164

Dd.t.11V ཤོག་སྟོང་།
空白葉　　(2—2)

Dd.t.12 ཚེ་དཔག་དུ་མྱེད་པ་ཞེས་བྱ་བ་ཐེག་པ་ཆེན་པོའི་མདོ།
大乘無量壽宗要經

Wb.t.6718-1064 (R-V) ཤེས་རབ་ཀྱི་ཕ་རོལ་ཏུ་ཕྱིན་པ་སྟོང་ཕྲག་བརྒྱ་པ།

十萬頌般若波羅蜜多經　　(3—1)

Wb.t.6718-1064 (R-V)　ཤེས་རབ་ཀྱི་ཕ་རོལ་ཏུ་ཕྱིན་པ་སྟོང་ཕྲག་བརྒྱ་པ།

十萬頌般若波羅蜜多經　　(3—2)

Wb.t.6718-1064 (R-V) ཤེས་རབ་ཀྱི་ཕ་རོལ་དུ་ཕྱིན་པ་སྟོང་ཕྲག་བརྒྱ་པ།

十萬頌般若波羅蜜多經　　(3—3)

168

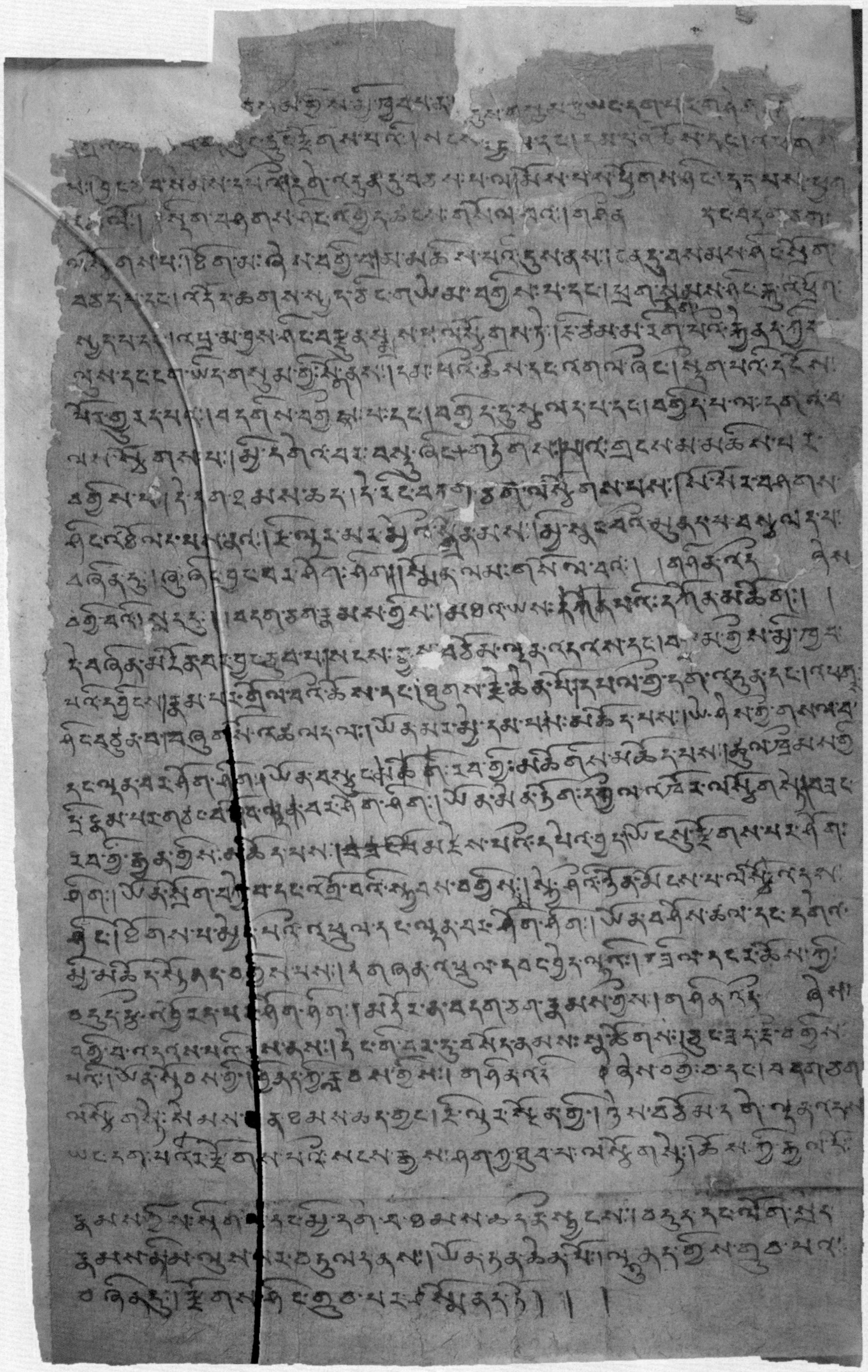

Wb.t.6719-1065 སྨོན་ཚིག

祈願文

Zhb.t.00382 ཚེ་དཔག་ཏུ་མྱེད་པ་ཞེས་བྱ་བ་ཐེག་པ་ཆེན་པོའི་མདོ།
大乘無量壽宗要經　　(12—1)

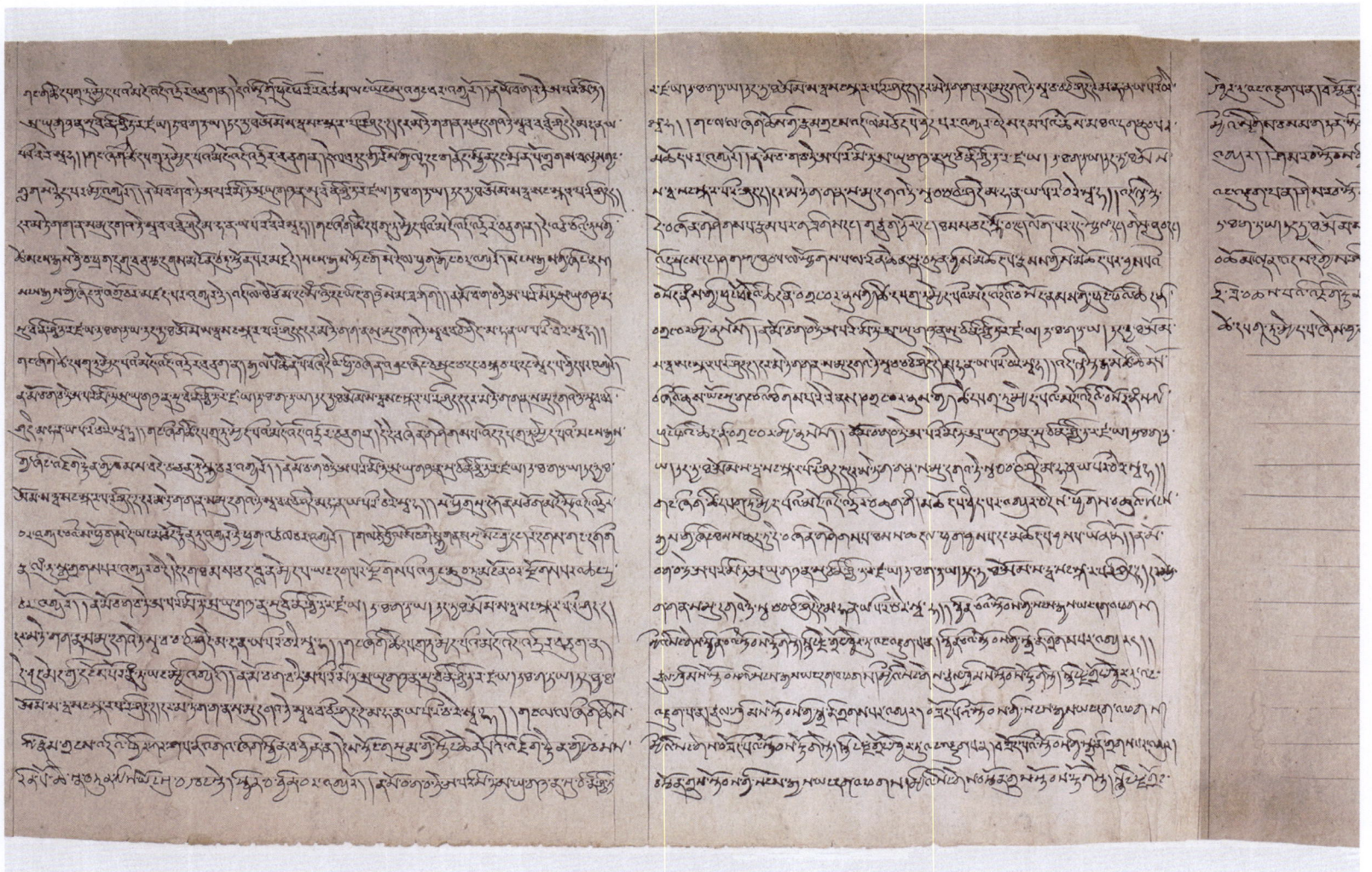

Zhb.t.00382 ཚེ་དཔག་ཏུ་མྱེད་པ་ཞེས་བྱ་བ་ཐེག་པ་ཆེན་པོའི་མདོ།
大乘無量壽宗要經　　(12—2)

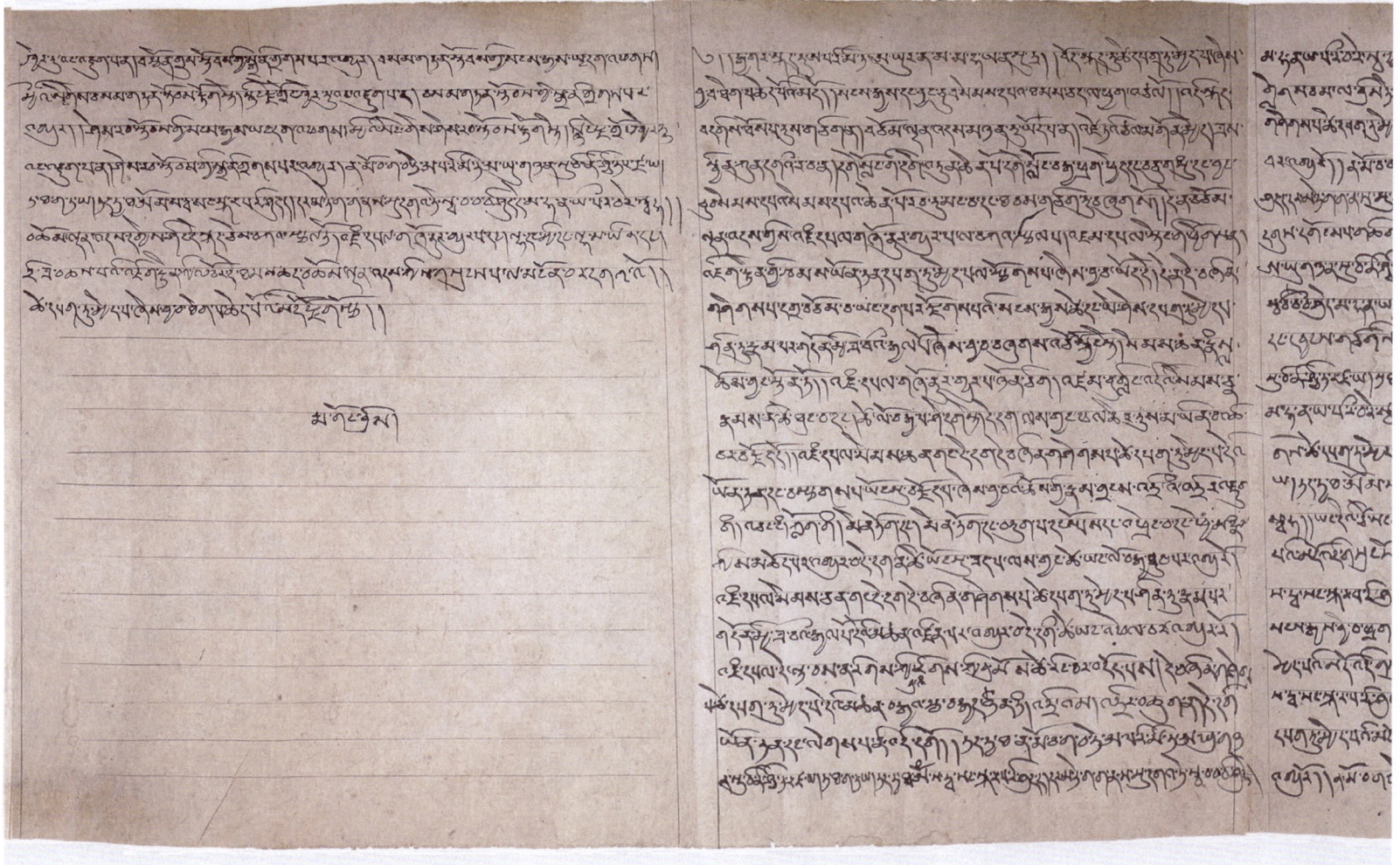

Zhb.t.00382 ཚེ་དཔག་དུ་མྱེད་པ་ཞེས་བྱ་བ་ཐེག་པ་ཆེན་པོའི་མདོ།
大乘無量壽宗要經 　　(12—3)

Zhb.t.00382 ཚེ་དཔག་དུ་མྱེད་པ་ཞེས་བྱ་བ་ཐེག་པ་ཆེན་པོའི་མདོ།
大乘無量壽宗要經 　　(12—4)

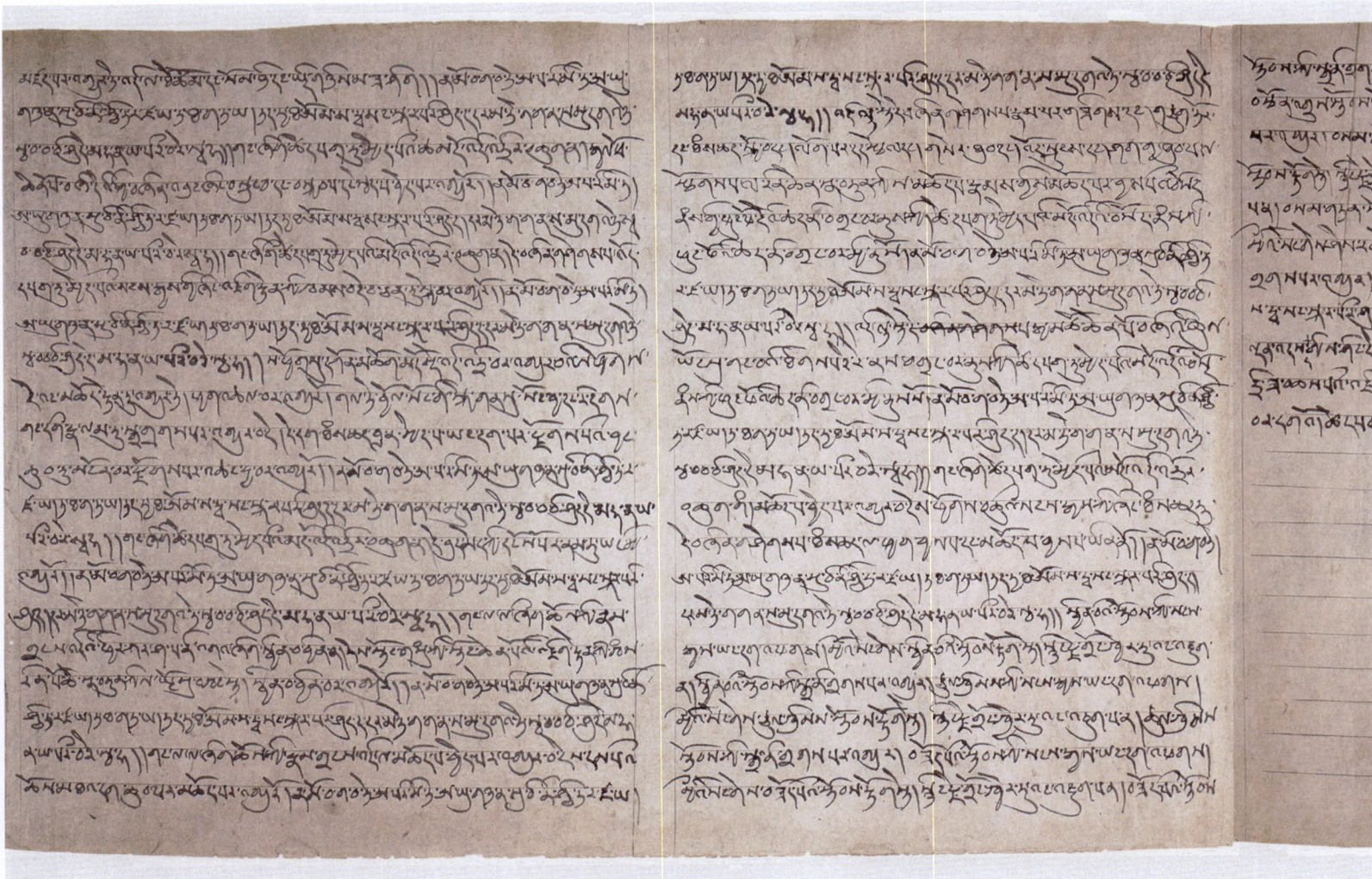

Zhb.t.00382　ཚེ་དཔག་དུ་མྱེད་པ་ཞེས་བྱ་བ་ཐེག་པ་ཆེན་པོའི་མདོ།
大乘無量壽宗要經　　(12—5)

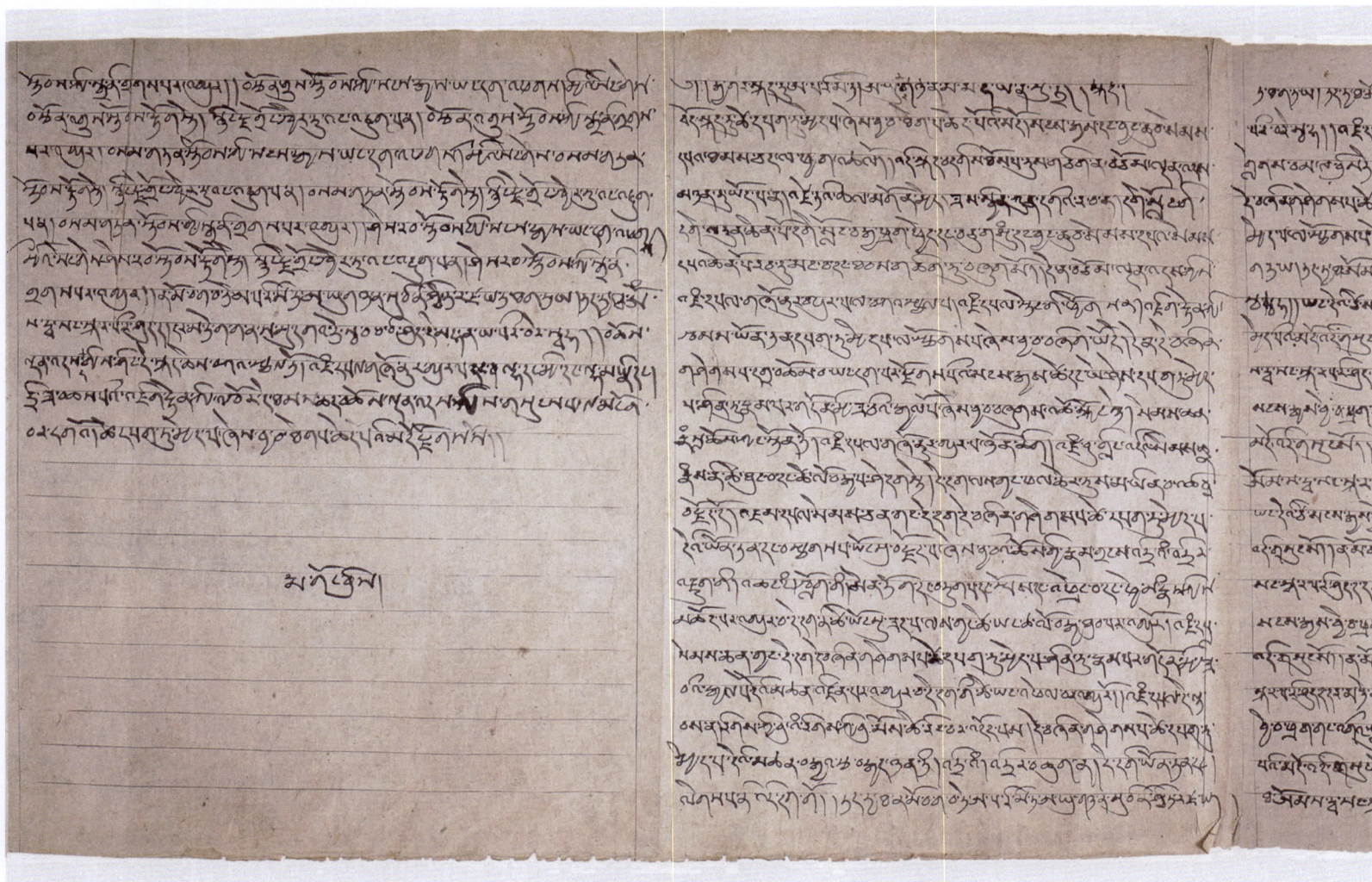

Zhb.t.00382　ཚེ་དཔག་དུ་མྱེད་པ་ཞེས་བྱ་བ་ཐེག་པ་ཆེན་པོའི་མདོ།
大乘無量壽宗要經　　(12—6)

Zhb.t.00382　རྫོ་དཔག་ཏུ་མྱེད་པ་ཞེས་བྱ་བ་ཐེག་པ་ཆེན་པོའི་མདོ།

大乘無量壽宗要經　　　(12—7)

Zhb.t.00382　རྫོ་དཔག་ཏུ་མྱེད་པ་ཞེས་བྱ་བ་ཐེག་པ་ཆེན་པོའི་མདོ།

大乘無量壽宗要經　　　(12—8)

Zhb.t.00382 ཚེ་དཔག་དུ་མྱེད་པ་ཞེས་བྱ་བ་ཐེག་པ་ཆེན་པོའི་མདོ།

大乘無量壽宗要經　　　(12—9)

Zhb.t.00382 ཚེ་དཔག་དུ་མྱེད་པ་ཞེས་བྱ་བ་ཐེག་པ་ཆེན་པོའི་མདོ།

大乘無量壽宗要經　　　(12—10)

Zhb.t.00382 ཚེ་དཔག་དུ་མྱེད་པ་ཞེས་བྱ་བ་ཐེག་པ་ཆེན་པོའི་མདོ།
大乘無量壽宗要經 (12—11)

Zhb.t.00382 ཚེ་དཔག་དུ་མྱེད་པ་ཞེས་བྱ་བ་ཐེག་པ་ཆེན་པོའི་མདོ།
大乘無量壽宗要經 (12—12)

Zhb.t.00727 ཚེ་དཔག་ཏུ་མྱེད་པ་ཞེས་བྱ་བ་ཐེག་པ་ཆེན་པོའི་མདོ།

大乘無量壽宗要經 　　(9—1)

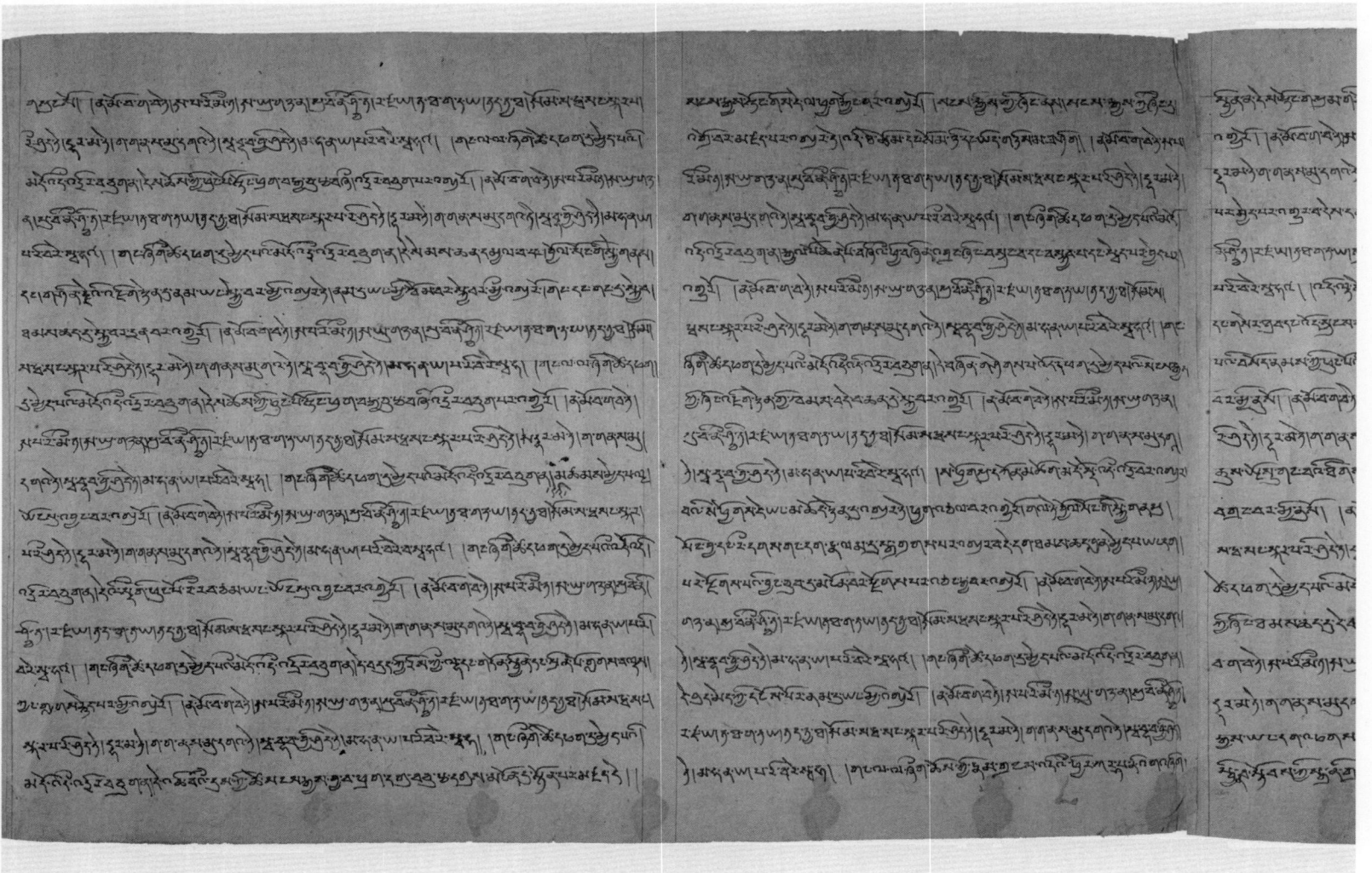

Zhb.t.00727 ཚེ་དཔག་ཏུ་མྱེད་པ་ཞེས་བྱ་བ་ཐེག་པ་ཆེན་པོའི་མདོ།

大乘無量壽宗要經 　　(9—2)

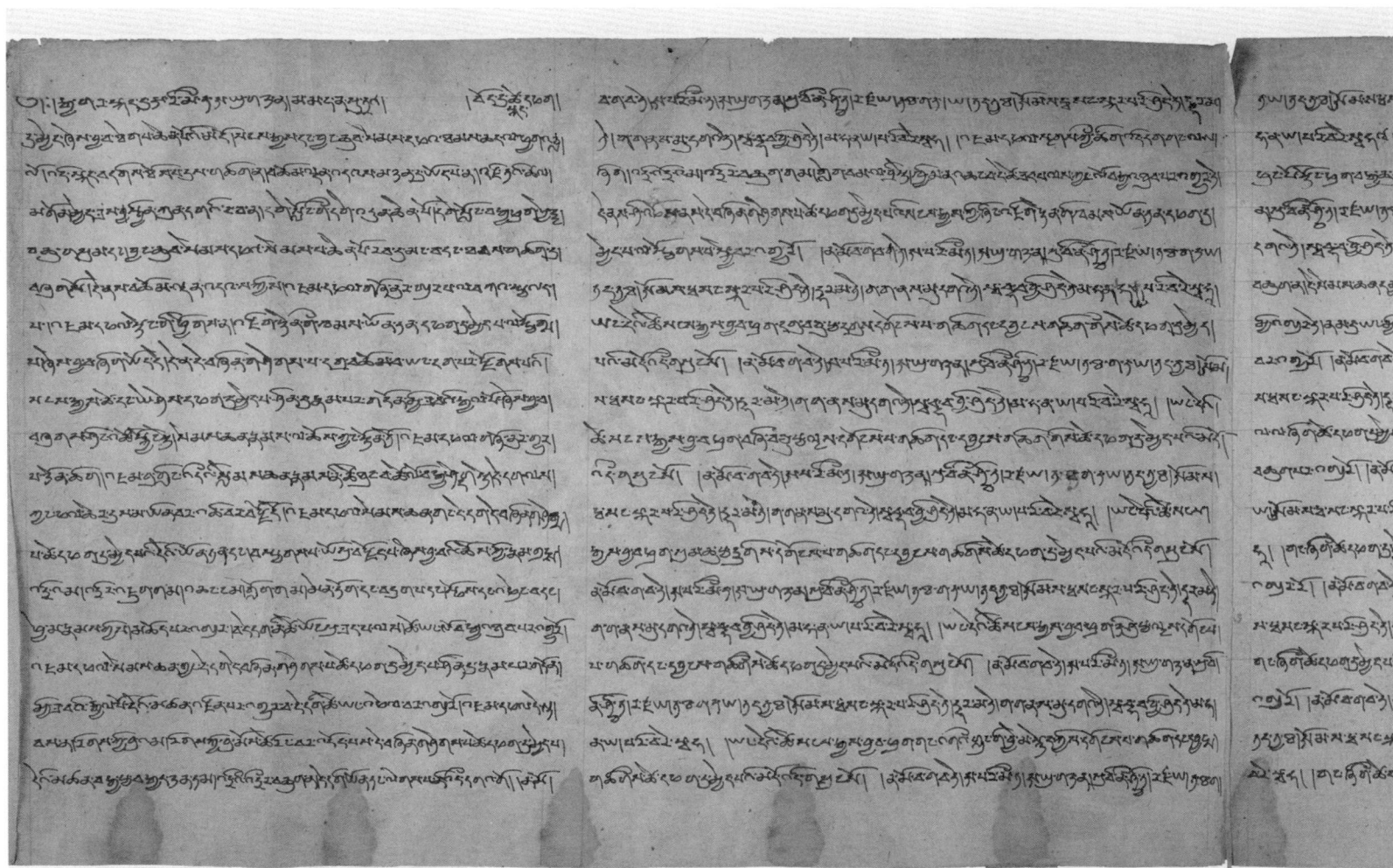

Zhb.t.00727 ཚེ་དཔག་དུ་མྱེད་པ་ཞེས་བྱ་བ་ཐེག་པ་ཆེན་པོའི་མདོ།

大乘無量壽宗要經　　(9—5)

Zhb.t.00727 ཚེ་དཔག་དུ་མྱེད་པ་ཞེས་བྱ་བ་ཐེག་པ་ཆེན་པོའི་མདོ།

大乘無量壽宗要經　　(9—6)

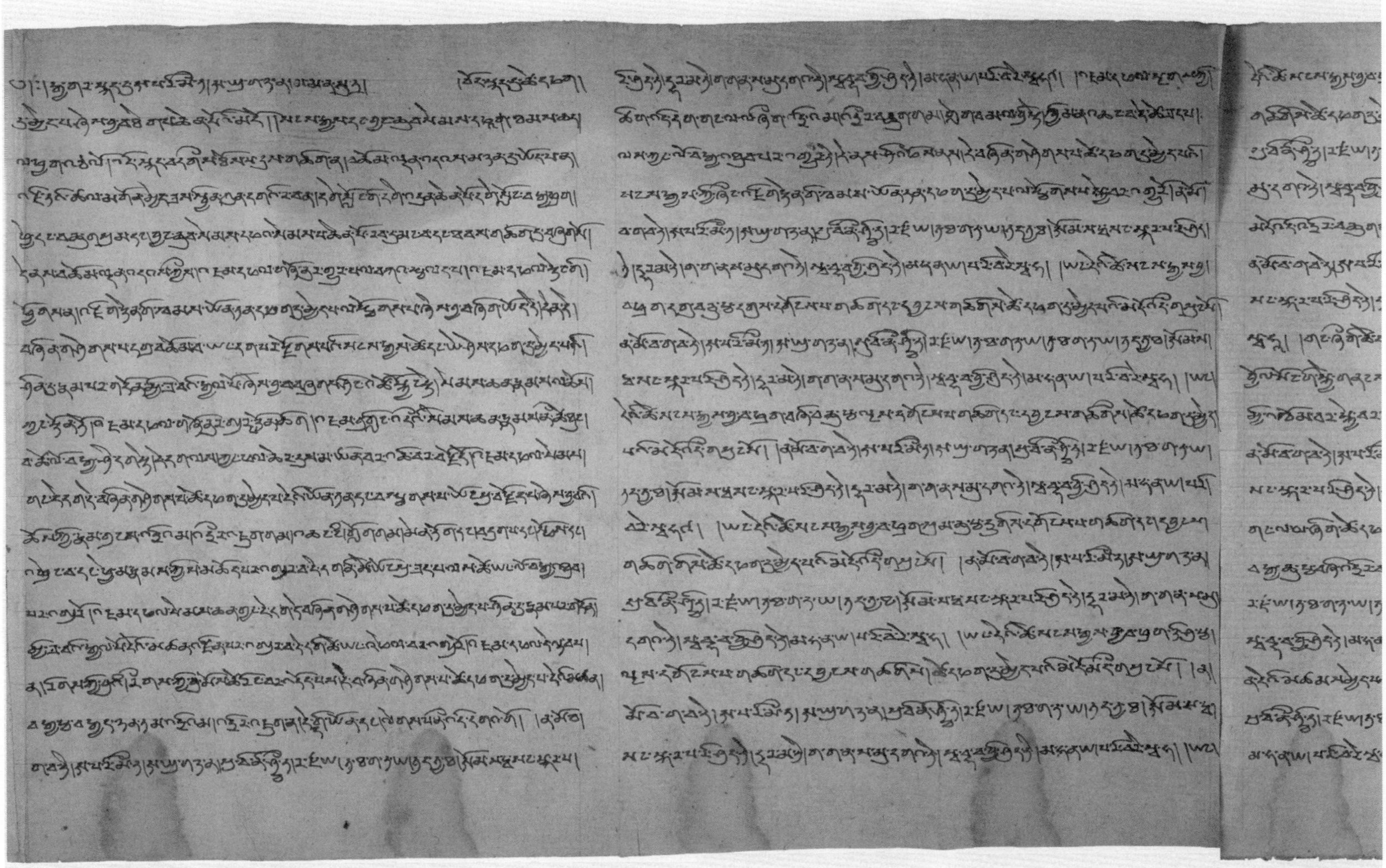

Zhb.t.00727 ཚེ་དཔག་ཏུ་མྱེད་པ་ཞེས་བྱ་བ་ཐེག་པ་ཆེན་པོའི་མདོ།
大乘無量壽宗要經 (9—7)

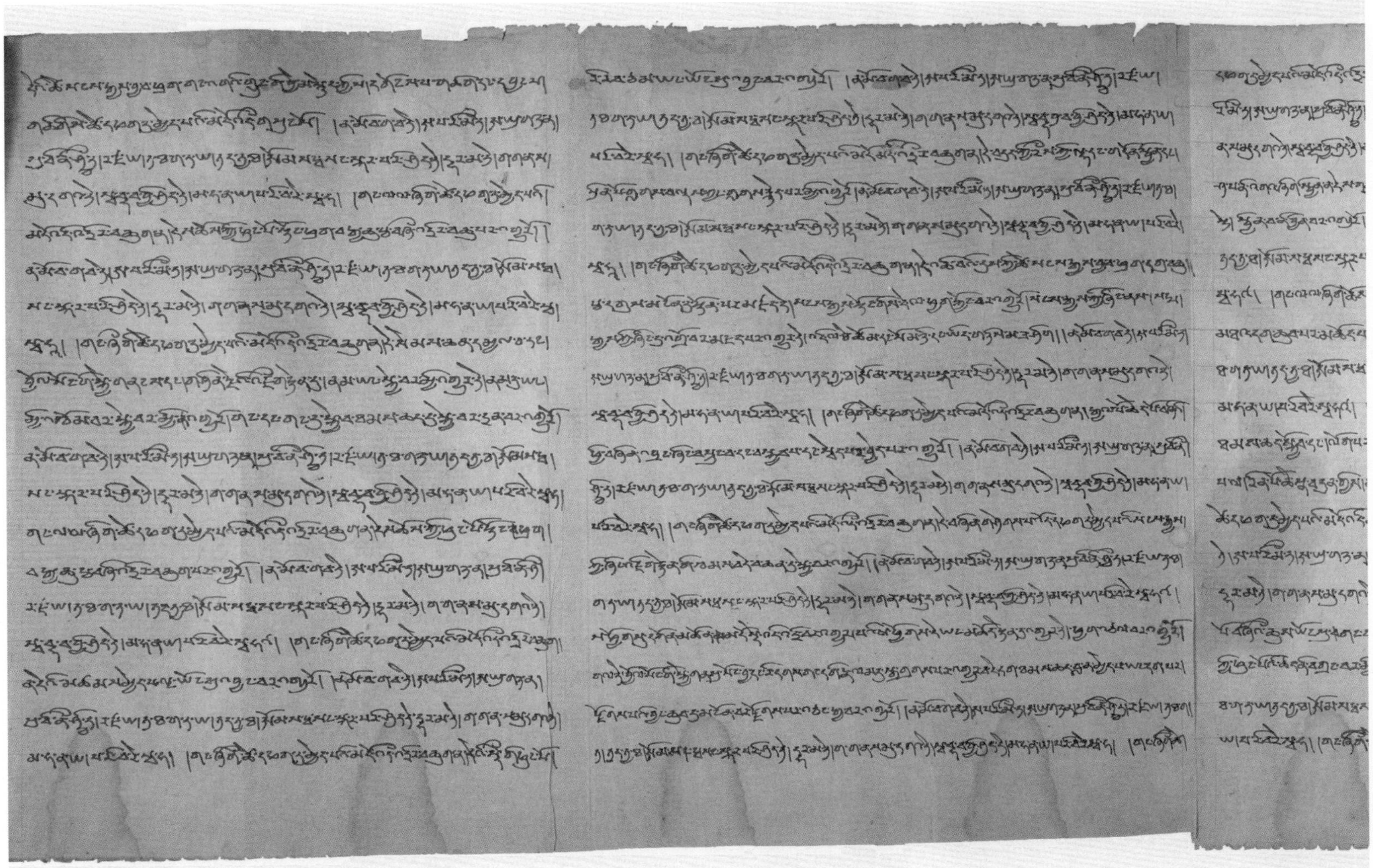

Zhb.t.00727 ཚེ་དཔག་ཏུ་མྱེད་པ་ཞེས་བྱ་བ་ཐེག་པ་ཆེན་པོའི་མདོ།
大乘無量壽宗要經 (9—8)

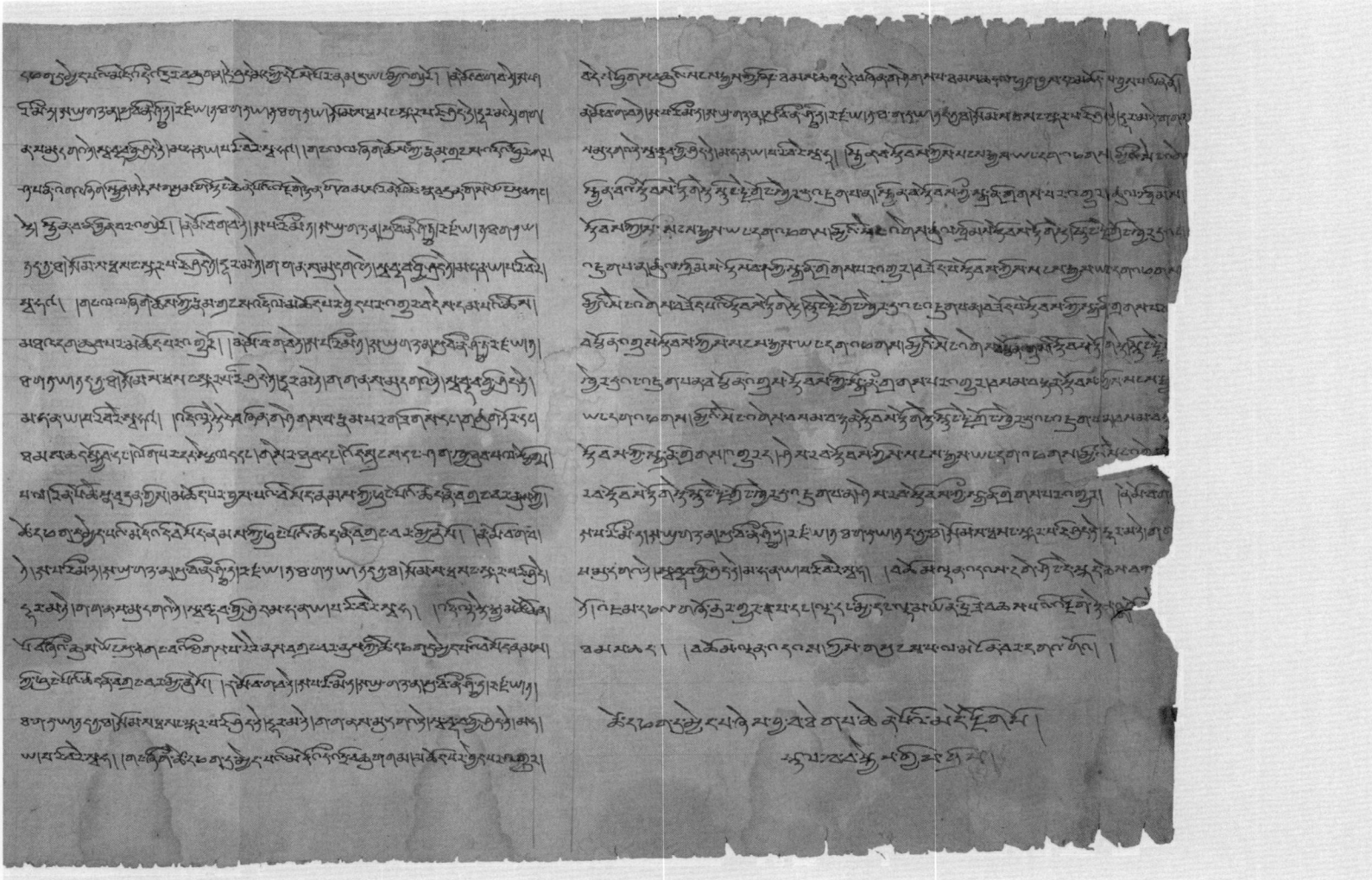

Zhb.t.00727　ཚེ་དཔག་དུ་མྱེད་པ་ཞེས་བྱ་བ་ཐེག་པ་ཆེན་པོའི་མདོ།

大乘無量壽宗要經　　(9—9)

Gb.t.514　ཚེ་དཔག་དུ་མྱེད་པ་ཞེས་བྱ་བ་ཐེག་པ་ཆེན་པོའི་མདོ།

大乘無量壽宗要經　　(15—1)

Gb.t.514 ཚེ་དཔག་དུ་མྱེད་པ་ཞེས་བྱ་བ་ཐེག་པ་ཆེན་པོའི་མདོ།
大乘無量壽宗要經 (15—2)

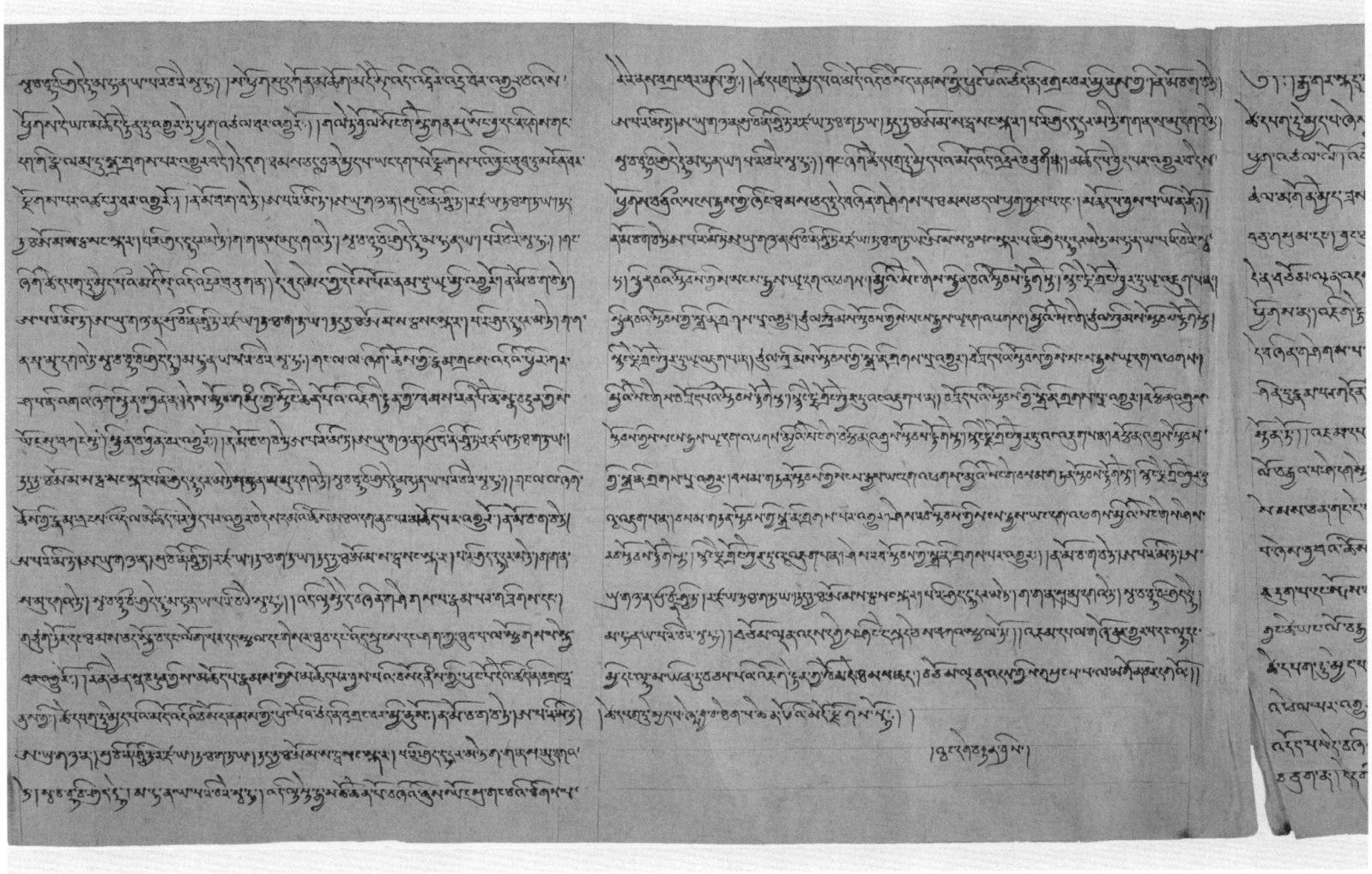

Gb.t.514 ཚེ་དཔག་དུ་མྱེད་པ་ཞེས་བྱ་བ་ཐེག་པ་ཆེན་པོའི་མདོ།
大乘無量壽宗要經 (15—3)

Gb.t.514 ཚེ་དཔག་དུ་མྱེད་པ་ཞེས་བྱ་བ་ཐེག་པ་ཆེན་པོའི་མདོ།

大乘無量壽宗要經 　　(15—4)

Gb.t.514 ཚེ་དཔག་དུ་མྱེད་པ་ཞེས་བྱ་བ་ཐེག་པ་ཆེན་པོའི་མདོ།

大乘無量壽宗要經 　　(15—5)

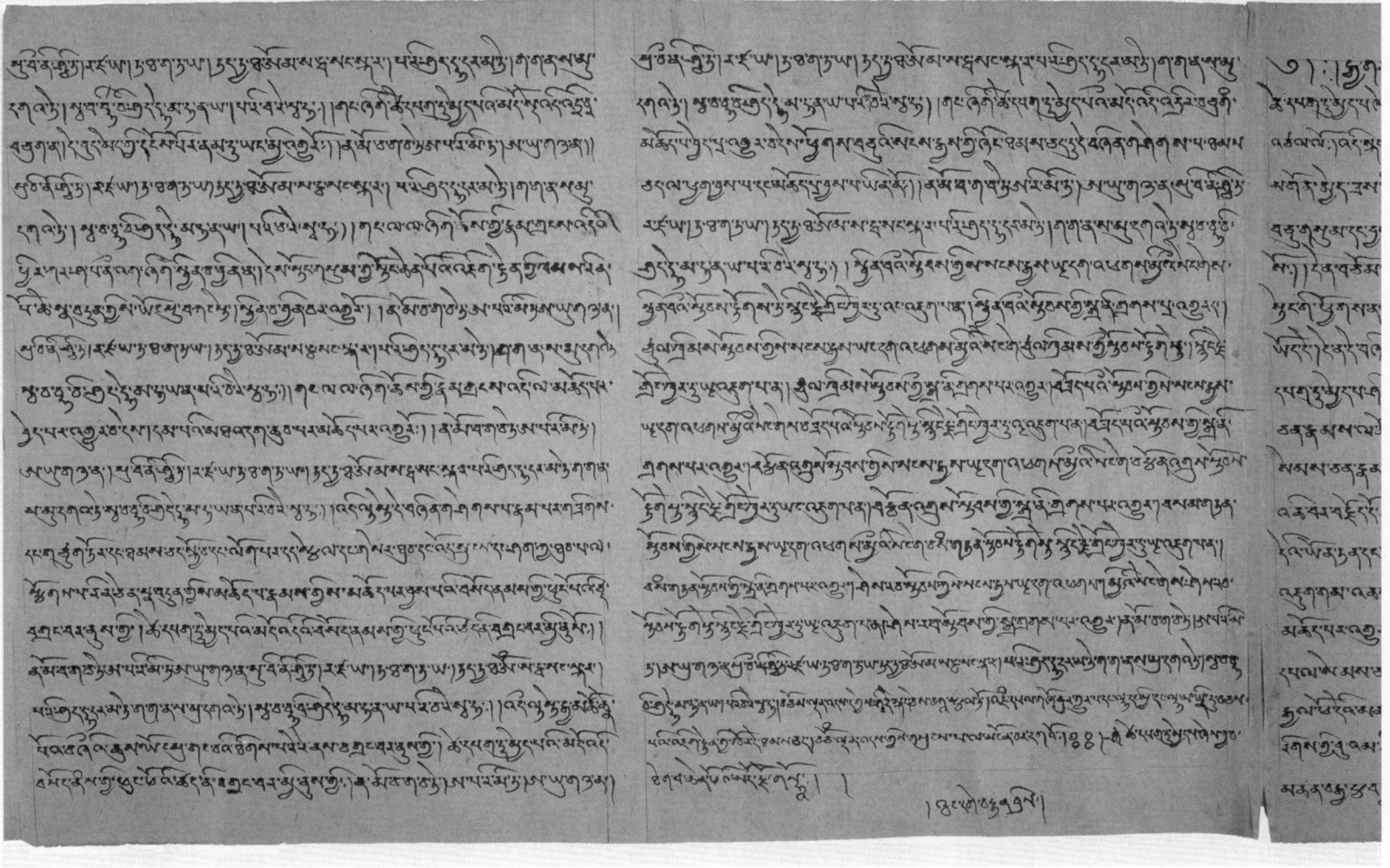

Gb.t.514 ཚེ་དཔག་ཏུ་མྱེད་པ་ཞེས་བྱ་བ་ཐེག་པ་ཆེན་པོའི་མདོ།
大乘無量壽宗要經　　(15—6)

Gb.t.514 ཚེ་དཔག་ཏུ་མྱེད་པ་ཞེས་བྱ་བ་ཐེག་པ་ཆེན་པོའི་མདོ།
大乘無量壽宗要經　　(15—7)

Gb.t.514 ཚེ་དཔག་དུ་མྱེད་པ་ཞེས་བྱ་བ་ཐེག་པ་ཆེན་པོའི་མདོ།

大乘無量壽宗要經　　　　(15—8)

Gb.t.514 ཚེ་དཔག་དུ་མྱེད་པ་ཞེས་བྱ་བ་ཐེག་པ་ཆེན་པོའི་མདོ།

大乘無量壽宗要經　　　　(15—9)

Gb.t.514 ཚེ་དཔག་དུ་མྱེད་པ་ཞེས་བྱ་བ་ཐེག་པ་ཆེན་པོའི་མདོ།

大乘無量壽宗要經　　　(15—10)

Gb.t.514 ཚེ་དཔག་དུ་མྱེད་པ་ཞེས་བྱ་བ་ཐེག་པ་ཆེན་པོའི་མདོ།

大乘無量壽宗要經　　　(15—11)

Gb.t.514 ཚེ་དཔག་དུ་མྱེད་པ་ཞེས་བྱ་བ་ཐེག་པ་ཆེན་པོའི་མདོ།
大乘無量壽宗要經　　（15—12）

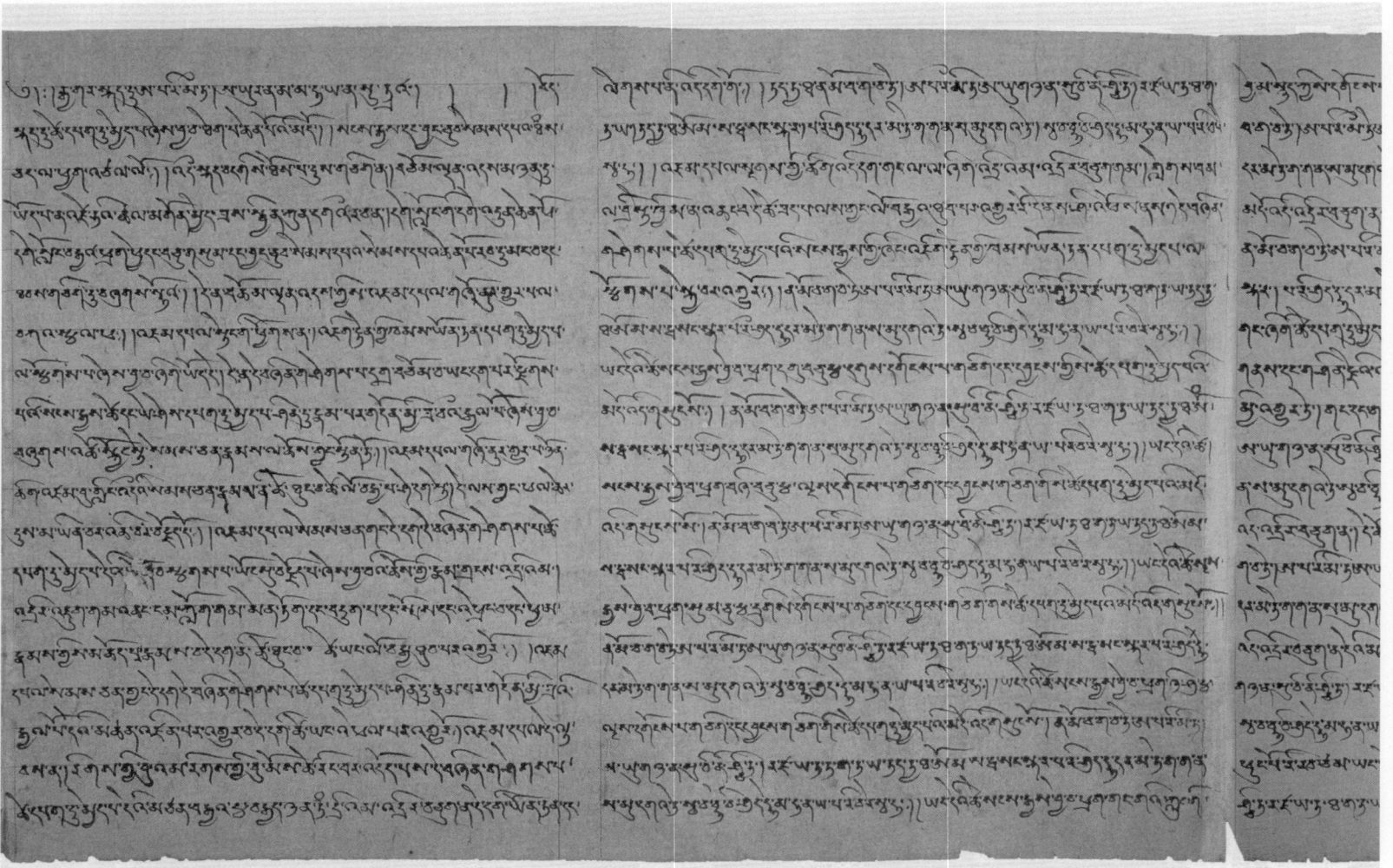

Gb.t.514 ཚེ་དཔག་དུ་མྱེད་པ་ཞེས་བྱ་བ་ཐེག་པ་ཆེན་པོའི་མདོ།
大乘無量壽宗要經　　（15—13）

Gb.t.514 ཚེ་དཔག་དུ་མྱེད་པ་ཞེས་བྱ་བ་ཐེག་པ་ཆེན་པོའི་མདོ།
大乘無量壽宗要經　　　(15—14)

Gb.t.514 ཚེ་དཔག་དུ་མྱེད་པ་ཞེས་བྱ་བ་ཐེག་པ་ཆེན་པོའི་མདོ།
大乘無量壽宗要經　　　(15—15)

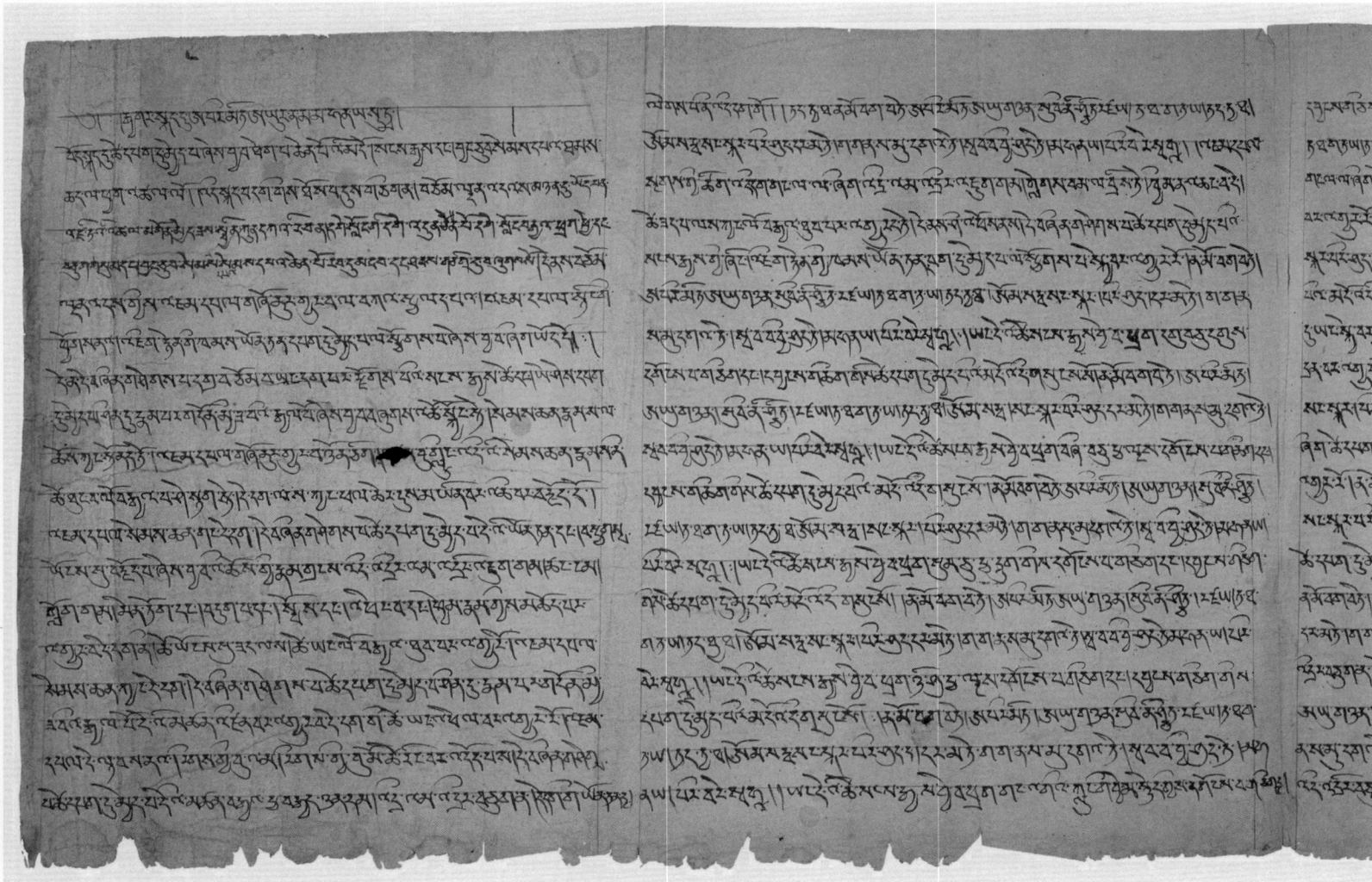

Gb.t.515 ཚེ་དཔག་དུ་མྱེད་པ་ཞེས་བྱ་བ་ཐེག་པ་ཆེན་པོའི་མདོ།
大乘無量壽宗要經　　　(9—1)

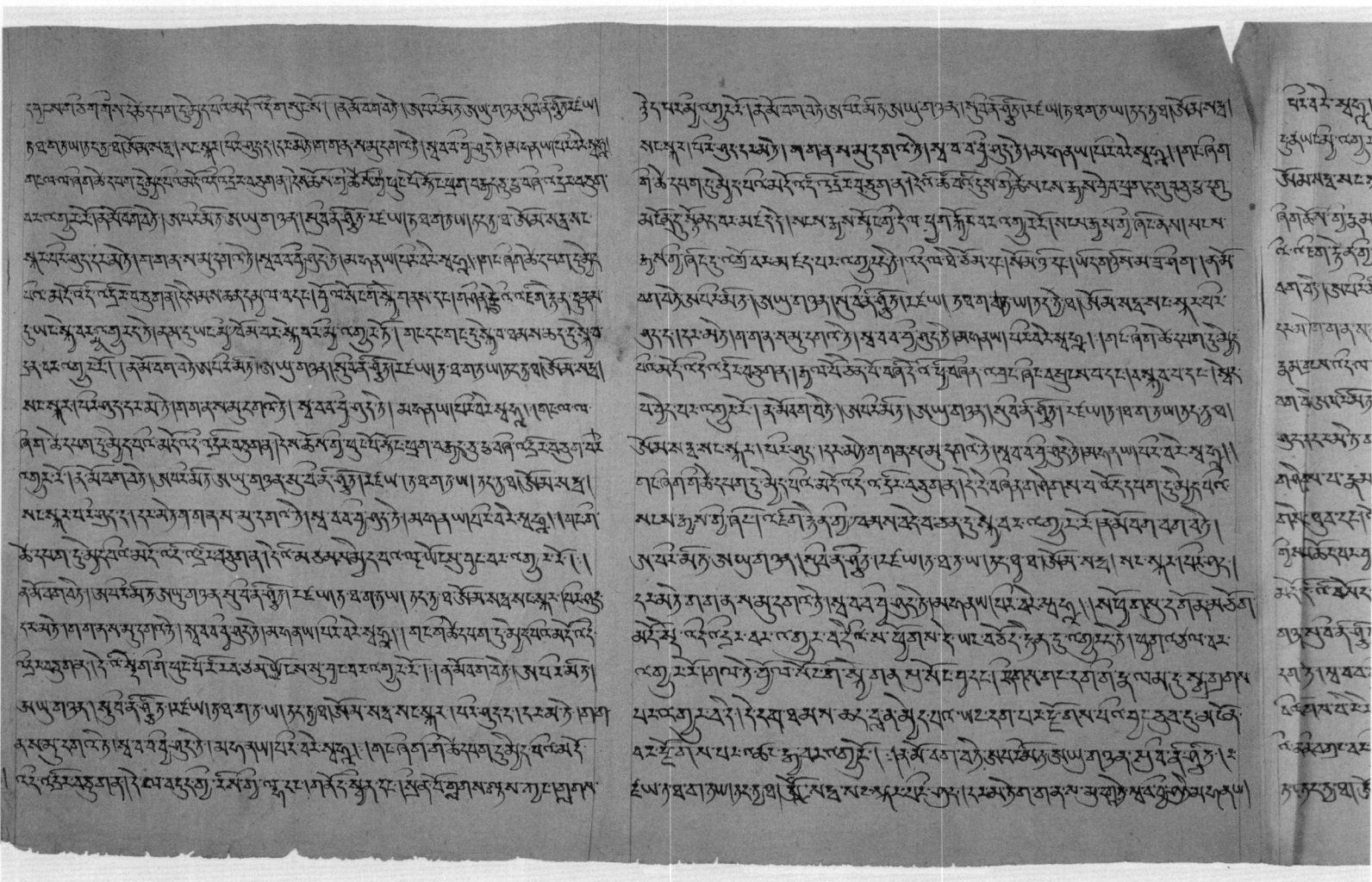

Gb.t.515 ཚེ་དཔག་དུ་མྱེད་པ་ཞེས་བྱ་བ་ཐེག་པ་ཆེན་པོའི་མདོ།
大乘無量壽宗要經　　　(9—2)

Gb.t.515 ཚེ་དཔག་དུ་མྱེད་པ་ཞེས་བྱ་བ་ཐེག་པ་ཆེན་པོའི་མདོ།

大乘無量壽宗要經　　　(9—3)

Gb.t.515 ཚེ་དཔག་དུ་མྱེད་པ་ཞེས་བྱ་བ་ཐེག་པ་ཆེན་པོའི་མདོ།

大乘無量壽宗要經　　　(9—4)

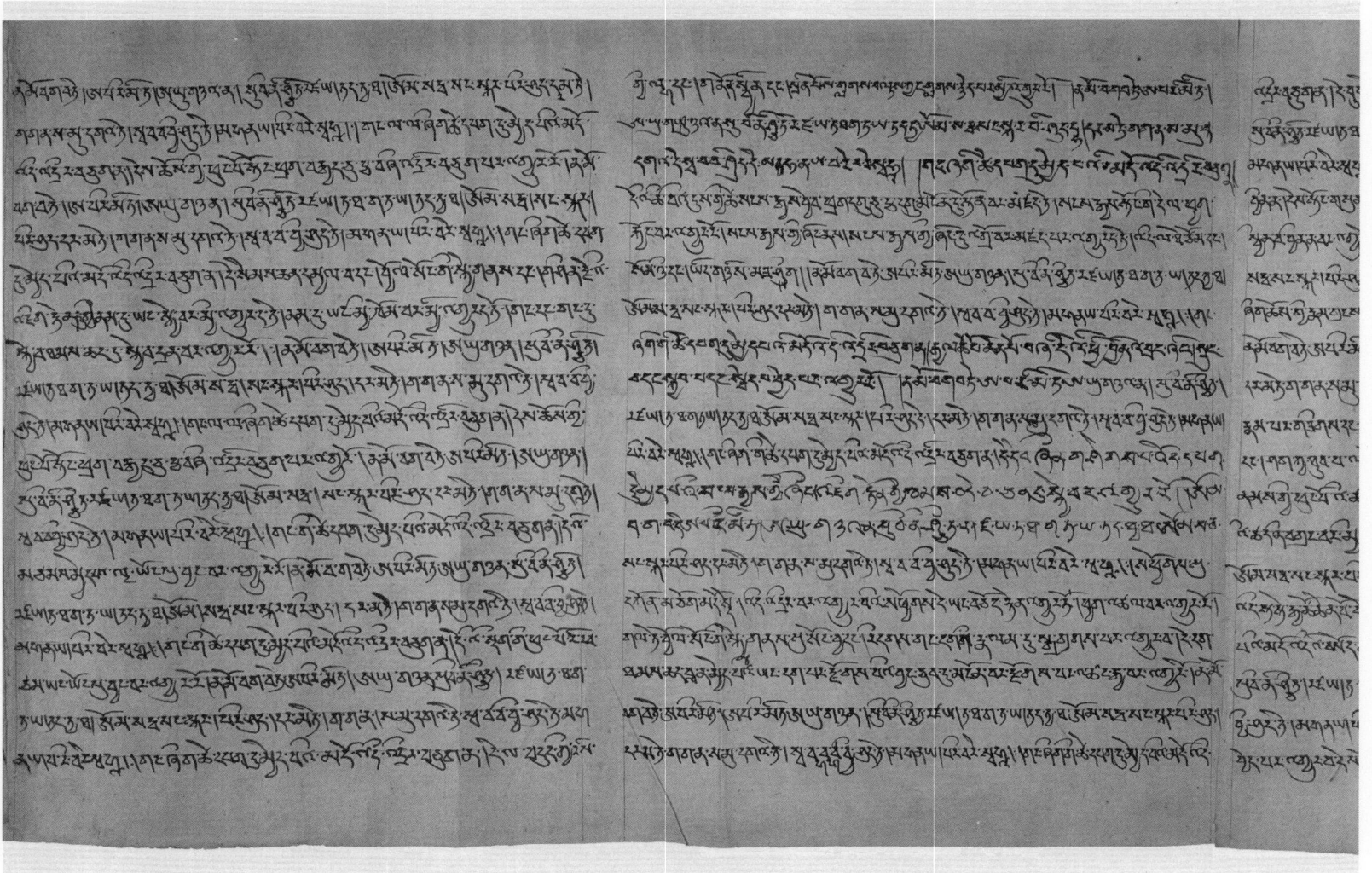

Gb.t.515　ཚེ་དཔག་དུ་མྱེད་པ་ཞེས་བྱ་བ་ཐེག་པ་ཆེན་པོའི་མདོ།
大乘無量壽宗要經　　　(9—5)

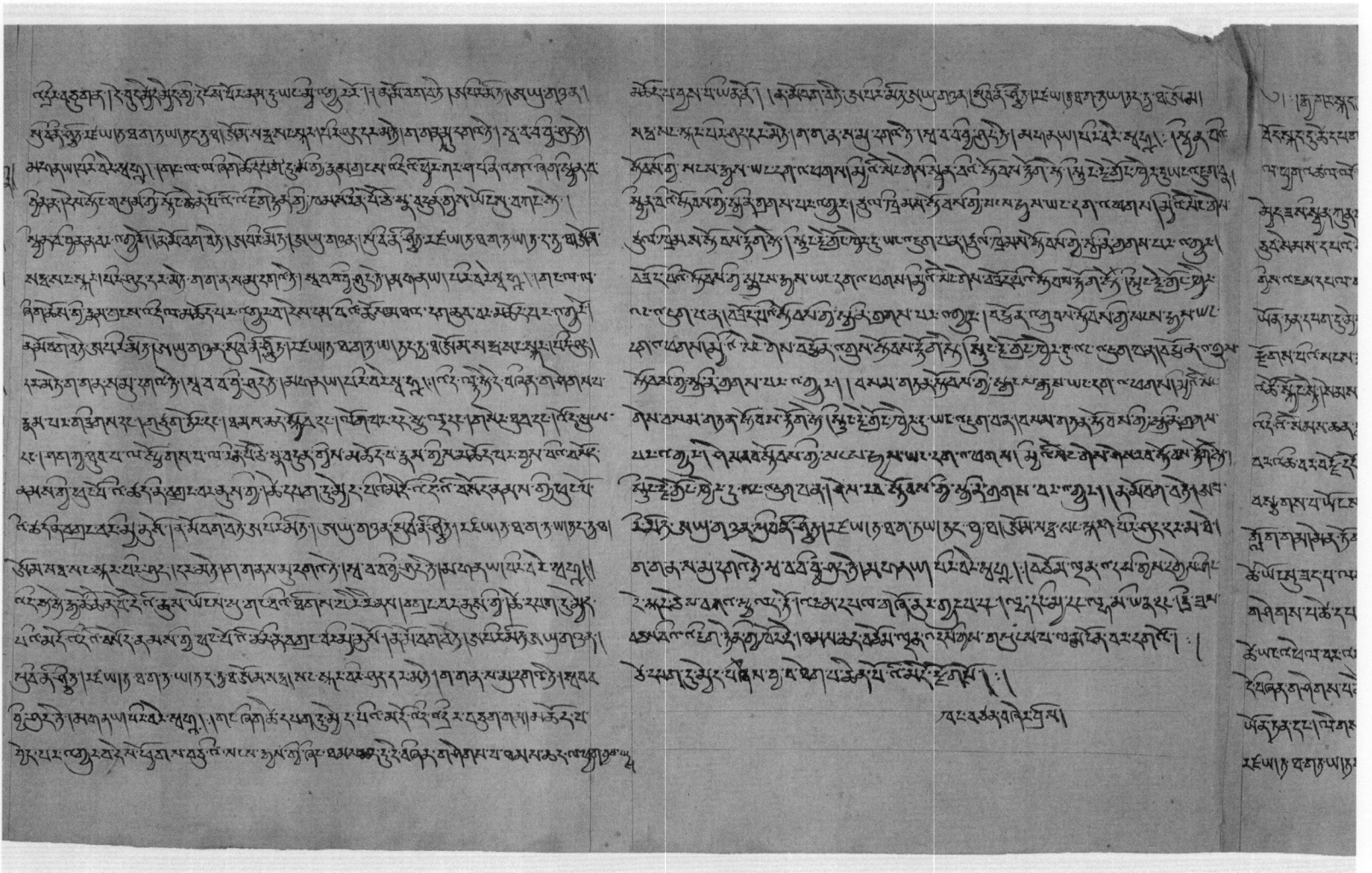

Gb.t.515　ཚེ་དཔག་དུ་མྱེད་པ་ཞེས་བྱ་བ་ཐེག་པ་ཆེན་པོའི་མདོ།
大乘無量壽宗要經　　　(9—6)

Gb.t.515　ཚེ་དཔག་དུ་མྱེད་པ་ཞེས་བྱ་བ་ཐེག་པ་ཆེན་པོའི་མདོ།
大乘無量壽宗要經　　　(9—7)

Gb.t.515　ཚེ་དཔག་དུ་མྱེད་པ་ཞེས་བྱ་བ་ཐེག་པ་ཆེན་པོའི་མདོ།
大乘無量壽宗要經　　　(9—8)

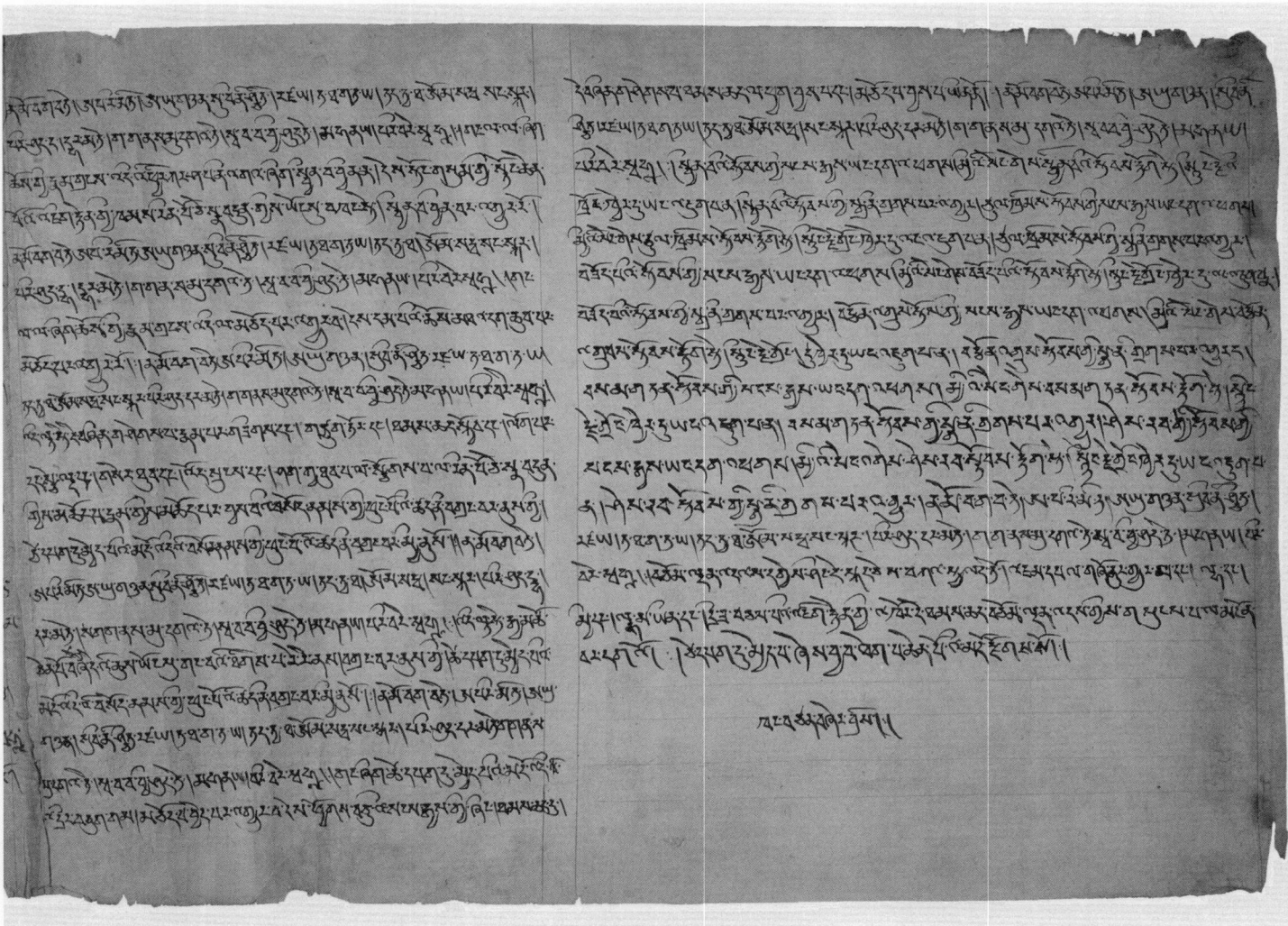

Gb.t.515 ཚེ་དཔག་དུ་མྱེད་པ་ཞེས་བྱ་བ་ཐེག་པ་ཆེན་པོའི་མདོ།

大乘無量壽宗要經　　(9—9)

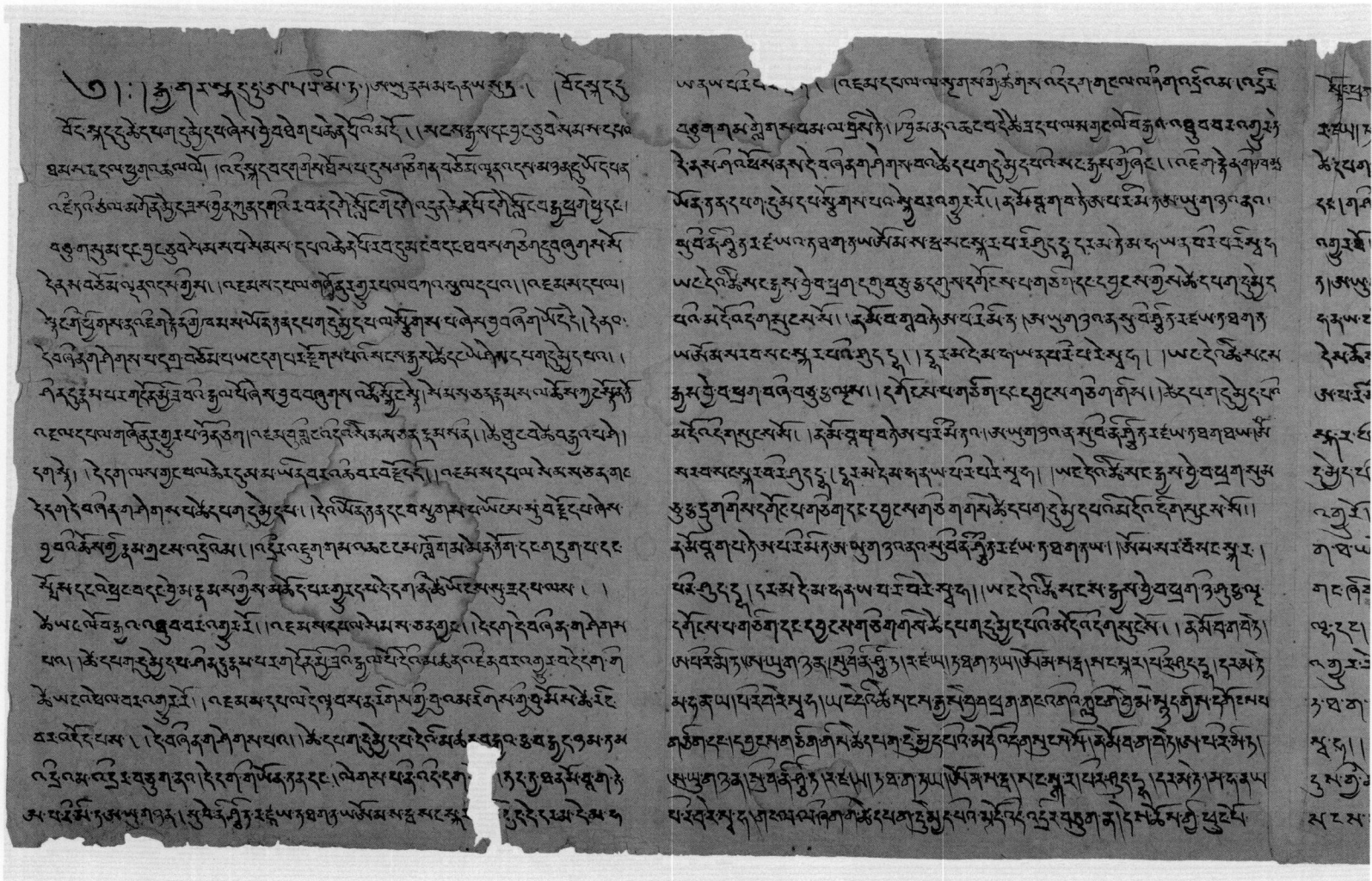

GZY.t.015-1 ཚེ་དཔག་དུ་མྱེད་པ་ཞེས་བྱ་བ་ཐེག་པ་ཆེན་པོའི་མདོ།

大乘無量壽宗要經　　(3—1)

GZY.t.015-1 ཚེ་དཔག་དུ་མྱེད་པ་ཞེས་བྱ་བ་ཐེག་པ་ཆེན་པོའི་མདོ།
大乘無量壽宗要經　　（3—2）

GZY.t.015-1 ཚེ་དཔག་དུ་མྱེད་པ་ཞེས་བྱ་བ་ཐེག་པ་ཆེན་པོའི་མདོ།
大乘無量壽宗要經　　（3—3）

圖書在版編目（CIP）數據

甘肅藏敦煌藏文文獻 . 31，散藏卷 / 甘肅省
文物局，敦煌研究院等編纂；盛岩海，王琦主編.
－上海：上海古籍出版社，2022.8（2023.12重印）
ISBN 978-7-5732-0326-7

Ⅰ.①甘… Ⅱ.①甘… ②敦… ③盛… ④王… Ⅲ.①敦煌學－文獻－藏語
Ⅳ.①K870.6

中國版本圖書館 CIP 數據核字（2022）第 107761 號

本書爲
“十三五”國家重點圖書出版規劃項目
國家出版基金資助項目

甘肅藏敦煌藏文文獻 ㉛

散藏卷

主 編

盛岩海　王　琦

編 纂

甘肅省文物局　敦煌研究院等

出版發行

上海古籍出版社

上海市閔行區號景路159弄 A 座5F

郵編 201101　傳真（86－21）64339287

網址：　www.guji.com.cn

電子郵件：　guji1@guji.com.cn

易文網：　www.ewen.co

印 刷

上海世紀嘉晉數字信息技術有限公司

開本：787×1092　1/8　印張：31　插頁：4
版次：2022 年 8 月第 1 版　印次：2023 年 12 月第 2 次印刷
ISBN 978-7-5732-0326-7/K.3185
定價：2800.00圓

ཏུན་ཧོང་མོའི་གོའི་བྲག་ཕུག་གི་བྱང་ཁུལ་བྲག་ཕུག

敦煌莫高窟北區石窟

བྱམས་པ་འབུམ་སྐྱིང་དུ་བཞུགས་པའི་ཐང་རྒྱལ་རབས་དུས་ཀྱི་རྒྱལ་བ་བྱམས་པ།
永靖炳靈寺唐代彌勒大佛

ཇོ་མོ་གླང་མ།

珠穆朗瑪峰